S.F.

V.

Barbara von Wulffen

Urnen voll Honig

Böhmen –
Aufbruch in eine
verlorene Zeit

S. Fischer

Umschlaggestaltung: Buchholz/Hinsch/Walch,
unter Verwendung einer zeitgenössischen Illustration aus Privatbesitz
Satz: Fotosatz Otto Gutfreund, Darmstadt
Druck und Einband: Spiegel Buch GmbH, Ulm
Printed in Germany 1989
ISBN 3-10-092545-9

»Trohtin, dir wirdu ih pigihtik allero minero suntono enti missatateo, alles deih eo missaprach edo missateta aedo missadahta, worto enti wercho enti kadanccho, des ih kyhukkiu aedo nikihukku, des ih wizzanto aedo unwizzanto, notac aedo unnotac, slaffanto aedo wahento ...«

Herr, dir bin ich geständig, aller meiner Sünden und Missetaten, alles des ich missesprach, missetat und missedachte in Worten und Werken und Gedanken, alles dessen ich gedenke oder nicht gedenke, was ich bewußt gesündigt oder nicht bewußt, mit Zwang oder ohne Zwang, schlafend oder wachend ...

Codex ψ, VI, 132 des Stiftes Tepl in Böhmen

Ich möchte meiner Freundin Barbara Bondy danken, ohne deren Hartnäckigkeit ich dieses Buch nicht geschrieben hätte. Und meiner Tante, Friederike von Pölnitz, deren Erinnerungen so viel dazu beigetragen haben.

Vorwort

Das Gasthaus »Zur Bremse«, am rechten Miesa-Ufer gelegen, dort wo die Straße wieder oben ankommt und sich zu den Bahnschranken begibt, ist so zu seinem Namen gekommen. Der Lorenz Kulhanek hat es 1872 gebaut, noch unterm alten Baron Carl Anton, der 1895 im Wald, drüben am »Tannenberg« vom Pferd gestürzt und daran gestorben ist; sie haben auf der Unglücksstelle dann das Kreuz aus Eisen aufgestellt. Ein Gasthaus muß einen Namen haben. Der Kulhanek also fragt den vorbeireitenden Baron, wie man es nennen soll. Der antwortet: »Hier sag' ich immer zum Kutscher-Michl, Michl, leg' die Brems ein. ›Zur Bremse‹ soll es heißen.«

Der Wirt ist schon bald der alte Kulhanek und ein großer Geschichtenerzähler gewesen, zu dem sich der kleine Wurm Schorsch gern dazugesetzt hat, die in die Erde gesteckte Angel zwischen sich und dem Lorenz, wie eben zwei Männer an der Miesa zu sitzen haben. Und dann erzählt der Kulhanek, wie er hier als Bub genauso gesessen ist und einen solchen Hecht stehen sieht. Er läuft heim, holt aus dem Teich einen Köderfisch, hängt ihn dem Hecht vors Maul und wickelt sich die Schnur um den Bauch. Aber der Hecht beißt nicht an, sperrt nur seinen Krokodilsrachen auf und zu, auf und zu. Da schwimmt der Köder von selber hinein. Jetzt endlich beißt der Hecht an und reißt an der Angel den kleinen Lorenz in den Fluß; nur seine Holzpantoffel halten ihn über Wasser. An denen hat ihn der Bahnhofsvorstand Pivec herausziehn können. Im selben Jahr am Weihnachtstag, so erzählt der Kulhanek weiter, geht er zum Christbaumholen. »Holen« nennt man das. »Holz, Gras und Haare, wachsen alle Jahre«, sagen die Alten, drum darf man Christbäume, Ziegenfutter oder Roßhaar »holen«, das macht nichts. Also er geht an der Miesa entlang. Da ist grad der Eisgang vorbei, so erzählt der Kulhanek, die Miesa geht schon wieder zurück und in einem Tümpel ist ein großer Hecht geblieben. Er nimmt sich den Hecht, findet weiter oben noch einen angeschossenen Hasen. Den holt er sich auch und trägt ihn heim. Unterwegs nach Hause sieht er an der »Breiten Furt« auf der anderen Flußseite, so erzählt er, wie sie Heu wenden. Erst am Nachmittag hat er dann endlich den Christbaum geholt.

Ja, so hat der Bremswirt erzählen können. Das macht ihm so leicht keiner nach. Da stimmt einfach gar nichts, und der Wurm Schorsch hört begeistert zu.

Mich hat als Kind kein krokodilgroßer Hecht in die Miesa gerissen, und kein Bahnhofsvorstand Pivec hat mich an den Holzpantoffeln wieder herausgezogen. Aber die Miesa kenne ich gut. Ich wäre ja auch um ein Haar in ihr ertrunken. Man müßte wieder von ihr reden und von dem, was sich einst an ihren Ufern abgespielt hat, weil sich ja schon bald niemand mehr daran erinnern wird. Ich selber weiß noch ein wenig, meine große Schwester, weil sie eineinhalb Jahre älter ist, weiß mehr. Der Groh Tontsch, der Anton vom Fleischhauer und Gastwirt, ist zehn Jahre älter; er hat immerfort gelesen, gesammelt und aufgeschrieben, der weiß sehr viel. Von ihm, von Greding aus, bin ich nach Heppenheim zum alten Wurm Schorsch gereist, der früher Kaufmann in unserem Dorf war; aus dem sprudeln die Geschichten nur so hervor, obwohl er schon fast erwachsen war, als Karl I. von Österreich-Ungarn seine alte Kaiserkrone vom Kopf nehmen mußte, und als die österreichische in die tschechische Krone umgetauscht worden ist. Der Hammer Franz, ehemaliger Oberlehrer im Kladrauischen, ist noch älter und weiß noch mehr. Wir sind an seinem Schreibtisch in Waldkraiburg gesessen und haben in einem fort von seinem Vater, dem Hammer Schorsch geredet, der sich in fast allen Handwerken und auf fast allen Musikinstrumenten ausgekannt hat, und der unserem Onkel Ottokar der beste Freund war. Ich bin dann wieder zum Wurm Schorsch gefahren und wieder zum Groh Anton, und sie haben immer weiter berichtet, diese Erzähler: »Üwarall is schöin, dahuam am schönstn.«

Da ist nun doch vieles zusammengekommen, auch wenn Christbaumholen, Eisgang und Heuwenden in dieser meiner Geschichte nicht in einen Atemzug hineinpassen. Das hat nur der alte Kulhanek fertiggebracht. Dafür ist meine Mutter wieder da, sie, die mit weitgereisten Worten von ihrem Leben und ihrer Herkunft sprechen konnte. Vielleicht begreife ich jetzt mehr davon, und wir gehen endlich in den Pittlauer Wald und in den Labeser Grund, bis wohin wir einst nicht mehr gekommen sind, weil meine Schwester und ich vor dem Tode Böhmens noch zu klein waren.

Die drei Kreuze

Warum wir nie bis in den Pittlauer Wald und in den Labeser Grund gelangt sind, das möchte ich jetzt, nach einem halben Jahrhundert zu verstehen suchen. Doch das meiste werden wir niemals verstehen, und die seinerzeit Davongekommenen würden es auch lieber vergessen. Aber man darf vieles eben nicht vergessen, muß es vorsichtig in die Hände nehmen und ganz behutsam unters böhmische Kreuz legen, unter das aus Eisen im Wald an der Unglücksstelle vom »Tannenberg«, das unlängst umgestoßen und um einen Baumstamm gebogen worden ist; oder unter das Kreuz am Ende der Obstallee, das zwar keinen Corpus mehr hat, dessen vom Hammer Schorsch gezimmerte Balken aber heute noch stark sind und einiges tragen können; oder auf die Stelle, wo es an der Straße nach Tschernoschin »Zum doppelten Kreuz« geheißen hat.

An das, was ganz am Ende der böhmischen Geschichte, die deutsche und tschechische Geschichte zugleich war, noch alles geschehen ist und was mindestens so arg war wie all das Vorherige, mögen die inzwischen Altgewordenen nicht erinnert werden. Die verschonten Zeugen, die später berichteten, haben sogar mehr verschwiegen als ausgesagt.

»Wehe, wehe, wehe, dreimal wehe den Deutschen, wir werden sie liquidieren«, tönte die Stimme von Eduard Beneš am 12. April 1945 aus allen tschechischen Radios. Und er sagte damals auch: »Die Deutschen werden nur ein Taschentuch mitnehmen, um ihre Tränen zu trocknen.« Aber da hat er weit übertrieben. Die Zehntausende, die gleich am Anfang, zwischen Mai und August 1945, die erste, die sogenannte »Wilde Austreibung«, noch vor den Potsdamer Beschlüssen, erduldet haben und darin umgekommen sind, haben keine Tränen mehr mit Taschentüchern getrocknet. Und die Hunderttausende des nun folgenden Schreckensjahres auch nicht.

Dreimal wehe über solche, die Henker und Opfer zu Opfern und Henkern machen! Es gehört offenbar ziemlich wenig dazu. Dünn ist die Schicht, die uns von beidem trennt.

Böhmen liegt inmitten von Böhmerwald, Erzgebirge, Riesengebirge und den sanften böhmisch mährischen Höhen. Man könnte aber auch sagen, es breitet sich zwischen Auschwitz, Flossenbürg und Mauthausen aus; Theresienstadt und Lidice sind böhmische Ortschaften; diese neue Geographie hat sich über die alte gelegt.

Aber nicht davon kann ich erzählen. Es steht mir nicht zu. Ich kann hier nur berichten, wie es damals bei uns daheim an der Miesa war, an der braunen Miesa, die im Böhmerwald entspringt, in Mies die Auhlowa aufnimmt, bei Pilsen mit der Radbusa, der Angel und der Uslowa die Beraun bildet, um dann südlich von Prag in die Moldau zu strömen und auf diese Weise immerfort die Goldene Stadt neu kennenlernen zu dürfen.

Über die Brücke

War die Brücke über unsere Miesa nicht gedeckt gewesen mit einem Schindeldach über dunklen Bretterwänden, zum Schutz ihrer Bohlen vor Regen und Wind? Eine schmale Brücke für gelbe Postkutschen und für Frauen in langen Rökken mit Körben auf dem Rücken? Ein Brückenhaus, 200 Jahre alt, das einzige seiner Art in Westböhmen, einst Nachtquartier für Bauern, die »Robotdienste« bei der Herrschaft leisteten, später Schlupfwinkel für Liebespaare, nachts, wenn in der Miesa die Fische tanzen?

Aber nein, jene Brücke kenne ich doch nur von einem alten Bild. Ich selbst bin als Kind schon auf der modernen offenen Steinbrücke über die Miesa gefahren und gegangen, unterhalb des Wehrs, von dem der Mühlbach zur Glosauermühle abzweigt. Danach öffnet sich die Straße dem bergauf zu gelegenen Dorf. Droben geht es zwischen den Ziegelmauern der beiden auf Terrassen liegenden kleinen Gärten ganz hinauf; unter dem zweistöckigen Mittelbau des gelben Schlosses hindurch gelangt man in den Hof hinein und auf der hinteren Durchfahrt unter Wirtschaftsräumen hinaus zu Wiesen und Feldern. Links von Schloß und Kirche läuft die Straße im Bogen zwischen Gasthaus Gerstner und Schule zum Dorf hinaus und zwischen Obstbäumen in Richtung Tschernoschin – in Richtung Černošin. Zuvor aber hat sie Breite für Dorfbrunnen, Nepomukstatue, Kriegerdenkmal und unter Bäumen für die Bank mit den alten Männern, die Hüte aufhaben, ihr Kinn auf den Stock gestützt halten und murmeln. Doch sie murmeln nicht, sie sind gar nicht da, die Bank auch nicht. Und ich bin ein Schatten geworden.

Ich stehe nur wieder auf der Brücke. Warum erst jetzt? Hat mir der Mut gefehlt, den alten Bildern nachzugehen? Hier in Böhmen war damals, vor über vierzig Jahren, der sechs Jahre alte Krieg für uns ans Ende gekommen. Er schickte uns alle von zu Hause fort, nach Westen, wie es schon frühere Kriege immer wieder getan hatten. Nur diesmal auf ewig. Unser Krieg konnte das, er war groß genug, trennte die seit einem Jahrtausend in Freundschaft und Feindschaft als »Böhmen« zusammenlebenden, dann mit hastiger Erbitterung auseinanderstrebenden Völker endgültig. Alle Böhmen deutscher Zunge mußten gehen. Elendiglich zogen sie davon, mit achtzig Pfund Gepäck oder mit gar nichts, auf Lastwagen, in überfüllten Zügen, oder zu Fuß.

Meine Schwester und ich entgingen dem Ärgsten, waren unter der Obhut einer jungen, an einen deutschen Soldaten gebundenen Pariserin schon im April 1945 mit dem letzten von Eger nach Westen rollenden Zug der Reichsbahn hinüber ins Niederbayrische geschickt worden, den Amerikanern entgegen; zwei Tage brauchten wir für die hundert Kilometer. Für unsere Mutter waren die folgenden schlimmen Monate dadurch etwas leichter zu bestehen gewesen, die mit einem überstürzten Aufbruch unter der Obhut der Amerikaner endeten, im Juli 1945, viele Monate vor der eigentlichen Aussiedlung, der des ganzen übrigen Dorfes, immer nach Westen, wie in manchem früheren Jahrhundert: Völkerwanderung, Sprachwanderung.

Ich stehe wieder auf der Brücke. Oberhalb des Wehrs baden sie wie damals. Burschen schwingen sich kühn mit einem am Uferbaum befestigten Seil übers Wasser und lassen sich hineinstürzen. Wie hätte ich das damals bewundert!

Ich kann noch nicht schwimmen, wäre soeben beinahe in der Miesa ertrunken: Ganz still, dicht unter der Oberfläche auf dem Rücken im Wasser liegend, flimmern mir Sonnenflekken zwischen dunklem Laub über den offenen Augen; dann tauchen zwei sehr helle Arme, zwei Schultern durch die gläserne Wand hindurch und heben das vierjährige Mädchen aus der tiefen Ruhe ans Licht und in die Luft zurück. Es heißt, man habe mir auf den Rücken klopfen, mich auf eine Decke legen müssen; ich habe viel Wasser geschluckt. Doch davon ist nichts ins Gedächtnis eingedrungen. Die Todesgefahr ist geronnen ins Bild sonnendurchfluteter Unterwasserstille. Aber der Abgrund saugt seitdem an mir: Leiter, Brücke, Turm, Felskante geben meinen Füßen einen äußersten Halt, über und unter mir ist Nebel, Grundlosigkeit. Und zahllose Träume enden im Sturz.

Braun ist die Miesa noch immer. Ihre gekräuselte Oberfläche ist genauso gefleckt von grünem Laub und von der Julisonne wie einst. Auch weiter droben, abseits der Dorfjugend, wo unser Badehäuschen verschwunden ist, mit seinem Holzsteg und seiner Leiter ins Wasser, die lang, grünglitschig und bedrohlich ist, weil Angst vor der dunklen Tiefe uns auf der entscheidenden Sprosse festhält. Der Weg vom Schloß dahin ist um die einstige Ungeduld und Erschöpfung der hinter einer Kinderschwester die Mittagsglut durchpflügenden Mädchen kürzer geworden. Damals scheint er so ewig lang wie die Vorstellung, mit unzähligen Kinderschritten die schattenlose Wiese zwischen Schulhaus und Fluß bewältigen zu müssen. Daß dieser an Dechanteifeld, Gänseweide und Löwenwiese entlangführende Pfad, teilweise kahlgetrampelt braun und glatt, teilweise mit Breitwegerich und strahlenloser Kamille angenehm gepolstert, mir zum Urbild jeden Weges werden würde, ist noch nicht zu erkennen. Er liegt nur einfach gut unter bloßen Kinderfüßen. Ins Gedächtnis ist er ganz unauffällig getreten, führt immer noch zum Fluß, überall, auch in vielen der großen Städte, die einstmals an einem solchen Weg entlang begonnen haben.

Häufig, vielleicht aber auch nur ein- oder zweimal, läßt man mich ein altmodisches weißes Spitzenkleid und die Schwester ein goldgemustertes »Pariser Kleid« mit tiefer

Taille für den Weg zur Miesa tragen, auch wenn die Dorfkinder spotten. Sie schneiden Grimassen. »Wie hübsch doch die Mode früher war«, sagt die Mutter unbegreiflicherweise; und so wird aus manchen Spaziergängen ein Spießrutenlaufen. Es gibt winters einen grauen und einen braunen Kinderpelzmantel. Es gibt für die krausen Haare der Schwester ein gelbes Haarnetz, das trotz peinlicher Vorsorge zuweilen unter der Strickmütze vorschaut. Solche Dinge kommen in großen Paketen aus Oberbayern, der elterlichen Heimat, wo ein offenbar unerschöpflicher Fundus an Schandkostümen lagert. »So große Augen« rufen Buben mit kahlgeschorenen Köpfen hinter uns her und ziehen dabei mit Daumen und Zeigefinger ihre Augenlider auseinander. Wir fürchten diese Rufe, vor denen uns der gleichmütige Rücken der Kinderschwester nicht schützen kann. Sie werden durch seine Anwesenheit vielmehr erst ausgelöst, und wir glauben, daß diese fremden Buben etwas von uns wissen, etwas Schändliches, das nur ihnen sichtbar ist und Macht über uns verleiht. So werden meine Schwester und ich noch schüchterner, als wir es ohnedies gewesen wären. Wir stehen abseits, mit zugeschnürter Kehle und steifen Gliedern, verzehrt von Verlangen nach Gemeinschaft.

Gemeinschaft aber ist hier so einfach nicht zu haben. Die Eltern sind durch einen Erbgang in den Besitz dieses westböhmischen Gutes gelangt, haben sich in altes Dorfleben einzufügen und »Herrschaft« zu sein. Unsere Kindheit verläuft vor aller Augen.

Mit ihren absurden Kleideranweisungen stemmt sich unsere sonst keineswegs harte Mutter offenbar aber zugleich auch gegen den Geist jener spukhaften Jahre. Sie möchte uns da heraushalten. So lauschen wir aus unseren Betten mit sehnsüchtigen Ohren auf die rhythmisch hart gesungenen Lieder des Jungvolks, der BDM-Mädchen, der HJ-Buben, die abends noch durchs Dorf ziehen dürfen und gottlob nicht ahnen, wie beschämend zeitig wir schlafen geschickt worden sind. Keinerlei Hoffnung gibt es da für uns; die Entscheidung fällt so früh: Wir sollen zur Selbständigkeit erzogen werden. Da kann es nicht Kameradschaft mit derartigem Gleichschritt geben. Wir lernen schmerzhaftes Alleinsein kennen.

»Ee-ri-ka« singen sie in auseinandergerissenen Silben, oder »Unsere Fahne flattert uns voran«. Wie geschickt es die neuen Herren anstellen! Genau wissen sie, wie man Kinder verführt. Wir wollen doch nur mitsingen! Ach, und marschieren! Vor Sondermeldungen im Radio, wenn etwa einer der gegen Ende immer spärlicher werdenden Siege zu melden ist, erklingt nach dem Deutschlandlied das Horst-Wessel-Lied mit dem getragenen Vers »Es a-ma-schiert«. Ich denke an Ameisen und an ein geheimnisvolles Tunwort »amaschieren«, das mir für deren krabbelnden Eifer unbedingt einleuchtet. Auch für ernsthafte junge Menschen, für junges Volk, erscheint es mir als eine höchst begehrenswerte Beschäftigung. Aber ich darf mich nicht dazuzählen. Als mir später jemand erklärt, es heiße im Lied »SA marschiert«, bin ich enttäuscht. Ich weiß zwar auch nicht genau, was Es-Ah ist. Unser Dorf liegt ein wenig abseits der Welt. Aber so ungefähr, Uniformierte mit seltsam eckigen, gleichförmigen Bewegungen – das ist damals doch jedem Kind geläufig. Was hingegen der Vers bedeutet, »Kameraden die Rotfront und Reaktion erschossen«, kann ich nicht herausfinden, weil mir nicht klar ist, wer hier wen erschossen haben soll, und weil »Rotfront« und »Reaktion« klingen wie eine Zusammenstellung von Rotkehlchen mit einer Grippemedizin. Um so mehr möchte ich die seltsamen Worte mitsingen.

Am 20. April 1939 wird in unserer Kirche nach einer hochfestlichen Messe noch einmal, wie elf Tage zuvor an Ostern, das »Te Deum« gesungen, das jubelnd erhabene »Großer Gott wir loben dich«. Unser Herr Dechant steht am Hochaltar, das Velum um die Schultern; er rührt sich nicht. Zum ersten Mal für unser Dorf geht nämlich der Gesang weiter: mit dem Deutschlandlied und dem Horst-Wessel-Lied, unserem Führer zu Ehren, der 50. Geburtstag hat. Als ob man das Te-Deum noch steigern könnte! Der Glaube an solcherlei Fortschritt verheißt Schlimmes. Der Herr Dechant schweigt, blickt »mit brennender Sorge« hinüber zum Chor, wo die Familie Langstein wie jede, so auch diese Musik bestreitet. Und dann, aus der ganzen Kraft seiner stellvertretenden Arme, segnet er mit dem Allerheiligsten eine Gemeinde, auf der schon lange Schatten liegen. Unserer Mutter gegenüber spricht er sich mitunter offen aus. Uns selbst erscheint diese neue Liedfolge aber gleich wie altüberliefert und selbstverständlich. Unser Gedächtnis reicht nicht vor den Oktober 1938 zurück, vor den »Anschluß des Sudetengaus«. Für Kinder gibt es keine neue Zeit, wenn etwas zugleich mit ihnen selbst beginnt.

Gasse und Judengasse

Wendet man sich heute nach der Miesa-Brücke dem Dorf zu, führt noch immer der Mühlenbach, mit Mühlenschutz und Eisbaum versehen, vom Wehr aus rechts zur Glosauer-Mühle hin. Diese ist, einem eigenartigen allgemeinen Mühlenschicksal gehorchend, genau wie die Woletschka-Mühle eine Flußwindung oberhalb und die Hammer-Mühle unterhalb, stehengeblieben. Zu unserer Zeit haben die Müllersbuben oft mit ihren Freunden in der Mühle gespielt. Sie sind vertraut mit den vom Wasser aufs Mühlrad übertragenen Kräften. Sie hängen sich sogar bäuchlings ans rotierende Ende der Transmission. Der siebenjährige Andreas will eines Tages ebenso kühn sein wie die anderen. Seine Jacke wickelt sich dabei aber so fest um die rotierende Stange, daß er im Kreis mitgeschleudert wird und nicht mehr loskommt. Der Nachbar, der junge Groh Tontsch in der Fleischhauerei nebenan, hört das Geschrei, den gräßlichen, wiederkehrenden Aufprall des mitgerissenen Körpers und rennt herüber. Er leiert den »Schutz« herunter, so daß kein Wasser mehr übers Rad läuft und die Mühle zum Stehen kommt. Das Gebäude hört auf zu summen und zu vibrieren. Der Bub liegt ganz still. Wie er Wochen später aus dem Krankenhaus heimkehrt, ziehen ihn die Geschwister im Leiterwagen umher. Er wird eine Prothese brauchen, unterhalb des Knies. Es gibt rundum so viele Männer, die einen leeren Ärmel oder ein Hosenbein mit Sicherheitsnadeln hochgeheftet tragen; Sicherheitsnadeln scheinen mir überhaupt nur dafür erzeugt zu werden. Die Ärzte können im Krieg reiche Erfahrungen mit Prothesen sammeln. Da werden sie auch für den Mühlen-Andres eine bauen.

Ich beuge mich nachts im weißen Gitterbett über meine aufgestellten Knie, atme ihren Geruch nach Sonne und trokkener Haut ein und male mir voller Angst aus, wie das wäre, wenn eines meiner mageren braunen Beine am Knie enden würde. Ich meine, man müsse sich unbedingt darauf vorbereiten und empfinde doch nur Entsetzen. Die Erwachsenen sprechen oft davon: Diesem und jenem haben sie im Lazarett ein Bein, einen Arm abnehmen müssen. »Abnehmen« sagen sie. Gibt es vorgesehene Stellen dafür? Lazarett - Skelett – auch ich habe Skelett. Bin ich Skelett? Meine Knie riechen nach Sonne. Ganz deutlich.

Nach der Mühle kam rechts die »Gasse« mit ihren flußabwärts immer kleiner werdenden Häusern, heute eine Asphaltstraße mit einer Reihe armseliger Neubauten, aber jedes Haus mit fließendem Wasser. Den Dorfbrunnen braucht jetzt keiner mehr, nicht die Wasserwaage, das Schulterjoch der Frauen, nicht die beiden Eimer an Ketten. Unser Dorf hatte es nicht leicht mit dem Trinkwasser. Der Brunnen reichte ja nicht aus. Das Vieh mußte aus der Miesa getränkt werden. Aber einige Jahrzehnte lang war unser Fluß durch die oberhalb liegende Papierfabrik, die Joseffihütte vergiftet, es gab ein großes Fischsterben. Nun mußten auch die Tiere irgendwie mit Brunnenwasser versorgt werden. Man war daher froh, als die Joseffihütte 1929 den Betrieb einstellte und die Miesa wieder sauber wurde.

Hier am Anfang der Gasse stand der heute verschwundene Wurmsche Kaufladen für Schnittwaren. Er hat eine Holztäfelung, deren Fächer und Schubladen in unseren Kinderaugen zu den geheimen Tiefen führen, wo vielfältige Schätze gehoben werden, Ballen von Leinen, Seide, Samt und Wolle, Bündel von Litzen, Bändern und Spitzen, Stöße von Strümpfen und Kästchen voller Knöpfe. In Wirklichkeit ist der Vorrat wohl dürftig genug und nur gegen bestimmte Abschnitte von der für ein Jahr ausgestellten »Reichskleiderkarte« zu erlangen. Ohne Marken gibt es höchstens Karges, etwa die sogenannten »Klapperln«: Mit Hilfe von Stoffresten zusammengenagelte Holzstücke bilden eine Art Sohle, die schmerzhaft zwickend in den Fuß beißen kann; weitere Stoffreste – an Leinen ist gar nicht zu denken – halten sie sandalenartig am Fuß fest. Falls die Sohlenstücke zusammenbleiben, reißen die oberen Teile, oder umgekehrt. Das Gefühl, mitten im schnellen Laufen »den Klapperl« verlieren zu können, hat unsere Beziehung zu Sandalen lebenslang ein wenig beeinträchtigt.

Auch beim Kaufmann Wurm haben sie wenig Freude an solcher Kriegsware. Was uns die braunen Strümpfe bedeuten, können sie freilich nicht ahnen. Wir sind glücklich, als mit der versinkenden Erinnerung an die sagenhaft Zeit, die den Namen »Frieden« trägt, die verabscheuten weißen Zwirnstrümpfe zu kurz werden und herrlichen, Gemeinschaft mit den übrigen Kindern verheißenden dunkelbraunen Strümpfen weichen. Für mich, die nur sehr langsam wächst, müßte sich die Aufhebung einer uns unverständlichen Kleiderordnung eigentlich um schmerzliche Jahre verzögern. Aber um der ungestörten Geschwisterlichkeit unserer Kleidung willen darf ich gleichzeitig mit der langbeinigen Schwester in dunkle Unauffälligkeit überwechseln. Diese braunen Strümpfe sind mit Knöpfen und Bändern ebenso unbequem an leinernen Leibchen befestigt wie die weißen. Gegen X-Beine soll es gut sein, die Strümpfe innen straffer zu spannen als außen; das werde die Knie allmählich in die richtige Stellung wachsen lassen, meint Großmama Podewils.

Die Korrektur fehlerhafter körperlicher und charakterlicher Anlagen hält sie in beliebigem Umfang für möglich. So sorgt sie mit Verve für Einlagen gegen Senkfüße und für gymnastische Übungen gegen das Hohlkreuz, dessen Diagnostizierung sie in einen Zustand erhöhter Spannkraft versetzt. Sie führt uns in München zum unentbehrlichen Geheimrat Rommel, der uns impft, und vor allem zum Doktor Goßmann. Er wickelt uns die Füße für heroische Minuten in Gips und schneidet diesen gleich darauf wieder schaurig auf. Er verordnet auch eine ganz moderne Fußgymnastikmaschine, die Großmama mit Begeisterung anschafft. Da sitzen wir nun nebeneinander kichernd auf Hockern vor einem Holzrahmen; die Füße, in zwei Leinenschlaufen befestigt, müssen kräftig hin- und herbewegt werden und auf diese Weise zwei Gewichte auf- und abziehen, die an Schnüren über Rollen mit den turnenden Füßen verbunden sind. Wir erfinden Arbeitsgesänge, schubsen uns und geben vielfältigen Anlaß zu weiteren Erziehungsmaßnahmen. Der Aufwand steht in keinerlei Verhältnis zur Wirkung, die durch das Barfußlaufen während der Notjahre nach dem Krieg weit übertroffen worden ist. Aber Großmama ist ungemein zufrieden.

Beim Kaufmann Wurm gibt es außer den braunen Strümpfen noch den Wurm Hans und seinen Bruder Georg, gleichaltrige Buben, die wir scheu bestaunen. Weiter hinten in der Gasse hat die Stechlik Hanne feuerrote Haare. Es wohnen dort viele Kinder, zum Beispiel die Grosser Ritsch – Márie heißt sie, also Máritsch – und die Risser-Kinder, die etwas schräge Münder haben. In der Schule finden wir uns später mit vielen von ihnen zusammen, nun endlich in etwas engerer Gemeinschaft.

In der Mitte der Gasse lebt Herr Hammer. Er kümmert sich um Uhren, schnitzt, schreinert, drechselt und ist einer jener alten Dorfhandwerker, die sich auf vielerlei verstehen, vor allem darauf, einheimisches Holz richtig zu behandeln. Er ist auch Imker, darf sich Bienenmeister nennen und weiß mit Hilfe von Bienenwachs dem geglätteten Holz sein Leben in warmen Nuancen von Dunkelbraun zu bewahren. Eine von ihm zart und zugleich stabil gearbeitete Stehlampe hat mit uns alle Wechselfälle überstanden. Sie leuchtet mir freundlich übers Papier, hat einen schön gedrechselter Stiel, der durch eine kleine runde Tischplatte hindurchwächst und bewahrt bis heute ihre mattschimmernde Politur. Die aus dem Stamm herausgearbeiteten Kanten, Reifen und Kugeln, nach oben sich verjüngend, geben die Linien der Maserung frei, in Streifen und Elipsen, den Jahresringen entsprechend und dem Rhythmus, wie ihn der Drechsler auf das Holz übertragen hat.

Unsere Mutter, die auch angefangen hat zu imkern, geht häufig zu Herrn Hammer, holt sich Rat und nimmt uns dorthin mit. Die niedere Haustüre führt durch Gangdunkel wieder ins Helle, die Werkstatt liegt dem Fluß zu. Auch hier spielen Sonnenflecken, vom Wasser herüber an die Wand gespiegelt. Hammer steht im engen Flur, verdeckt die rückwärtige Tür, ist hochgewachsen, alt, spricht über Bienenangelegenheiten und über das unzeitgemäße Stehenbleiben einer der vielen, in unseren Zimmern hastig tickenden oder behäbig tackenden Uhren. Das Gespräch, über meinem Kopf geführt, ist als Bild darin hängengeblieben. Die Lampe muß sich zwischen alte Möbel verirrt haben, die noch vor Kriegsende auf Rat der fürsorglich ahnungsvollen Großmama Podewils nach dem Westen verfrachtet worden sind. In ihr hat unsere »Gasse« überlebt. An der Miesa entlang führt sie nicht mehr.

Die ältere »Judengasse«, eine Reihe noch kleinerer Häuser am Ende der eigentlichen Gasse, gab es auch für uns schon nicht mehr. Höchstens erinnert der Name eines besonders kleinen Hauses, »beim Templer«, daran, daß ursprünglich darin die Synagoge untergebracht war. In einem anderen Haus hatte noch bis unlängst auf der einen Seite ein Uhrmacher gewohnt, auf der anderen Seite der Kohn-Jud, ein Glasermeister, daher auch »Gloser-Jud« genannt. Ein Zimmer und eine Kammer, mehr hatten die meisten Familien damals nicht.

Die jüdische Gemeinde unseres und einiger benachbarter Dörfer hatte dreihundert Jahre bestanden, war aber schon im vorigen Jahrhundert erloschen, die neue Synagoge am Dorfplatz im Jahre 1895 verkauft worden. Als die allerletzten Juden, längst nicht mehr Mitglieder einer Glaubensgemeinde, gingen, taten sie es weder wegen der schlechten Geschäftsbedingungen, noch zwang sie ihre kulturelle Fremdheit oder ihre Religion dazu. Nur noch ihre biologische Rasse führte zu diesem bitteren Schritt. Denn die Unterscheidung von Juden und Nicht-Juden nach der Rasse hat sich dieses klare Jahrhundert vorbehalten. Im Osten besteht sie bis heute weiter.

Gustav Adler starb rechtzeitig vor alldem im Jahre 1936. Er betrieb wie sein Vater Bernhard und dessen Vorväter ein zwischen Fleischhauern und Schustern der Gegend vermittelndes Geschäft, kaufte die Häute vor allem beim Fleischhauer Groh Anton, salzte sie ein, faltete sie zusammen und lieferte sie zum Gerben nach Pilsen. Der Aufstieg der Schuhfabrik Bat'a, der viele kleinere Schuster des Umkreises zum Aufgeben zwang, schmälerte in den zwanziger Jahren auch dem Gustav Adler das Geschäft. Doch war er noch bis zum Tod angesehener Besitzer eines der stattlichen Häuser an der westlichen Dorfstraßenfront, Häuser, deren verweinte Fenster heute, aus fleckigen Fassaden blickend, nichts mehr vom verschollenen Kleinbürgerstolz und bescheidenen Behagen ihrer einstigen Eigentümer verraten. Viele dieser Häuser stammten von wohlhabenden Juden, die, als 1848 die Städte den neuen Gesetzen gemäß ihre Tore für sie öffneten, aus unserem Dorf weggezogen waren.

Die Familie Adler hat noch ganz am Schluß von Prag aus dem Freund und Nachbarn Wurm ihr Haus verkaufen und so die Auswanderung nach Bolivien bezahlen können. Im Sommer 1939 ist die alte Witwe Adler noch einmal im Zug durch unser Dorf gekommen. Sie hat hier Aufenthalt gehabt und dabei die alte Groh Anna, Pächterin des Bahnhofbüfetts, um ein Glas Wasser gebeten. Die Witwe des Fleischhauers und die Witwe des Häutehändlers haben einander ein allerletztes Mal die Hand gegeben. Und schon zischelt jemand: »"Warum gibst'n der a Wasser?« Da waren die schlimmen Stichworte gefallen. Die bösen Geister, auch in unserem Dorf hervorgekrochen, ergriffen Besitz von denen, die in jedem Gemeinwesen für solche Schandrollen bereitstehen. Bosheit und Schwäche finden zueinander. Da muß nur einer die schlecht schließende Falltüre aufmachen, schon drängen sie herauf, schon haben wir sie am Halse, und es kostet viel, sie wieder loszuwerden. Sie schlafen nicht, seit Kain.

Im Bibliothekssaal des alten Prämonstratenserklosters Tepl nördlich von Mies liegt bis heute eine Handschrift aus dem 9. Jahrhundert mit einem der ältesten deutschen Texte, den es gibt. Aber die junge tschechische Führerin, im Glauben erzogen, Deutsche seien, falls sie überhaupt je hier gelebt haben sollten, ohne Bedeutung für dieses Land geblieben, behauptet störrisch, der Text in der ersten Vitrine sei lateinisch.

»Trohtin, dir wirdu ich pigihtik allero minero suntono enti missatateo, alles deih eo missasprach edo missateta aedo missadahta, worto enti wercho enti kadanccho, des ih kyhukkiu aedo nikihukku, des ih wizzanto aedo unwizzanto, notac aedo unnotac, slaffanto aedo wahento ...«*

Vor 1100 Jahren, kurz nach dem Tod Karls des Großen, ist diese Beichtformel von Mönchen des Regensburger Klosters St. Emeram aufgeschrieben worden und später nach Tepl geraten. Nur unter den Glockenschlägen dieser bis heute lebendigen Worte läßt sich die Geschichte im gesegneten und verfluchten Böhmen vielleicht begreifen und ertragen.

* »Herr, dir bin ich geständig, aller meiner Sünden und Missetaten, alles des ich missesprach, missetat und missedachte in Worten und Werken und Gedanken, alles dessen ich gedenke oder nicht gedenke, was ich bewußt gesündigt oder nicht bewußt, mit Zwang oder ohne Zwang, schlafend oder wachend.«

Nun also, im Jahr des Herrn 1939, sagt jemand: Warum gibst du der da Wasser? Diese, das ist jetzt nur die Witwe vom Gustav Adler aus unserem Dorf, die ja auch noch Glück gehabt hat. Als sie Aufenthalt hatte an unserem Bahnhof, da weiß hier keiner, daß Theresienstadt, die alte Festung, im nördlichen Böhmen an der Elbe gelegen, bald traurige Berühmtheit erlangen wird. Und Auschwitz? Die Witwe des böhmischen Häutehändlers ist nie ins nahe Polen gekommen, wo die Stadt Osviecim sich bald bereitmacht, den Namen zu tragen, der Millionen von Opfern und ihren Henkern die Sprache verschlagen wird. Zwar kann man keinem Volk verbieten, seine Sprache in Versen zu sprechen. Aber nachdem sie Oświecim zu Auschwitz gemacht hatten, wäre das den Deutschen dann beinahe zugestoßen. Ihre Sprache hörte auf sich zu reimen.

Doch die Witwe Adler konnte das alles noch gar nicht wissen. Sie entfloh den bedrohlichen Vorzeichen und erreichte wohlbehalten Bolivien.

Die da? So sagt damals dieser und jener in unserem Dorf und weiß nichts von dem, was kommt, und weiß nicht, wie rasch er selber »Der da« und »Die da« sein wird. Sechseinhalb Jahre nach den Juden sind »Diese« irgendwelche Deutschböhmen, Hunderttausende, Unschuldige. Wie schnell sie nun ihr Aussehen verändern. »Německè svině«, »deutsche Schweine«, brüllen ihnen die Peiniger in die Ohren. Und es genügen ja auch wenige Tage, schon sehen sie kaum noch wie Menschen aus, haben keinerlei Gestalt noch Schöne mehr. Seht, was für Menschen! Die Toten von Aussig, von Brünn, Prag oder von Pilsen, diese 225000 zu Tode Gequälten der Jahre 1945 und 1946, sie büßen, büßen und büßen. Für eigene Schuld und andere Schuld und auch für Lidice, wo nicht sie am 9. Juni 1942 die 180 Männer und Knaben ab 14 Jahren erschossen haben, die ihrerseits nicht verantwortlich waren für die Ermordung des fürchterlichen Heydrich am 26. Mai 1942. Deutsche waren zu Mördern geworden, also sind diese deutschen Opfer von 1945 mitschuldig. Wer von ihnen war denn auch ohne Schuld? Und wer ist überhaupt ohne Schuld? Für die neuen Mörder schien es einfach. Und die Sieger gingen über all das hinweg. Acht von hundert Deutschböhmen sind damals umgekommen. Niemandem waren sie des Gedenkens wert. Niemand hat diese Vergangenheit »bewältigt«. Doch das ist ja auch gar nicht möglich. Man kann sie höchstens wahrzunehmen, auszuhalten und im Blick auf die Abgründe im eigenen Herzen in die Hut zu nehmen versuchen.

Die da und die da, wie sich das immer wiederholt!

Eben ist der Gustav Adler in unserem Dorf noch Gemeinderat gewesen, ist zusammen mit dem Glosauer Anton und dem Gröschl Andreas auf der dekorierten Chaise gesessen, die alljährlich mit den drei Dorfältesten am Faschingssonntag durchs Dorf poltert. Alle haben ihn geachtet, genau wie den Pilsener Viehhändler Ehrlich, der dem Groh Franz jederzeit ohne Quittung Geld geliehen hat, wenn ein Stück Vieh nicht gleich bezahlt werden konnte, und der während der Maul- und Klauenseuche manches kranke Tier noch »verricht hat« zu anständigem Preis, ohne sich an der Not der Bauern zu bereichern. Es gab wohl Bettfedern-, Häute-, Getreide- oder Viehhändler, die sich mißliebig machten, sogar als Bauernleger galten; und da dieser bauernnahe Handel meist von Juden betrieben wurde, hat mancher geschimpft über »die Juden«. Stets werden Bauern über Viehhändler schimpfen.

Die bleichen, schwarzgekleideten Gestalten, mit Bärten und langen »Beikeles« unter Pelzmützen oder breiten Hüten, die als Kurgäste in Marienbad in den Cafés an der Promenade saßen, waren seltsam, ja unheimlich. In Mies strebten am Sabbat zwar unauffällig Gekleidete in die Synagoge, mit eiligen Schritten, wie es Gott gefällt, den Oberkörper ein wenig vorgeneigt. Aber auch sie ließen schächten. Das war unheimlich. Von der Frau des Rabbiners Glaser wurde behauptet, sie trage eine Perücke. Jüdische Kinder gingen nicht in den Religionsunterricht: Fremd, überaus fremd wirkte das alles. Viele Juden waren erst kürzlich gekommen, nachdem im Ersten Weltkrieg Russen die westliche Ukraine, Wolhynien und vor allem Galizien besetzt hatten, wo jiddische Kultur blühte. Sie flohen, wie schon früher, aus Rußland, wohin sie vor langer Zeit einmal vor den Christen aus Spanien über Frankreich, Deutschland, Polen oder Böhmen ausgewichen waren, immer wieder verfolgt, um dort schließlich die ärgsten Pogrome zu erleben. Das Wort »Pogrom« ist russisch.

Die alteingesessenen Juden unserer Gegend, die jene Fremdlinge oft selber am meisten verachteten, waren emanzipiert, glaubten sich assimiliert. Ferngerückt war die Zeit, als der »Theresianische Kataster« 1780 für unser Nachbardorf Oschelin mit seiner großen jüdischen Gemeinde die jüdischen Familien noch so verzeichnete: »Elias Löbl, 28 Jahre alt, Hannele, sein Weib, 25, Isac, Elias Sohn, 3, Bella, Tochter, 1½ Jahre alt. Wohnhaft allda 4 Jahr in herrschaftlicher Chaluppen. Zinset der Obrigkeit 5 fl. Handelt mit Federn, Hadern, ist dabei Fleischhacker.« Aufgehoben war die alte Verordnung der k. k. Hofkammer von 1803 und des k. k. Landesguberniums von 1825, wonach wie seit langem »Juden wegen Verschleppung der Bergwerksprodukte« in unserer Kreisstadt Mies »weder geduldet noch zu Jahrmärkten zugelassen werden sollten«. Sie mußten die Stadt durch das Judentörl betreten, durften nur tagsüber bleiben, mußten die Judensteuer zahlen. Derlei endete 1848. Unteriridisch lebten jüdische Fremdheit, Abwehr, Beflissenheit aber weiter. Viele Geschäfte am Platz und in der Hauptstraße von Mies waren mittlerweile in jüdischem Besitz. Ärzte und Anwälte waren jüdisch. Darüber ärgerten sich Deutsche, vor allem aber

Tschechen, denn die Juden sprachen ja deutsch. Doch geschah in dieser Zwischenzeit nichts ganz Arges. 1938 aber kamen aus dem »Reich« Funktionäre und brachten neue »Gesetze« mit. O ja, Gustav Adler ist rechtzeitig gestorben.

Steigt man heute den Südhang des »Hachtenbergs« zwischen Oschelin und Leiter hinauf, stößt man mitten im Nadelwald auf eine bröckelige, aus Lehm und Schiefersteinen gefügte Mauer. Dahinter wächst weiches Waldgras, stehen einzelne Birken. Reste eines Torbogens führen zu einem sehr fremden, sehr alten Bereich. Er fällt aus der umliegenden Landschaft heraus. Verwitterte jahrhundertealte Grabsteine tragen hebräische, neuere auch lateinische Buchstaben. Ein polierter grauer Stein liegt umgestürzt: »Ruhestätte des Herrn Bernhard Adler, gest. 9. Juli 1919.« Für den alten Samuel Abeles heißt es: »Das Andenken des Gerechten wird zum Segen.« Zu einer der letzten jüdischen Grablegungen zog unser halbes Dorf noch mit. Man warf drei Hände derselben Erde in die Grube, wie vorne auf dem christlichen Friedhof. Ein zerstreutes kleines Mädchen bekreuzigte sich gedankenlos dabei und verbarg sogleich beschämt die Hand unter der Schürze. Heute ist auch die Zeit, da einige dieser Gräber aufgebrochen wurden, längst vorüber. »Ehre seinem Andenken« – wir stehen vor dieser Erde und wünschen, sie möge Herrn Bernhard Adler, Herrn Samuel Abeles und allen anderen leicht geworden sein.

Gasse und Judengasse unseres Dorfes sind nun verschwunden, haben gemeinsam das Zeitliche gesegnet.

Werktage, Sonntage

Unser Dorf ist noch immer in zwei großzügigen Häuserreihen den Berg hinauf gelagert. Rechts unten, da stand der Kolonialwarenladen vom Anton Andris. Ein Supermarkt hat ihn längst überflüssig gemacht.

Schon zu unserer Zeit fragt sich's, was man groß verkaufen soll in solchen Jahren. Auf den Dingen, die man bräuchte, liegen diese kleinen Märkchen der Lebensmittelkarten, diese dem Geld vorgeschaltete Währung, papieren auch sie, eine Landkarte mit blauer Milch- und rosa Fleischprovinz, mit brauner Brot- oder Mehlregion und gelben Butterfeldern; ein Spottbild des Schlaraffenlandes: Cervelatwurst auf Butterbrot – ganz aus Papier. Atme behutsam, sonst atmest du's weg! Denn die Wirklichkeit heißt am Ende Bratkartoffeln, ohne Fett auf Mehlstaub und Kümmel gebräunt; mit Rübensirup gesüßter, mit dem Schneebesen bearbeiteter Mehlbrei als Schlagrahm, und an hochfestlichen Tagen ein Kaninchenbraten.

Verkäuferinnen tragen Scheren wie Orden um den Hals, mit denen sie Marken herausschneiden, ehe sie Geld nehmen. Stundenlang sitzen sie abends und kleben ihr seltsames Puzzle auf Papierbögen, um ihrerseits den Verbleib der knapp zugemessenen Güter und weitere Zuteilungen zu rechtfertigen. Dieses Puzzle ist eine Parodie auf die großen Bilder, die man einst – wann war das doch nur? Es muß unendlich lange her sein – aus gebuchteten winzigen Teilen als Abendzerstreuung wieder zusammengsetzt hatte: Viel Himmelsblau und Laubgrün und in der Mitte ein Geborgenheit verheißendes Haus mit Schuppen und Holzzaun.

Aber jene Marken sind, bei aller knitterdünnen Papierlichkeit, von einer Symbolkraft, die sie weit näher an die Wirklichkeit heranrückt als an die Zeichenwelt. Zuckermarken sind beinahe selbst süß – man braucht sie nur zu verlieren, oder sie sich stehlen zu lassen, um förmlich auf der Zunge zu spüren, wie der sowieso schon ohne Fett gerührte Kuchen vollends nach Lehm schmecken wird, oder wie das Holler-Birnenkompott saccharinfade wird und der Rhabarber einem die Wangen zwischen die Zähne zieht.

Die Schere am Band und die Schachtel für die Marken drängen die Kasse in den Hintergrund. Kein Wunder, daß Geldwährung, auch sie schon papierdünn, ganz dahinschwindet, wenn jahrelang solche Marken das Rinnsal der Waren noch einmal aufspalten und ins Geringfügigste leiten: nur mehr ein schmales Scheibchen Butter für die ganze Woche sollte es schließlich sein, ausreichend bloß für ein einziges richtiges Butterbrot, oder, je nach Wesensart des Essers, für tagelange Kratzerei ohne jede Freude. Da vergißt das Geld seine Herkunft vom Gold, die letzte Verbindung zu dessen Glanz zerreißt, die abgegriffenen, weich wie Stoff gewordenen Scheine flattern davon. Zigaretten-, Briefmarkenwährung, Tauschhandel breitet sich aus – eine Art Urzustand, der so gar nichts Paradiesisches an sich haben will. Bis eine reformierte Währung wieder harte Münzen in Umlauf bringt und das Spiel neu beginnen kann. Aber so weit sind wir damals, daheim, noch lange nicht. Bis dahin werden noch schwere Jahre zu bestehen sein, Jahre nassen, dunkelgrauen Brotes, in das Kartoffeln verbacken sind, und dazu saure wäßrige Buttermilch.

Neben dem Andris wohnt eine ältere Frau mit einem ungeheuren Kropf. »Was hast du denn da?« deutet das kleine Mädchen, das ich bin, mit dem Finger nach oben, wo sich über ein weißes ballonartiges Gebilde bläuliche Adern schlängeln und in einem offenen Kleiderkragen verschwinden. So dürfe man nicht fragen, wird mir vorgeworfen. Dabei habe ich es wirklich nur wissen wollen. Ich sehe so etwas zum ersten Mal, und der Hostalka Márie tut es doch offenbar auch gar nicht weh. Aber wie kann sie so leben, schaudert's mich.

Ihr Nachbar ist der Landwirt Schrödl, mit Hofnamen Luksch. In der Häuserreihe gibt es etwas weiter oben den Kolonialwarenhändler und Schneider Rupp und drüber den Tischler Böhm, der auch ein Sarglager betreibt. Dieser hat eine Tochter. Die Böhm-Hilde ist schön, ihre dunklen Zöpfe werden aus Locken geflochten, die über dem Kopf einen Schleier bilden. Wir bewundern sie von ferne, sie ist älter als wir, entrückt und viel zu groß für uns.

Über dem ehemaligen Textilgeschäft des Juden Heinrich Weiß, des »Weiß-Jud«, und dem Haus des Landwirts und Zimmermanns Lehanka steht das weiß verputzte Haus der Löws mit dem Hof, der einen alten Zwetschgenbaum über seine ebenfalls weiße Mauer zur Straße hängen läßt. Josef Löw ist Landwirt, selbständig, geht arbeiten. Also muß seine Frau die kleine Wirtschaft fast alleine führen. Sie haben den Seppl. Er ist stramm von Anfang an, schon im »Büschelkissen«, in dem alle böhmischen Babys damals ihre ersten drei Monate verbringen. Dazu legt man sie auf ein flaches viereckiges Kissen, das gekräuselte Spitzen am Kopfteil hat. Das Kissen wird um das Gezappel herum zusammengeklappt und mit einem bestickten Wickelband fest zugebunden, geschmückt mit einem Rosenkranz, der obenauf zu liegen kommt: »Soldati sein – strammes Baby – Armi drin«, sagen die Großmütter zufrieden. Das Strampeln ist beschränkt auf die Zeit während des Badens und Wickelns und auf die Monate nach dem »Büscheln«. Das modernere Steckkissen, das langsam in Gebrauch kommt, läßt mehr Spielraum, gibt die Arme frei. Ich kenne mich aus, unsere Babypuppen werden ja auch gebüschelt und fest, fest in den Kissen verschnürt, damit die Beine schön gerade wachsen. Ganze Nachmittage verbringen wir damit, ernsthaft arbeitend, schnaufend gebeugt über unsere Schützlinge, die Henriette und Viktoria heißen. Ein sicheres Paket ist solch ein Baby, feucht und warm innen, trocken und sauber außen, riecht kaum; und immer ist es praktisch in den Arm zu nehmen, keine herunterhängenden Deckenzipfel, kein kippendes Köpfchen. Auch böhmische Kinder haben später emsig krabbelnd alles Versäumte nachgeholt und sogar den aufrechten Gang erlernt.

Der Löw Seppl ist unbedingt stramm, besonders als er schon herumläuft: er hat feste abgesetzte Backen, ein exaktes Kinn mit einer Kerbe in der Mitte, Augen, die sehr geradeaus blicken. Auf dem Arm seiner runden, freundlichen Mutter wirkt er fehl am Platz. Er gehört von Anfang an ins althergebrachte deutliche Männerleben, ist zur Herrschaft über Feld, Wagen, Tiere und Frauen geschaffen, wartet ernst und wortkarg auf seine Stunde: Dann würde er einem mächtigen Pferd auf die Hinterhand klatschen, daß es zur Seite tritt, er würde einen Wagen anschirren, würde abends vor der Haustüre polternd von schweren Stiefeln Lehm und Mist wegtrampeln und sich auf einen ächzenden Stuhl fallen lassen. Ja, das würde der Löw Seppl geworden sein. Aber statt dessen wurde er ein Flüchtlingskind.

Der Löw Franzi sieht er ähnlich, wie eben solch ein junger Bär einer älteren Schwester ähnlich sehen kann. Sie ist schon sehr groß, fast erwachsen, scheint es uns, also vielleicht 11, oder womöglich schon 13 Jahre alt: Abgesetzte Backen, ein Kinn mit Kerbe in der Mitte, geradeaus schauende Augen hat auch die Franzi. Aber weil sie immer lacht und gerne schwätzt, ist alles an ihr doch wieder ganz anders. Sie ist eben eine große Schwester, tüchtig, zuverlässig, verzichtbereit. Sie füttert Hühner, schleppt das Baby, hängt Windeln auf. Unsere Mutter holt die Löw Franzi oft am Sonntagnachmittag zu uns herauf. Ist es die Kerbe im Kinn, das Lachen, der kleine Bruder? Oder eine entfernte Ähnlichkeit mit der unvergessenen Reitmeyer Emmi, von der noch zu sprechen sein wird? Diese Franzi scheint ihr jedenfalls die Richtige zu sein, um den vierten Mann im Krocketspiel zu stellen. Es handelt sich um Zimmerkrocket. Dazu werden kleine Drahttore auf buntlakkierten Holzsockeln in bestimmtem Muster aufgestellt; jeder bekommt ein Hämmerchen und eine Kugel in der ihm zugeteilten Farbe. Mich trifft Gelb. Und nun muß ich die Kugel mit dem Hämmerchen durch die Tore schießen, den ganzen Parcours hin und zurück durchmessen und zwischendurch feindliche Kugeln treffen. Ich kann mir an ihnen zwei weitere Schläge holen nach einer infamen Regel. Dann ist es erlaubt, den Feind wegzukrockieren, »in Sonne, Mond und Sterne schlagen«, wie der Jargon lautet, das heißt die eigene, eine andere berührende Kugel halten und mit dem Hämmerchen dagegenklopfen, so daß der Gegner fortfliegt. Wehe ich fehle oder verschlage gar die eigene Kugel. Dann widerfährt mir Gleiches und ich muß zähneknirschend dem nun folgenden Unheil zuschauen, brauche mehrere Runden, ehe ich mich wieder vor das jeweils fällige Tor placieren kann, um da womöglich von einem inzwischen schon auf dem Rückweg befindlichen Feind wieder »in Sonne, Mond und Sterne« krokkiert zu werden. Meine Qual wächst ins Unermeßliche dadurch, daß eine Krocketzeitung mit Berichten über das letzte Spiel bis zum folgenden Sonntag verfaßt wird. Darin müssen wohl, wenn auch in taktvollen Andeutungen so peinliche Vorkommnisse erwähnt werden, wie daß die Farbe Gelb in bestimmter, sehr zugespitzter Situation das ganze Spiel durcheinandergeworfen und laut weinend, womöglich gar unter Knallen der schweren geschnitzten Türe des »Empirezimmers«, den Turnierplatz verlassen hat.

Gelb – die Farbe des Neides, der Mißgunst, der Selbstsucht, wie hasse ich sie an manchen Sonntagen, wie hasse ich die gelben Bereiche meines Inneren. Es ertrinkt nahezu in gelben

Wogen. Ich ahne, wenn ich auch dem nächsten Sonntagnachmittag entgegenfiebere, daß es um mehr gehen wird als darum, daß Gelb rasch und kühn vor Rot, Blau und Grün durchs letzte Tor rollt. Aber ich kann noch nicht wissen, daß es die Arbeit eines ganzen Lebens kosten wird dahin zu gelangen, wo die Löw Franzi von allem Anfang an schon ist: zu dem herzlichen Lachen, mit dem sie ihre wegkrockierte Kugel irgendwo unter einem Empirebett oder einem gewaltigen Ulmer Schrank hervorsucht und an genau der Stelle des blauen Randes vor einem weißgesäumten roten Mäander im Muster legt, wo diese den Teppich verlassen hat, weit, weit weg vom Spielfeld. Wieso besitzt sie das Lachen und ich nur die zugeworfene Türe meiner doppelten Niederlage? Erst wenn diese sinnlose Frage verstummt sein würde vor der Freude am Lachen der Löw Franzi, vor der Liebe zu ihresgleichen, wäre die böhmische Krocketpartie für die gelbe Farbe gewonnen. Aber das gehört zu den längsten Spielen der Erde. Zunächst sollten Jahre kommen, da ich beim großen Rasenkrocket in Oberbayern ein gefürchteter Gegner, ein begehrter Partner im Mannschaftsspiel werden sollte. Ich brachte Spannung in die Kämpfe, das wohl. Aber die Siege blieben mir schal.

Die Löw Franzi hat noch etwas, worum wir sie heiß beneiden, das ist ihre Frisur. Von ihren fahlblonden glatten Haaren ist ein Teil über der Stirn zusammengefaßt, in einer wurstartigen Rolle oben über dem Kopf nach rückwärts gedreht, dort in zwei Teile verzweigt, mit den übrigen, seitlich zurückgekämmten Haaren vereinigt und in die zwei vorgeschriebenen Zöpfe geflochten. So frisiert man damals die meisten böhmischen Mädchen, sobald sie nur irgend genügend Haare besitzen für zwei dünne, ganz hinten nebeneinanderhängende Zöpfe, die man an ihren letzten spärlichsten Ausläufern mit Zwirn umwickelt, oder an Sonntagen mit einer Schleife schmückt. Während des Mittagsschlafes, den man uns bis ins fortgeschrittene Alter von acht und neun Jahren schmählich auferlegt, gehen wir mit Bürsten und allen verfügbaren Haarklammern zu Werk und drehen Würste auf unseren Köpfen; aber schon beim Verzweigen am Hinterkopf geraten wir in Bedrängnis; Zöpfe kommen schon gar keine mehr zustande; es gibt höchstens Nester von Haarklammern und viele abstehende Schwänze. Man schneidet uns die Haare kurz, kaum daß sie anfangen, den Schultern entgegenzuwachsen, man schneidet sie vorne kürzer als hinten, die Zöpfe aber müßten hinten hängen. Wir beugen unsere Köpfe zurück, um, wenn auch nur andeutungsweise, zu spüren, wie das wäre, wenn Haare wallend über Schulter und Rücken fallen.

Die Großmutter mütterlicherseits, Sophie Faber, so wird uns von ihr selbst erzählt und von ihrer Hausdame Fräulein Louran bestätigt, hatte als Mädchen goldblonde Haare, die bis in die Kniekehlen reichten. Sie und ihre beiden Schwestern konnten auf ihren Zöpfen sitzen. Die Jungfer kam am Morgen, um diese Fülle frisch zu flechten, aufzustecken und dabei die duftig lockere Vorderpartie zu erhalten, die mit kunstgerechten Bürstenstrichen und mit der Brennschere vorbereitet war. Hundert Bürstenstriche täglich, so rät man uns. Aber was hilft das schon, wenn man uns doch, unter dem Vorwand, sie seien noch viel zu dünn, immer wieder die Haare abschneidet? Nie werden wir auf goldblonden Zöpfen sitzen können, nie werden wir die Sagenschönheit der drei Faberschwestern aus Stein bei Nürnberg erreichen, die uns mit großen Augen aus Meister-Photographien auf dicker gelblicher Pappe der Jahrhundertwende anblicken. Feen waren sie, Bleistiftprinzessinnen, von ihrer Anmut ist Märchenhaftes überliefert, von ihrem Leben aber viel Unglück, das besonders in den weiten grauen Rätselaugen von Großmama Sophie nistete. Sie starb in einer letzten Überschwemmung von Schwermut nach zwei Kriegen, Geldentwertungen, Umstürzen, obwohl ihr Lebensstil am vertrauten Ort ihrer zweiten oberbayrischen Heimat in Resten erhalten geblieben war. Nichts und niemand auf Erden konnte ihr helfen. Sie verschwand im Schweigen. In ihrer Todesstunde winkte sie sachte mit den Händen gegen das Fußende ihres Bettes zu. Wen hat sie gehen, wen hat sie kommen sehen? Ich war fünfzehn und legte goldbraunes Buchenlaub und Hagebuttenzweige auf ihren Sarg.

Marzipanfrieden

Dort wo die Dorfstraße in einer Westkurve auf der Höhe das Dorf verläßt, um sich am neuen Friedhof entlang gemächlich unter Obstbäumen am »Doppelten Kreuz« vorbei nach Tschernoschin zu begeben, steht bis heute ein kleines, einst zum Schloß gehörendes Haus mit hübsch geschwungenem Giebel: Da soll einmal im ersten Stock ein jüdischer Arzt gewohnt haben, ein Doktor Heinsfurth. Er hat sich erhängt, klärt mich meine vierjährige Schwester auf. Jüdischer Arzt? Erhängt? Ich kann mir nichts unter diesen Worten vorstellen, denke an eine große, im Oberstock hängende Glocke – bong-bong-bong. Meine Erinnerung reicht nicht in die Zeit zurück, als ein jüdischer Arzt, der jahrelang die Bauern, Geschäftsleute, Häusler, Taglöhner versorgt und ihnen zwischen Geburt und Tod beigestanden hatte, es als einziger Jude unseres Dorfes nicht über sich brachte fortzugehen. »Wer wird denn mir was tun?« Oft hatte er ohne Bezahlung geholfen.

Doktor Heinsfurth war ein geselliger angenehmer Mann, klein und schmal, mit feingliedrigen, zu behutsamer Diagnose geeigneten Händen, jahrelanger Badearzt in seinem Geburtsort Karlsbad, wo sein Vater ein Textilgeschäft betrieb. Er war unverheiratet geblieben. Die Frau vom Gutsknecht Wanka, dessen Familie im Erdgeschoß wohnte, machte bei ihm Ordnung. Essen ging er für gewöhnlich zum Schinka, zum Glosauerwirt. Er sammelte Briefmarken, nur wertvolle Einzelstücke, die ihm von Händlern gebracht wurden. Und er versah das Amt eines Disktriktarztes. Von 7 – 9 Uhr hielt Dr. Heinsfurth Sprechstunde. Anschließend rief er hinüber zum Bauern Schrödl, zum Luksch'n Bepp: »Spannen's an, wir fahr'n«, und ließ sich in einer gebraucht vom Schloß gekauften Chaise oder im Winter mit einem Schlitten vom Fleischhauer Groh durch den Luksch auf Krankenbesuch kutschieren. »Sie sind gesund, Sie werden hundert Jahre alt«, pflegte er gerne zu sagen; und mancher nahm ihn beim Wort, so auch der Oberlehrer Zeidler, der zuversichtlich bis ins 95. Jahr blieb, weil er noch sechs ganze Jahre vor sich zu haben glaubte. Nur mit Moritz Freund, dem Freund-Jud, Lebensmittelhändler, »stand« Doktor Heinsfurth sich nicht. Er kaufte lieber beim Pohan, dort dünkte es ihn sauberer. Als der alte Moritz Freund im eigenen Haus die Stiege hinuntergepoltert war und laut lamentierend im Bett lag, holte man den Doktor. Sogleich verstummte der Patient. »Husten Sie«, forderte der Arzt, erst leise, dann immer lauter, da er glaubte, Freund höre ihn nicht. Dieser preßte die Lippen aufeinander. Schließlich zischte er ein zorniges »Scheißen kann ich« hervor, und drehte sich zur Wand. Das sollen seine letzten Worte gewesen sein.

Drei- bis viermal in der Woche kam Doktor Heinsfurth zu den sogenannten »Casinoabenden«. Diese Abende fanden mehrmals in der Woche in den verschiedenen Wirtshäusern statt, am Samstag beim Glosauer, am Dienstag beim Gerstner und am Donnerstag beim Groh, der als Fleischer der einzige war, der abends warme Küche hatte. Die aus dem Tschechischen stammende Schwiegertochter Mári, die Maschka, trug das Krenfleisch mit Wecken auf, die Blut- und Leberwürste oder die zu einem Ring gebundene Bratwurst; an Schlachttagen duftete es bis auf die Straße hinaus nach Metzelsuppe.

Am Dienstag probte der Männergesangsverein, getragen vom Baß des Herrn Dechanten. Es war schön, wenn sie sangen, obwohl der Professor Forster, der Sohn vom Volksschuldirektor gern behauptete: »Singen den Fliegenschiß und lassen d'Noten stehn!« Kam der alte Zeidler, nicht der Oberlehrer, sondern der ehemalige Eisenbahner zum Casinoabend, konnte man das Gespräch auf die Schlacht von Solferino bringen. Dort, so begann Zeidler sofort zu erzählen, sei der allerhöchste Herr selbst die Front abgeschritten. Plötzlich habe er seine kaiserlichen, ungemein blauen Augen direkt auf ihn gerichtet und den Hauptmann gefragt:: »Wer ist der fesche Mann dort?« »Euer Majestät, das ist der Zeidler.« Darauf habe der Kaiser höchstderoselbst ihm die Hand gereicht. Im Jahre 1912 beschloß der Zeidler, sein in friedlicher Bedeutungslosigkeit dahindämmerndes Heimatdorf endlich zu bewaffnen. Laudonkanonen seien derzeit die besten, wußte er, und beantragte in einem wohlgesetzten untertänigen Brief eine solche Kanone in Wien beim Kriegsministerium. Auf der Post versprachen sie, den Brief ordnungsgemäß zu befördern. Unterdessen begann der Zeidler im Gasthaus Gerstner, also an den Dienstagabenden nach der Probe des Gesangvereins, mit den Vereinsmitgliedern zu exerzieren. Dazu wurde ein Ofenrohr über zwei Stühle gelegt, Zeidler brüllte das Kommando »Protzt ab«, und die Sänger konnten auf diese Weise schon einmal vorbereitend den Umgang mit der Laudonkanone üben. Mit der Zeit ließ das Vergnügen an dieser Art militärischer Ausbildung bei den Männern merklich nach. Um dem lästig gewordenen Spaß ein Ende zu setzen, fertigte der Bahnhofsvorstand Pivec ein echtes Telegramm an, direkt vom Kriegsministerium, mit dem Wortlaut: »Laudonkanonen derzeit leider nicht vorrätig.« So kam der alte Zeidler langsam wieder zur Ruhe und fügte sich in seinen ruhmlosen, weit von den Stätten kriegerischer Ehren verlaufenden Lebensabend.

Im Winter betrat der Doktor mit Stock, Mütze, Pelzmantel und Zigarillo den Raum, steuerte als erstes aufs Fenster zu und ließ frische Luft herein, frische Luft, die für ihn das A und O der Gesundheit war. Dann unterhielt er sich in der Tischrunde, erzählte von den weiten Reisen, die er als Schiffsarzt erlebt hatte. Er war ein leidenschaftlicher Hasardspieler. Die schwarze Wachstuchbank beim Glosauerwirt in der Schenke hatte eine kräftige Mulde von Doktor Heinsfurths zwar nicht gewichtiger, aber um so dauerhafterer Anwesenheit. Mit dem

Kaufmann Pohan, dem Gärtner Michl und dem Fischer-Jud, Kommis beim Häutehändler Adler, spielte er »Kaufzwick«, »Färbeln« oder »17 und 4«. Der sonst ängstlich vorsichtige Heinsfurth wurde hier zum Draufgänger. »Und ausprobier'n muß ich's, und wenn's eine Million kostet«, hörte ihn jemand bei einem kurzen »Austreten« laut vor sich hinsagen.

Der Anschluß des Sudetengaus und gleich darauf die als übles Gerücht aus der Kreisstadt Mies in unser Dorf dringende Nachricht von der Kristallnacht trafen einen Arglosen. »Wart nur, der Hitler kommt«, hatten dreiste Burschen schon seit einigen Monaten hinter ihm hergerufen, und mancher grüßte die Chaise des Doktors mit einem höhnischen »Heil Hitler«.

Nun mußte er erfahren, daß auch in Mies am Nachmittag des 10. Novembers 1938 etliche Bereitwillige dem Aufruf auf dem Ringplatz gefolgt waren, daß ein Teil von ihnen nach einer aufpeitschenden Rede sich darauf einließ, beim Fleischer Elias die Scheiben zu zertrümmern und die Synagoge zu stürmen. Später brannten auf dem Ringplatz Thorarollen, Menora und ein weißer Seidenteppich mit orientalischen Mustern; es brannte ein Flügel, dem die Beine abgeschlagen waren, und es brannte der jüdische Leichenwagen.

»Alles deih eo missasprach edo missateta aedo missadahta« – das stets Lauernde, das Böse in den Menschen wurde wach.

Daß der deutsche Truppenarzt in seiner Praxis ordinierte und auch die Bevölkerung mitzuversorgen begann, wäre für unseren Doktor als vorübergehend vielleicht noch zu ertragen gewesen. Aber daß manche Leute, vor allem Jüngere nun auch offen anfingen, ihm Ungutes nachzurufen, ihn gar anzupöbeln, wurde von den meisten Dorfbewohnern zwar im stillen mißbilligt, brannte sich aber seinem weichen Gemüt schmerzhaft tief ein. Und wer weiß, ob nicht auch die Patienten verstohlen wegblieben? Der junge Gärtner stellte sich mit einem Mal während der gewohnten Sprechstunden und auch sonst häufig am Doktorhaus auf, um zu sehen, wer noch bereit war, den Judenarzt zu konsultieren. Jetzt gab es nämlich eine Stelle, wo man solch unerwünschte Gewohnheiten melden konnte. Das Denunzieren war nicht nur erlaubt, sondern vorgesehen. Also waren auch sofort Denunzianten zur Stelle. Dr. Heinsfurth traute sich kaum noch aus dem Haus. »Sie müssen fort,« drängte der Luksch'n Bepp und bot an, ihn über die Grenze zu fahren. Eine Zeitlang brachte der Luksch noch das Essen vom Gasthaus Schinka herauf. Aber er traute sich schon nicht mehr, dafür die Dorfstraße zu benützen, sondern er stieg hinterm Schinka über den Gartenzaun und ging unauffällig mit dem Topf über Löwenwiese und Dechanteifeld hinauf zum Doktorhaus. Als auch der Luksch nicht mehr kam, teilten die Wankas ihr Essen mit dem Doktor.

Zuversicht und jegliche Hoffnung von Doktor Heinsfurth erloschen nun rasch und er schnitt sich die Pulsadern auf. Der neue Ortsgruppenleiter, zunächst noch der wackere, allseits geschätzte Adjunkt Stangl, sorgte daraufhin für seine Genesung im Krankenhaus der Stadt Plan. Die Frau vom Kaufmann Wurm traf ihn im Zug, als er von dort wieder heimfuhr, den Schal bis unter die erschrockenen Augen ums Gesicht gewickelt vor Angst, man könnte jüdische Züge an ihm erkennen. »Aber Herr Doktor, Ihnen macht doch keiner was«, suchte Frau Wurm ihn zu beschwichtigen. »Das sagen Sie«, gab er verzweifelt zurück. Kurz darauf, in der Christnacht des Jahres 1938, erhängte sich Doktor Heinsfurth am Fensterkreuz.

Mein Gedächtnis hat bloß etwas wie Läuten aus einem Dachstuhl aufgenommen, bloß eine Sage. Es setzt kurz darauf ein mit der Frage: »Hat es einmal keinen Krieg gegeben?« Da bin ich drei Jahre und der Krieg erst wenige Monate alt. Ich verstehe nicht, warum die Erwachsenen über meine Frage lächeln. Aber für mich würde nun viele Jahre lang das Wort »Frieden« ein Synonym bleiben zu »Vorzeit«, vom Nachklang eigenartiger, unvorstellbarer Dinge erfüllt, die man »Banane« nennt, oder »Schokolade«, oder »Marzipan«. Friede – Marzipan – Bong, Bong, Bong. Es werden harte Kriegs- und danach mühselige Friedensjahre vergangen sein, ehe ich nachträglich zu begreifen beginne, wie böse auch mancher Frieden sein kann: zum Beispiel damals, 1938 in Böhmen, für solche wie unseren Doktor Heinsfurth. Sollen jene, die den gerade Mächtiggewordenen nicht gefallen, ihre Menschenrechte reklamieren? Sollen sie aufbegehren? Wie denn nur! Es ist ja bereits zu spät! Die wenigen Beherzten, die jedes Dorf, jede Stadt besitzt, sind in solchen Zeiten rasch mundtot, wenn nicht gar tot. Die Übrigen werden sehr bald sehr leise. Mitschuldig machen sich viele, nur weil sie zum Beispiel zuschaun, wenn Thorarollen, Menora und jüdischer Leichenwagen auf dem Mieser Ringplatz brennen; oder weil sie zum Beispiel in den Adventwochen 1938 mit ihren Steinleiden, ihren Magen-, Hals- oder Herzschmerzen nicht zum Doktor Heinsfurth, sondern zum neuen Arzt gehen. Da nimmt dann solch ein Dorfarzt, mutlos und einsam geworden, den Strick: Marzipanfrieden! Auch die Glocke im Dachstuhl des jetzt, nach vierzig Jahren, besonders schöngiebeligen Hauses gehört zu meinen Gedächtnisschatten.

Meine Schwester – sie war damals schon groß, drei Jahre alt, ich erst zwei – erinnert sich an den Anschluß: lautes Treiben, viele Menschen am Anger, Musik, Blumen, frohe Stimmen, und ein Hakenkreuz an einem niedrigen Korbkinderwagen.

Unser Dorf freute sich wirklich, man sagt später, die Leute seien gehüpft vor Freude. Warum? Hat man nicht doch meist gut zusammengelebt? Waren nicht die deutschen Gastwirte,

Fleischhauer und Bauern, die jüdischen Häutehändler und die vormals tschechischen Bauern des Nachbardorfes Otrotschin, deren Hofnamen noch Pawlatsch lauteten, Cernayer oder Konla, gemeinsam im maßvollen »Bund der Landwirte« eingeschrieben gewesen? Der Glosauer, der Groh mit der tschechischen Schwiegertochter Maschka, der alte Adler? Gewiß, und solange Thomas Masaryk Präsident der Republik war, ging es auch zwischen Tschechen und Deutschen so einigermaßen. Man richtete sich ein, auch wenn es abends in der Wirtschaft, wenn die Männer getrunken hatten, manchmal zu Sticheleien kam. Gleich drauf spielten sie zusammen »Mariasch«, und dann konnte es passieren, daß der alte Adler, der alte Gröschl, der Verwalter Grimmich und die Wirtin, die Groh Anna – die übrigens, wenn Not am Mann war, auch hat Mariasch spielen können – alle vier am Tisch einschliefen, bis Frau Grimmich um drei Uhr in der Früh nachschaun kam.

Von uns aus ist es nicht weiter als zwanzig Kilometer ins zunehmend tschechische Gebiet Pilsens hinüber. Die umliegenden Ortschaften tragen meist tschechische Namen und sind erst seit der Verödung im Dreißigjährigen Krieg langsam in die deutsche Sprache hinübergewachsen.

Zwar war die alte Monarchie großzügig gewesen mit der Zulassung tschechischer Schulen. Aber beide, deutsche wie tschechische Böhmen glaubten sich vom anderen bedroht, waren mißtrauisch und um kleinliche Vorteile bemüht. Der Chauvinismus wuchs unaufhaltsam, erst recht in der tschechischen Republik, die alles nur schlimmer machte. So nötigte sie unserem Dorfschulhaus droben eine tschechische Schule mit zwei Lehrern auf; dorthin schicken aber nur die Angestellten von Post und Bahn aus politischen Rücksichten ihre neun Kinder. Auch sie sind Deutsche, mit Ausnahme der örtlichen Leitung, die wie fast überall von Tschechen besetzt ist. Deutsche werden nach und nach aus den meisten leitenden

Stellungen verdrängt. Das macht böses Blut. Die verhaßte Sprachprüfung, seit 1920 eingeführt, brennt vielen alten Beamten im Gedächtnis. Erfahrene Deutsche, des Kanzleitschechischen hinreichend mächtig, wurden damals gegen junge Tschechen ausgetauscht, die ohne die geringsten deutschen Sprachkenntnisse in die Behörden deutscher Gebiete einrückten. Besser man war in beiden Sprachen daheim. Die »Deutschböhmen« durften sich so nicht mehr nennen, sondern nur noch »Sudetendeutsche«, mit einem neuen, einem fabrizierten Wort.

Die Republik wiederholte und überbot einfach die alten Fehler, drehte den Spieß um, hatte nichts dazugelernt und gründete sich auf einer Lebenslüge. Sie war ein Nationalstaat nur für Tschechen, nicht für Deutsche, die keineswegs eine Minderheit darstellten, sondern fast ein Drittel der Bevölkerung ausmachten. 1935 wurde Eduard Beneš Präsident, Beneš, der mit falschen Karten, falschen Zahlen, falschen Versprechungen in Versailles verhandelt und sich durchgesetzt hatte. Nun drängte man immer gezielter diese Deutschen aus den besseren Stellungen in die grobe Arbeit und massenhaft in die Arbeitslosigkeit.

Das ist das Jahr 1935, in dem unsere Eltern ihr böhmisches Erbe antreten. Die wirtschaftliche Lage ist schlecht. Unser Fleischhauer Franz Groh, der in einem von gewaltigen Bernhardinerhunden gezogenen kleinen Leiterwagen – in unseren Kinderaugen ein furchterregendes Gefährt – die geschlachteten Tiere von auswärts in seine am Fluß gelegene Metzgerei holt, verarbeitet damals meist nur ein Schwein in vierzehn Tagen.

Eben fangen die Deutschen an, von der wachsenden Wirtschaftskrise schwer bedrückt – sie stellen zwei Drittel der 900000 Arbeitslosen –, hinüber »ins Reich« zu blicken, wo es mehr Arbeit, mehr Geld gibt. Eigentlich war man ja hierzulande nach Prag ausgerichtet und nach Wien. Jetzt ändert sich das. In unserem Dorf gibt es nun dreizehn »Henlein-Leute«, Mitglieder der von dem Turnlehrer Konrad Henlein 1933 gegründeten, erst kürzlich zu Einfluß gelangten »Sudetendeutschen Heimatfront«, einer Partei, die zunächst um Ausgleich mit der tschechischen Regierung bemüht schien, dann aber die Politik der tschechischen Alleinherrschaft im Vielvölkerstaat zum Anlaß nahm, den alten Gedanken der politischen Lostrennung deutscher Gebiete zu propagieren.

Wunderlich sehen diese Henlein-Leute neuerdings aus, tragen Hemden, kurze Hosen, weiße Kniestrümpfe, oder Reithosen, sowie Stiefel, in denen sie marschieren. Die Unzufriedenen, Arbeitslosen, Verwirrten fangen auch an zu marschieren. Es beginnt zu hallen.

Am 1. Mai 1938 vormittags findet eine ruhige Kundgebung der Sozialdemokraten, Hoffnung aller Gemäßigten, in unserer Kreisstadt Mies statt, am Nachmittag eine der Henlein-Leute, zu der behördlich »keine Auswärtige in verbotener Kleidung aufreizender Art« zugelassen sind – so verzeichnet Dr. Wilhelm Weschta in der Mieser Chronik. Die Gestiefelten kommen trotzdem – schweifende Radikale finden sich zu allen Zeiten da zusammen, wo sie ein Aufmarschfeld wittern. Sie schlüpfen also auch im Mies des Frühjahrs 1938 durch Absperrungen, schlendern unverschämt in der Stadt umher. Als Gendarmerie eingesetzt wird, ziehen sie ihre Stiefel aus, schieben Stecken hinein und tragen diese über den Schultern; viele ziehen sogar ihre Hemden aus. Warme Sonne strahlt. Noch scheint es ein Gaudium. Die meisten Mieser sehen bloß zu, spüren noch nicht die zukünftigen Stiefel – blanke neue zunächst, bald immer schlechtere – an ihren eigenen Füßen, bis sie schließlich weiße Armbinden werden tragen müssen. Dann dürfen sie keine öffentlichen Verkehrsmittel und keine Gehsteige mehr benutzen, können nur noch mit besonderen

Lebensmittelkarten, ohne Fleisch, ohne Eier, Milch, Käse und Obst, nur noch zu eingeschränkten Zeiten einkaufen. Schließlich treibt man viele von ihnen am Mieser Bahnhof »do roboty« (in die Leibeigenschaft) zu einem tschechischen Sklavenmarkt zusammen, von wo auswärtige Bauern sie auswählen und auf ihren Höfen von fünf Uhr früh bis abends um zehn arbeiten lassen können. Dr. Weschta, der Mieser Chronist, wird beim Ausräumen der Senkgrube des Gymnasiums in die noch halbgefüllte Grube gestoßen, den Lehrer Karl Hala zwingen Vorübergehende, die Rotzfladen der Soldaten mit den Fingern aufzuklauben. Sie alle, die weder in Nürnberg Gesetze erlassen, noch am Wannsee Beschlüsse gefaßt, die weder an der Rampe von Auschwitz, noch an der Schlucht Babi Jar oder in Lidice gestanden haben, sie tun jetzt Buße, sühnen ihre eigene Alltagsschwäche und -bosheit und etwas von jenen fremden Ungeheuerlichkeiten und – werden vergessen sein.

Aber im ungeduldigen Jahr 1938 ahnt niemand etwas von alledem. Eine Demonstration am 23. Mai ist schon kein Gaudium mehr. Der Ausbruch offener Gewalt wird jedoch durch die Umsicht des tschechischen Stabskapitäns Vokoun und des deutschen Studenten Fröhlich gerade noch verhindert. Vokoun droht zwar vom Balkon des Hotels Wiesinger mit dem Einsatz der Garnison, falls die Demonstranten nicht auseinandergehen. Aber er verhandelt zugleich mit einigen Vertretern der aufgebrachten Menge, und Fröhlich kann vom Balkon aus dann die Versammelten beruhigen; er und Vokoun stehen nebeneinander.

Am 28. Mai geht ein schweres Gewitter über dem benachbarten Dorf Sittna nieder. Die Juden verkaufen nun hastig, auch einige Tschechen brechen auf. Bald gibt es Verhaftungen von Henlein-Leuten und den Aufmarsch der tschechischen Armee. Die Mieser Bürger müssen Schützengräben ausheben. Am 28. September 1938 – die Juden sind inzwischen fast alle geflohen – folgen aber viele Deutsche zum Erstaunen der tschechischen Obrigkeit und der Henlein-Leute der Generalmobilmachung. Bäume entlang der Bunkerlinie an der Techlowitzerstraße werden gefällt. Radios müssen abgeliefert werden. Doch dann kommt die zunächst scheinbar erlösende Nachricht aus München: Kein Krieg. Frieden um jeden Preis. Anschluß des Sudetengaus, wie es auch die Engländer schon seit einiger Zeit für sinnvoll gehalten haben. Die Deutschen hier, nach fast zwanzigjährigem vergeblichen Ringen um ihre nationale Anerkennung als Böhmen deutscher Zunge, glauben sich nun an ein legitimes Ziel gelangt. Nur wenige erkennen, daß damit etwas ins Rollen gekommen ist, was mit den nationalen Hoffnungen dieses alten Landes nichts mehr zu tun hat.

Am 2. Oktober 1938 können erst einmal die Radioapparate wieder abgeholt werden. Am 5. flüchten weitere Tschechen und allerletzte Juden. Am 6. Oktober werden die Stahligelverhaue, am 7. die Bunker geräumt. Am 9. Oktober ist geflaggt, Häuser und Straßen sind mit Reisig und Girlanden geschmückt. Glocken läuten, und um zwölf Uhr marschieren die deutschen Truppen in Mies ein. Eine Tschechische Krone soll gegen zwölf Pfennige umgewechselt werden. Bald kann Franz Groh in unserem Dorf in der Woche drei Schweine schlachten; häufig ist nun seine Hundekutsche zu sehen, die meiner Schwester und mir solche Furcht einjagt; viele seiner mit einem Holzspral sorgsam verschlossenen Würste verteilen sich über die Gasthäuser und Haushalte der Dörfer und Meierhöfe. Der Kladrauer Turnverein »Frohsinn« wird dem »Reichsbund für Leibesübungen« unterstellt. Die jubelnden Deutschen werden rasch merken, wohin man sie in Wirklichkeit treibt.

Meine Schwester sieht in Augenhöhe ihr erstes Hakenkreuz an einem niedrigen Korbkinderwagen.

Sommerstaub

Seit dem Tod von Doktor Heinsfurth hat unser Dorf keinen eigenen Arzt mehr. Es ist auf den Doktor Wolf aus Tschernoschin angewiesen. Man holt ihn auch, wenn mich eine meiner häufigen Ohrenentzündungen überfällt. Er kommt sogar nachts, freundlich, beruhigend, ein Stück Liebergott, der Schmerzen geben und nehmen kann. Er begutachtet meine glühenden Trommelfelle, ich höre sogar auf zu weinen. Er verordnet »Prontosil«, große orangefarbene, sandige Tabletten, die bewirken, daß mein Nachttopf sich zum Staunen der Schwester dunkelorange füllt. Ihre Bewunderung für meine Farbleistung tröstet mich ungemein. Ich liege im »Empirezimmer«, einem Zimmer für Gäste, in einem großen feierlichen Bett. Nachts erzählt meine Mutter eine aufregende Geschichte von bösen Schmerzbuben, die mich ärgern wollen, die wir aber gemeinsam in heftigen Scharmützeln vertreiben können: Fort, fort mit ihnen, jetzt kannst du schlafen. Man tropft mir warmes Öl in die Ohren, das saust und zischt und knackt.

Nachts im Fiebertraum dringen gewaltig ragende Steinwände von allen Seiten auf mich ein; ich stemme mich mit feuchten Händen gegen felsige Unnachgiebigkeit, die mich noch im Aufwachen bedroht. Kaum habe ich meinen Kopf aus diesem namenlosen Entsetzen in die Gegenwärtigkeit bohrender Schmerzen herübergerettet, versinkt mein Bewußtsein von neuem, diesmal in die Vision einer Wirrnis von Schnüren, Tauen und von Gestrüpp, um wiederum zu den gefolterten Ohren heraufzutauchen. Die Trommelfelle sind trotzdem nicht geplatzt. Die Wirbel der Fiebernächte sind aber in ihnen aufbewahrt worden, ein Sausen fürs ganz weitere Leben. Dieser böhmische Bienenschwarm ist mir im Kopf geblieben, nachdem ich meine halbe Kindheit mit Wattepfropfen in den Ohren, mit Mullpaketen und Tüchern um den Kopf herumgelaufen bin.

»Drei Tage fieberfrei im Bett«, heißt es unerbittlich, wenn die Nächte der Qual vorüber sind. Nun steht das weiße Gitterbett an der Balkontüre des Kinderzimmers, das geliebte Kugelspiel liegt über den Knien auf dem Plumeau: Eine wasserblaue Glasplatte voller Mulden, dazu kleine bunte Glaskugeln, in Pappfächern nach Farben sortiert; man kann sie zu herrlichen Mustern in den Mulden anordnen – Rauten, Trapeze mit rotem Rand und gelbem Kern, oder umgekehrt, mit gelbem Rand und rotem Kern, aber auch grüne Dreiecke. Leise klimpern die Kugeln auf der Platte. Schön ist der Weg von Gelb über Orange nach Rot und wieder zurück; wie hinter geschlossenen Augenlidern diese gesprenkelte rote Dämmerung, in der aber grüne Ringe und dunkle Vögel auf- und abschweben. »Da kommt der Onkel Doktor« – die Knie fahren hoch unter dem Plumeau, Klimpern, die Glasplatte kippt, alle Kugeln rollen ins Bett. »Nur noch 37,3! No, das ist aber schön.« Daß ich das Thermometer unter der Bettdecke gegen die Matratze schlagen, das Fieber herausklopfen kann, auf diesen Gedanken kommen die Erwachsenen nicht. Die Spatzen rascheln und tschilpen so aufregend im Wilden Wein, der den Kinderzimmerbalkon völlig eingesponnen hat. Der Siamkater klettert daran hoch und legt sich ins Gitterbett dazu. Ich bin doch schon so endlos lange gesund, und alle bunten Perlen haben sich im Bett verteilt. Wenigstens auf den Balkon, in die Nachmittagssonne könnte ich doch, zum Tschilpen bei den unordentlichen Spatzennestern!

Dieser Ton hat überdauert. Spatzen kennen keine Jahrzehnte, ihr Tschilpen ist reine Gegenwart, jetzt, immerzu jetzt, nachmittäglich, möglichst mit, notfalls ohne Pferdeäpfel. Es genügen auch Sonnenflecken, Staubmulden, böhmischer Sommerstaub.

Dieser Staub liegt besonders tiefgründig und weich am Fuß der Ziegelmauer, die den westlichen Vorgarten des Schlosses abstützt. »Am Anger« heißt dieser Ort. Hier kauern von alters her die jeweils regierenden Dorfbuben und schieben geheimnisvoll bunte Glaskugeln in anständige Mulden. Sie flüstern und murmeln ernsthaft, selten springt einer auf bloße Füße hoch, reißt die dürren Arme in die Luft und stößt den gewaltigen Schrei aus. Danach sehen meine Schwester und ich, die wir uns sehnsüchtig von oben über den Rand der weinumsponnenen Laube neigen, wieder lange Zeit nur gebückte Rücken und spitze Hinterteile. Ich habe bis heute nicht erfahren, worum es bei diesem Schusserspiel gegangen ist. Meine Schwester behauptet, sie habe einmal mitspielen dürfen. Aber ich glaube ihr nicht. Die Buben lebten vor ihren Staubmulden ein höheres Leben, ein Glaskugel-, ein Murmelleben, bedeutend und ohne uns. Es ist im Tschilpen böhmischer Sperlinge für immer aufbewahrt.

Auch hier, wo einst der Dorfbrunnen stand und wo ich jetzt als später Wiedergänger bloß Steine und Straßenstaub erkennen kann, tschilpt es immer weiter. Eine Sandsteinfigur des in Böhmen allgegenwärtigen heiligen Nepomuk, das Kruzifix liebevoll in den Armen haltend, weist noch auf Wasser hin. Doch derlei wissen heute nur mehr wenige ganz bestimmte Menschen in Böhmen. Alte Geschichten sind das, von einem, der sich für Wahrhaftigkeit und Verschwiegenheit foltern und in die Moldau stoßen ließ: Johannes von Nepomuk, der sich nicht einmal dem König beugte, Hüter des Beichtgeheimnisses, Hüter des Wassers. Der Brunnen würde noch immer, wie damals, sein Wasser spenden, das, aus der Hoschtewitz droben kommend, erst in den Brunnen vom Hof floß, dann den Dorfbrunnen aus einer Röhre speiste, um von dessen »Röhrkasten« aus am Straßenrand entlang in die Miesa zu rinnen. Der erste Eimer, dann der zweite Eimer würde untergehalten, während die Frau sich mit dem rechten Arm an den Kasten lehnt, mit dem linken das schmerzende Kreuz stützt. Ungeduldige Kinder schöpfen einfach aus dem Trog. Das Joch der Wasserwaage liegt nicht schlecht über den Schultern, die Eimer – nicht mehr schwere hölzerne, sondern leichte aus Blech – knirschen leise an den Ketten. Doch diese zwei Eimer müssen unabhängig von Wetter und Jahreszeit, täglich, täglich vom Brunnen in die Küche schwanken, um den großen Zuber zu füllen, der 50 Liter faßt. Auch ins Waschhaus trägt man das Wasser. Zum Spülen – einmal nach dem Einweichen und Bürsten, ein zweites Mal nach dem Kochen und Waschen mit der Rumpel – fahren die Frauen die Wäsche lieber mit dem Wagerl zum Fluß; auf dem kleinen Holzsteg knien sie, schweifen, wringen aus, um dann daheim die langen, fest verdrillten Teile auszudrehen und an die Leine zu hängen, oft mit eisigen, fast gefühllosen Händen. Die nasse Wäsche ist schwer. Im Winter gefriert sie zu steifen Brettern, trocknet aber trotzdem.

Links vom Brunnen sollte das Schmiedefeuer glimmen. Pling-plong, pling-plong müßte der Hammer tönen. Wer weiß denn noch, daß die Schwere dieses Hammers, mit dem Pling des ersten Schlages seitlich aufgefangen, darin Kraft sammelt für das gewichtige, formgebende Plong des zweiten Schlages auf dem Amboß? Krippner heißt der Schmied. Er hat die Aste, den Oskar und den kleinen Erwin. Keine Frau mehr. Was Kindbettfieber ist, wissen meine Schwester und ich zwar nicht genau, wohl aber, daß die Frau des Schmiedes beim Erwin daran gestorben ist. Bei der Krippner Aste kräuselt hellblondes Haar zwischen Stirn und oberer Haarrolle, auch die Zöpfe haben dieses Kräuseln. Sie muß viel arbeiten, die Aste, große Schwester ohne Mutter, die sie ist. Meine Schwester geht mit ihr in die Schule; sie sind ein wenig befreundet, Aste ist freundlich zu meiner Schwester, und die hat das dringend nötig gehabt in ihren frühen Schuljahren.

Das Spanische Zimmer

Geht man zwischen den beiden Gartenmauern zum Schloß hinauf, kann man droben auch heute noch ohne weiteres die vordere Einfahrt betreten, direkt unter Tante Mimis kleinem Balkon, auf dem diese einst so gerne zu sitzen pflegte. Heute kann man hier nicht mehr hindurchgehen zum Gutshof, der, versunken in Schlamm, Scherben und Nesseln, kein Zeichen der Erinnerung geben will; er hat das Klappern der Melkkübel vergessen und den Ton der schweren Milchkannen; er hat die hochgetürmten Getreidefuhren vergessen und die vielen Schock Eier, die behutsam in den hohen spitzen Rückenkorb der Eierfrau geschichtet wurden. Die den Hof mit ihrem Verfall umringenden Gebäude scheinen vergeblich damit beschäftigt herauszufinden, wozu sie dagewesen sind. Wie soll denn auch diesen Fensterhöhlen und leeren Eingängen zu dunklen, mit Unrat gefüllten Gewölben anzumerken sein, wo Fütterer und Schaffer ihre frisch renovierten Wohnungen gehabt haben, wo Kühe, Pferde, Kutschen und Landmaschinen untergebracht gewesen sind?

Der lange dunkle Bogen durchs ganze Schloßgebäude hat sich rückwärts zumauern und mit Abtritten ausfüllen lassen müssen. Es gibt ja jetzt den abendlichen Gasthausbetrieb; ein sozialistisches Gasthaus für Werktätige. Diese erwarten offenbar nichts weiter als ein Glas Bier oder Limonade. Böhmische Würste, Metzelsuppe, Knödl und das »G'standene«, die Sülz, sind anscheinend vor Jahrzehnten zusammen mit den Fleischhauern und Selchern, den Gastwirten und ihren Frauen ausgesiedelt worden und niemand hat die Lücken geschlossen. Vier Wirtshäuser hat unser Dorf gehabt, den Gerstner, den Glosauer, den Kulhanek an der »Bremse« und den Groh, dazu noch das Büfett an der Bahn. Jetzt genügen diese Tische und Bänke ohne eine Küche im vielversprechenden Hintergrund, aus der einst die Groh Mári jeden Donnerstag Kutteln mit Zwiebeln, Knoblauch, Majoran und Paprika gebracht hat, wo man ein »kleines Gulasch« zu 36 Pfennig hat essen können, oder Dotsch und Preiselbeeren, die mit Schmetten angerührt sind; Kartoffelpuffer und Apfelmus sind nur wie ein dürftiger Nachhall davon.

Der Ausschank beansprucht jetzt einen Teil des Westflügel unseres Hauses; im Parterre füllt er das Archiv, wo unter Gutsabrechnungen der Adelsbrief des Peter Johann Anton Bigatto ruhte, gezeichnet durch »Leopold, von Gottes Gnaden Erwehlter Römischer Kaÿßer... nach Christi unsers lieben Herrn und Seeligmachers gnadenreichen geburt, im Sechzehenhundert vier und Neünzigsten, unserer Reiche des Römischen im Sieben und dreÿsigsten, des Hungarischen im vierzigsten und des Böheimbischen im acht und dreÿsigsten Jahre«. In der Nähe des Adelsbriefes lag auch eine in schnörkeliger Handschrift aufgezeichnete, mit vielen bunten Wappen geschmückte »Chronik der Familie Wämpl« aus dem Jahre 1768, neben einem abgegriffenen handgeschriebenen Büchlein, das die Geschlechter von Rathsherrlichem Herkommen mit ihren Wappen versammelt, die in Eger zwischen 1496 und 1662 Bürgermeister gestellt haben. Der Gastbetrieb greift jetzt auch auf die Kanzlei über, wo Herr Feit seinerzeit weniger die Lohnlisten des Gutes, die Einnahmen und Ausgaben á jour gebracht, als vielmehr mit Kreisleitung und Gauleitung korrespondiert und telephoniert hat. Dahinter liegt das Wallensteinzimmer. Unsere Gegend war stolz darauf, den Generalissimus in seinen letzten Tagen bei sich gehabt zu haben, in Mies, wo er nächtigte, ehe er in Eger ermordet wurde. Ein Wallensteinzimmer konnte also gut zumindest auf eine flüchtige Rast des Kranken, zu Tode Erschöpften zurückgeführt werden.

Es stehen nun Bänke und Tische da, ein Fernsehgerät, eine

Theke. An der frisch geweißelten Wand sind einige etwas steife Comics aufgespießt. Nachdem wir unsere Limonade getrunken und uns umgeschaut haben, dürfen wir die breite Stiege hinaufgehen, an den leeren Nischen vorbei, die der alte Wenzl Michl immer mit den schönsten Blumen ausgefüllt hatte. Droben sind einige Wände durchgebrochen. So groß waren die früheren Räume also gar nicht. Und es ist ja jetzt zu festlichen Anlässen wie dem 1. Mai eine große Menge Leute zu bewirten. Diese Gäste müssen aus dem weiteren Umkreis kommen. Denn am Ort stehen viele Häuser leer. Die Kirche, in der einst alle Feste begonnen haben, ist sowieso immer leer.

Die »Ahnengalerie« ist in diesen neuen Raum mit einbezogen; es fehlen nun die ruhigen, etwas vorwurfsvollen Blicke, mit denen pudrig frisierte, straff und ausladend zugleich und sehr bunt gekleidete Damen und Herren aus dunklen Porträts das atemlose Kind nicht aus den Augen ließen, das, nur mit einer kümmerlichen Kerze als Licht, zur Übung im Überwinden von Angst hinter ins Unbewohnte geschickt worden war, um verhohlen keuchend einen seinerseits auch eher beklommenen Gast ins Speisezimmer zu holen. Wieso können sie mich, ohne die Augen zu bewegen, derart aufmerksam verfolgen, während ich im Laufen aufpassen muß, daß die Kerze nicht ausgeht? Sind sie neidisch auf mein Lebendigsein, auf dieses bißchen Furcht und Schwäche, das ich an ihnen vorbei ins Bewohnte hinüberzuretten suche? Die meisten von ihnen scheinen unendlich alt. Haben sie zu wenig gelebt? Wenn nur keiner von ihnen blinzelt, sonst sterbe ich vor Angst.

Heute sind hier keine Geister mehr zu befürchten, kein Rascheln oder gräßliches Wehen und nicht jenes alte Bild, das wie in jedem anständigen Schloß zu bestimmten Todesstunden von der Wand fällt. Zuletzt hatte es Tante Mimi diese Ehre erwiesen. Bei uns stellte dieses Bild drei Nonnen dar. Auch Nonnen können furchtbar sein.

Am allerärgsten Bild mußten wir gottlob nur am Sonntag bei hellichtem Tag auf dem Weg zur Messe vorbei. Es war ein kleines Porträt, neben der schmalen Stiege, die zur Kirche führte, aufgehängt, und es zeigte eine junge Dame, deren eine Gesichtshälfte als nackter Schädel gemalt war: Ein Memento mori, wie wir nachträglich erfuhren. Damals wagten wir nicht einmal danach zu fragen, so schauderhaft erschien uns das halbe Knochengrinsen neben dem feinen freundlichen Mündchen. Wir dachten an gräßliche Krankheiten, an Aussatz, Auszehrung, vielleicht an Strahlenpilz, vor dem man uns warnte, wenn wir milchige Getreidekörner kauen wollten: Das Fleisch würde uns von den Knochen weggefressen, bei lebendigem Leib.

Den ehemaligen »Saal« haben bis heute seine Tapeten zusammengehalten. Er ist nicht aufgebrochen worden. Nun wirkt er klein, beinahe wie ein Boudoir. Da sitzen auf Leinwand gemalte Damen mit Lockenperücken, in dekolletierten Kleidern und schmalen Taillen über bauschigen Röcken und haben aufmerksame Herren neben sich, auch sie mit Lockenperücken. Weiß, grau und schwarz sind sie, so weit nicht die Farbe abblättert und die Leinwand durchschaut. Die ist gelblich.

Der junge Mann mit dem Schlüssel, der uns freundlich aufgesperrt hat, trägt kein Hemd, nur eine blaue Hose, wegen der Sommerhitze, und er sagt, das sei das »Spanische Zimmer«. Ach ja? Das ist neu. Es ist also doch etwas hinzugekommen. Immerhin, ein neuer Name. Tante Mimis viele Wohnecken im Saal sind verschollen: die Lampen mit ihren gerafften Spitzenschirmen, die wie Damenunterröcke aussahen, die Plüschsessel, die auch Rüschenröcke hatten, damit man die Beine nicht sah, die Zimmerpalmen, die Tischchen voller Nippes und Photographien – sie alle sind verschwunden; ebenso der lange Tisch für Jagddiners und die mit weißen Houssen verhüllten Stühle, 24 genau gleiche Stühle; auch der Ständer vom Christbaum mitsamt der Weihnachtsbescherung für alle Leute vom Hof ist fort.

Es waren viele Leute, und die hat der Saal alle aufnehmen können. Was er zu seinen Lebzeiten nicht alles gekonnt hat, spielend, freundlich, feierlich! Jetzt ist er nur noch klein, eben ein »Spanisches Zimmer«. Diesen Namen muß er sich selbst ausgedacht haben. Denn wer von den Spätgeborenen, wie sie vereinzelt drunten das Fußballspiel auf dem Bildschirm aus den Augenwinkeln beobachten und ihr Bier dazu trinken – wer von ihnen oder auch ihren Eltern wüßte noch von den dramatischen Verbindungen, die einmal von Böhmen nach Wien geführt haben und von Wien weiter nach Spanien? Und daß die Junckerschen, oder zuvor die Bigattoschen, oder noch davor die Přichowsky von Přichowitzschen Damen einmal Roben getragen haben, die in Wien und Madrid ebenso vorgeschrieben waren wie in Paris oder Florenz? Die aber, die es noch wußten, wären nie daraufgekommen, den Saal einen spanischen zu nennen. Er war böhmisch, er war schön und er war einmal neu, auf der Höhe seiner Zeit, damals im Jahre 1723, als die verwitwete Judith von Přichowsky und ihr Sohn Johann Wenzel das zehn Jahre zuvor niedergebrannte Gebäude wieder errichteten und gleich auch noch die neue Brücke über die braune Miesa bauten. Auf einem mitten im Fluß aufgemauerten Pfeiler ruhte sie, war volle zwei Meter breit, hatte ein Schindeldach über dunklen Bretterwänden und ein Brükkenrumpeln, wenn Wagen darüberfuhren. Nobel, einfach und offenbar sehr stabil haben Judith und Johann Wenzel bauen lassen, nach Plänen Fischer von Erlachs, so wurde gesagt. Man darf heute allerdings nicht mehr darauf bestehen, von der Ahnengalerie aus über die kleine Stiege und den Verbindungsgang oben hinter dem Hauptaltar die Kirche betreten zu wollen, wo die Madonna, wenn auch nur noch von einer

Kopie unseres alten Bildes, gemurmelte Fürbitten bereitwillig anhören würde; man darf auch nicht mehr vom Speisezimmer aus den später angefügten, modernen, ebenfalls baufälligen Wohnflügel besuchen wollen. Im übrigen könnte es beinahe so ausschaun, als ob Judith und Johann Wenzel von Přichowsky auch noch für ein ganzes drittes Jahrhundert vorausgebaut hätten. Aber es ist dann dies und jenes eingetreten, Ereignisse, die auf Mauern und Dächer einwirken, so daß diese ihr vorgesehenes Alter wohl nicht erreichen werden.

Wir bedanken uns bei dem jungen Mann in der blauen Hose für das Spanische Zimmmer. Er will kein Geld nehmen, als ob er ahnte, in welchem Verhältnis die galanten Tapeten und wir zueinander stehen. Wir gehen durch die vordere Einfahrt wieder hinaus und um die westliche Gartenmauer herum. Das ist der Schulweg meiner Schwester.

Schulsachen

Die Volksschule ist gleich nebenan, auf derselben Höhe mit Kirche und Schloß. Schule, Dechantei, Kirche und rechts im Winkel als Abschluß die Mauer des sogenannten »Kanzleigarten«, bilden einen weiten Platz. Das ist der Schulhof.

Unsere Mutter hält nichts von öffentlichen Schulen. Zum einen gehört sie noch, mehr dem Herzen als der Generation nach, einer Zeit an, da man in den Landhäusern einen Privatlehrer engagierte. In ihrem und ihrer Schwester Fall war das die unvergessene Fräulein Ettl, eine offenbar hochgebildete Person, die von modernen Fremdsprachen über Geschichte, Geographie und Literatur so ziemlich alles außer Latein und Naturwissenschaften zu unterrichten verstand. Als die Ettl ins Haus kam, fuhr unsere Mutter – Jüngste von drei Geschwistern – zum Unterricht auf dem Dreirad den langen Gang im oberbayrischen Elternhaus entlang, in die Morgensonne hinein, die durch ein Ostfenster herabströmte. Wir haben das immer wieder ganz genau von ihr hören wollen. Wir pressen unsere Nasen an der Zeitmauer platt, um durch einen winzigen Spalt dieses glückselige, fremdvertraute Kind zu erspähen, das wir so gut kennen und doch nie werden erreichen können. Sie kann so erzählen, daß die trennenden Jahrzehnte fortschmelzen, alles Vergangene hell wie im Sonnenlicht vor unserem inneren Auge daliegt und die Erinnerung später kaum einen Unterschied machen wird zwischen unserer, ihrer oder ihrer Eltern Kindheit. Wir glauben, jeden Winkel im Elternhaus ihrer Mutter zu kennen.

Die geliebte Ettl war noch immer da, als eine Anstandsdame nötig wurde, wenn unsere Mutter oder ihre Schwester mit dem Verlobten in Weilheim ins Stadttheater ging, das zugleich als Kino diente. Sorgfältig wurden die meisten Brautpaare in jenen bereits chaotischen, rasch der Katastrophe entgegentreibenden frühen dreißiger Jahren noch behütet. Bei den ländlichen Versteckspielen der damaligen Jugend kroch die Ettl beherzt in spinnwebverhangene Speicherwinkel oder ins Scheunendunkel, um ihre Schützlinge keinen bösen Versuchungen zu überlassen. Auch spazierte sie unter einem zarten Spitzensonnenschirm an Feldrändern auf und ab, wo die jungen Mädchen bei der Erntearbeit mithalfen. Zum Schwimmen ging sie freilich ganz allein an den Waldsee, um nicht in ihrem knielangen, sogar die Ellbogen noch keusch verhüllenden Badekostüm gesehen zu werden. Sie konnte die Geschwister, die vom Schloßturm aus die Szene mit Ferngläsern beobachteten, nicht erkennen. Dieses betagte Fräulein, obgleich ganz und gar altjüngferlich, muß eine begnadete Erzieherin gewesen sein.

Natürlich glückt es dann mitten im Zweiten Weltkrieg keineswegs, auch für uns eine Hauslehrerin zu finden. Diese müßte ein Staatsexamen haben, damit wir jener leidigen Schulpflicht genügen können, die unsere Mutter für reine Zeitverschwendung hält. Alle geprüften Lehrerinnen aber sind jetzt im öffentlichen Einsatz. Immerhin gelingt es, Aufschub für ein Jahr zu erreichen als Andeutung alter Erziehungstradition und neuer besonderer Unabhängigkeit von diesem zunehmend gehaßten Staat. Unsere Mutter scheut keinen Gang zum Schulamt und organisiert mühsam, daß donnerstags Fräulein Hammerl kommt, eine staatliche Lehrerin aus der Volksschule; ganz Böhmen nämlich hat am Donnerstag schulfrei.

Es wird ein Pult für meine Schwester angeschafft mit schräg geneigter, hochklappbarer Schreibfläche, mit Rille für Griffel und Stifte, mit Mulde fürs Tintenfaß. Nur so können, glaubt man, Kinder die Kunst des Schreibens erlernen. Aufs schräge Pult scheint es anzukommen. Ich habe vorerst keinerlei Anteil daran. Meine Schwester wird ein offizielles Kind, und es geht ums Geistige.

Doch dringen auch Nachrichten zu mir herunter und lindern meine Benachteiligung. Wir rufen uns, wenn der eine am gegenüberliegenden Klo sitzt, über den Gang ins Kinderzimmer Merkverse zu: »Auf ab auf ab auf, u – Häkle drauf.«
Es handelt sich um die »als Sütterlinschrift« in den letzten Zügen liegende Deutsche Schrift, schmale elegante Buchstaben, noch fast ohne plebejische Rundungen in der Mitte und mit großzügigen Ober- und Unterlängen. Bald habe auch ich das fürs Wortende vorbehaltene Ringel-s vom sonst üblichen langen ſ zu unterscheiden; das z ist so nach rechts gewölbt, daß man sich daran die Bogenrichtung des zunehmenden Mondes merken kann; das kleine u bekommt einen Haken aufgesetzt, um vom n unterscheidbar zu sein; das e ist ein Zweigespann, das v – nach links gewölbt wie der abnehmende Mond – bedarf eines feinen Nachspanns, um kein r zu bleiben. Immer hat die Schiefertafel einen Sprung, eine Ecke wackelt im Holzrahmen. Leicht brechen die dünnen spröden Griffel entzwei, die sich kratzend eingraben ins Schieferschwarz, wenn die Hand zu schwer ist. Die weichen, in Holz gebetteten Griffel hingegen sind schwierig anzuspitzen. Uns splittert nur noch untaugliche Fichte aus Zelluloidspitzern entgegen, die immer gleich einen Riß bekommen und daraufhin die Minen bröckeln lassen. Nicht in Zedernholz sind Griffel und Bleistiftminen gebettet, das sich in feinen Locken aus dem zierlichen scharfen Messer eines Metallspitzers ringelt, wie Ururgroßvater Lothar Faber es bestimmt hatte für seine neuen grünen Bleistifte. Aus Sibirien hatte er auf Rentierrükken und Schiffen hochwertigen Graphit aus eigenen Minen herangeschafft. Einen Zedernwald hatte er sogar gepflanzt, in Stein bei Nürnberg. Jetzt ist alles Kriegsware. Das Scheitern beginnt schon beim Material, noch vor der eigenen Ungeschicklichkeit.

Aber an guten Tagen stehen die Buchstaben trotzdem wunderbar nebeneinander, mit elegant geführten Ober- und Unterlängen, die Abstriche kräftig, die Aufstriche hauchzart, Haar und Schatten, feine, schräg ausgezogene Mützen am großen M oder A. Dieses Spiel von Druck und Lockerung, der Tanz der Schleifen und Häkchen, nach rechts geneigt, durch rote Zeilen auf Schiefer in der Waagrechten gehalten, wird zum magischen Reich der Schönheit. Nur selten gelange ich hinein, aber die Einladung dorthin ergeht täglich von neuem, sie lockt und ruft und ich raffe mich immer wieder auf. Mit Tinte wird die Sache noch weit schwieriger. Tauche ich den langen dunkelgrünen Holzfederhalter mit der spitzen Metallfeder zu tief ein, quillt ein grausig dicker dunkelblauer Tropfen aufs Papier. Der Klecks ist fast immer zu groß, um als Schlinge oder Rundung getarnt ins Schriftbild geschleust zu werden, selbst wenn ich ihn noch so flink und sauber mit einer Ecke des Löschblattes aufsauge. Schöpfe ich zu wenig Tinte, bleicht schon nach wenigen Zügen die Schrift aus und erlischt kratzend.

Vor allem aber muß die um den Federhalter geklammerte Faust leicht werden, um den feinen Aufstrich im Wechsel mit geschmeidig energischem Abstrich zu meistern, so daß die Feder Haarstriche und schwärzere Halbbögen und Rundungen rhythmisch aufeinanderfolgen lassen kann. Nehme ich die Kurve einer unteren Schlinge zu kühn, oder begegne ich einer unerwarteten Holzfaser im grauen Kriegspapier, wird die vorne gespaltene Feder plötzlich hängenbleiben, sich boshaft spreizen und eine infame kleine Tintenkaskade ausspuken. Dann kann ich vielleicht noch mit Hilfe eines Federmessers vorsichtig das Ärgste abschaben. Aber die aufgerauhte Oberfläche ist nun weich, läßt die nachfolgenden Buchstaben zerfließen. Letzte Rettung wäre allenfalls, ein Heftblatt herauszuschneiden und alles Verlorene neu und wunderschön auf das nächste Blatt zu schreiben: ein schwerer mühereicher

Entschluß. Ich scheitere also ständig, ohne aufgeben zu wollen. Mir scheint, die kurz nach meiner eigenen Einschulung verordnete lateinische Schrift habe eine jahrhundertealte Epoche der Schriftkultur abgebrochen, sie ins Einfachfließende hinein trivialisiert, bis die Erfindung des Kugelschreibers sie endgültig liquidierte.

Mein Kampf um eine so schöne Schrift, wie unsere Mutter sie besitzt, wird also vergeblich bleiben. Ich werde diese Schräge, diese schmale Eleganz und das zuverlässige Gleichmaß niemals erreichen; kläglich werden meine plumpen Nachahmungsversuche scheitern. Als ob ein Maikäfer übers Papier gelaufen sei, wird später ein Lehrer spotten. Es wird mir nur der endgültige Verzicht auf jene klaren Züge bleiben, zusammen mit dem Verzicht auf eine Lebensspur, die mir, solange ich ihr folgte, trügerisch eindeutig vorkam. Erst als ich sie verließ, erkannte ich auch ihr ständiges Suchen und Irren.

Der Goldene Wagen

Die Kunst des Schreibens betritt als eine Prozession von Elfen und Gnomen unsere Welt, kleine Geistwesen mit und ohne Bäuchen, mit und ohne Mützen, vielgestaltig und zu bedeutsamen Reigenspielen zu gebrauchen.

Reigenspiele finden auch in der Schulpause statt. »Ist die schwarze Köchin da?« singen die kleinen Mädchen.

»Nein, nein, nein!
Dreimal muß ich rummarschiern,
das vierte Mal den Kopf verliern,
das fünfte Mal komm mit.«

Schließlich aber singen sie: »Ja, ja, ja.« Es endet mit ausgestreckten Spottfingern:

»Da steht sie ja, da steht sie ja, pfui, pfui, pfui!«

Das gilt dem letzten Kind im Reigen, demjenigen, das übrigbleibt. Hier ist das Übrigbleiben nicht Sieg, sondern Schmach, schlimme Vereinzelung und das Aufsichnehmen einer grauenvollen geheimen Macht, die aber in Reim und Kreistanz gerade eben noch gebannt bleibt. Es geschieht nichts Böses, diesmal jedenfalls noch nicht. Das allein gebliebene, dem Spott preisgegebene Kind wird zum Lohn für die stellvertretend übernommene Schande den nächsten Reigen anführen. Denn vor der Erhöhung hat bekanntlich die tiefste Erniedrigung zu stehen. Es ist kaum zu ertragen, doch die Demütigung bleibt kurz, rasch folgt ihr die Ehre nach.

Aber meine Schwester bleibt ausgeschlossen. Als sie die Schule betritt, um gleich in die dritte Klasse eingegliedert zu werden, entscheiden die Buben instinktsicher: Dieses zu großgewachsene Mädchen, mit den zu langen, zu dünnen Beinen, den erschrockenen Augen unter dunklen, besorgt und steil zur

Stirn deutenden Brauen ist ein Opfer. Das überträgt sich. Die Reigen schließen sich meist, ehe meine Schwester dazukommt, obwohl die Mädchen sie nicht eigentlich verfolgen. Dafür sind die Buben zuständig. Doch niemals beteiligt sich ein böhmischer Bub an einem Reigenspiel. Er hat Wichtigeres in den Schulpausen zu erledigen. Er muß rennen und so scharfe Kurven nehmen, daß der Staub unter den bloßen Füßen hervorwolkt; er muß laufen, und zwar so rasch, daß das schimpfende »Fräulein« – männliche Lehrer gibt es während des Krieges höchstens als Invaliden oder Pensionisten – zu spät kommt, um einzuschreiten; er muß furchtbar laut schreien, Kastanien in den Taschen haben und ein Apfelkernhäusl nach meiner Schwester werfen. Einmal stellt sich sogar einer im Pausenhof in Positur und zielt einen grandios gewölbten, starken Strahl mitten in die gerade beginnende »Schwarze Köchin« hinein. Meine Schwester berichtet es beim Mittagsschlaf. Ich erstarre in Ehrfurcht und Grauen.

Am Ende des Schulvormittags ist so viel Schreien und Rennen in diesen Buben aufgestaut, daß es sich immer wieder auch in einer fröhlichen Verfolgung meiner Schwester entlädt. Sie hat's nicht weit nach Hause, aber immerhin muß sie den Schulhof bewältigen, muß hinunter, an der Ziegelmauer des Kanzleigartens entlang und hinauf in die Hofeinfahrt stürzen. Dort endet das Territorium der Verfolger. Sie rennt, was ihre langen dünnen Beine hergeben; sie ist ohnedies immer in Gefahr hinzufallen. Sie verliert die an einer Schnur aus dem Ranzen hängende Schwammbüchse. Manchmal läßt das Fräulein sie ein paar Minuten eher heimgehn, eine gutmeinte, aber das Übel noch verschlimmernde Maßnahme. Die Verfolgung trägt ja ihren Sinn in sich, sie hat gar kein Ziel, man verprügelt doch kein Mädchen. Würde meine Schwester nicht laufen, könnten die Buben auch nicht rennen. Aber bei dieserart Dingen geht es nicht einfach mit Ursache und Wirkung und nach den Gesetzen der Logik zu. Dieses Gewebe ist anders verknüpft. Meine Schwester also muß laufen.

Mir widerfährt später in der Schule nichts dergleichen, obwohl auch ich erst in die zweite Klasse eingeschult werde und eine Schüchternheit in mir lauert, die mich schon bald einmauern, sprachlos machen und für viele Jahre der Gemeinschaft mit Gleichaltrigen berauben wird. Vorerst aber bin ich noch sehr klein, laufe mit flinken mageren O-Beinen und habe den siebenjährigen Wurm Georg als Beschützer.

Ich sammle Schwammbüchse und Griffelschachtel der flüchtenden Schwester an der Ziegelmauer ein.

»Machet auf das Tor, machet auf das Tor,
Es kommt ein goldner Wagen.
Wer sitzt darin, wer sitzt darin?
Ein Mann mit goldnen Haaren.«

So singen die Mädchen.

»Was will er denn, was will er denn?
Er will die Schönste holen.
Was hat sie denn, was hat sie denn?
Sie hat sein Herz gestohlen.«

Es funkelt vom Eck der Kirche her, wo der Wagen vorgefahren ist. Keine von uns hat je einen goldenen Wagen gesehen, aber wie ein solcher aussehen muß, mit geschnitzten Türen und hohen Rädern, das weiß jedes böhmische Mädchen. Zwei Schimmel stampfen im Staub. Zwei Spielführerinnen singen:

»Die erste will er nicht.
Die zweite will er nicht.
Er will die dritte haben.«

Die Rätselfrage wird gestellt: »Willst du Apfel oder Brot?« Das steht, je nach getuschelter Verabredung, für Hölle oder Himmel. Dumpf klingt es:

»Was rumpelt und pumpelt in meinem Haus?
Der Teufel, der Teufel zum Tor hinaus.«

Die beiden halten sich an den Händen, nehmen die, die »Hölle« geraten hat, zwischen ihre Arme und schleudern sie hinaus aus dem Spielkreis; bis jemand »Himmel« rät:

»Englein, Englein, du bist schwer
Vor lauter Gold und Silber.
Hoch in den Himmel –
Nieder auf die Erde«

wird die Erwählte gehoben und sanft abgesetzt. Glück und Verdienst sind auch im Spiel unlösbar ineinander verschlungen. Wer richtig rät, wird gerühmt und gelangt in die Mitte des Universums, das der Schulhof bedeutet.

Eine wird niemals in den Kreis treten: die Köhler Hanni. Ist ihr Name unschön? Köhler, unheimliche Leute, die gibt es doch längst nur noch im Märchen: »Es lebte einst im tiefen dunklen Wald ein armer Köhler mit seiner Frau.« Wann mag in den böhmischen Nadelwäldern der letzte Meiler geraucht haben? Beim Vater? Beim Urgroßvater? So sehr lange ist das nicht einmal her. Aber Namen kommen aus weit fernerer Zeit, und ihre Magie ist verflogen.

Dieses bleiche Gesicht ist flach, eine Scheibe, scharf abgesetzt die untere Partie, zu weit abstehend das Kinn vom mageren langen Hals, ohne Rundungen, ohne kindlichen Übergang. Haare nur wie Flaum, sehr hell, sehr fein, sehr wenige. Und ein hagerer, hoher, schon eine Spur gebeugter Körper, ungeschickt natürlich, ohne Eignung für die Völkerballspiele, wie wir sie unter der Schreckensherrschaft des riesigen, auch von mir gefürchteten Medizinballes abhalten müssen. Häßlich ist die Köhler Hanni nicht eigentlich. Aber auch keinerlei Schönheit ist an ihr, jedenfalls nicht zur Zeit des Goldenen Wagens. Seht, welch ein Kind! Erst sechsjährig und schon die Letzte! Ihre Augen flehen hellblau und hilflos: Nicht herumstoßen, in Ruhe lassen, bitte! Mit ihrer krätzigen Hand übt auch sie angestrengt das schöngewölbte ʒ und das 𝔴; auch sie will den zunehmenden vom abnehmenden Mond zu unterscheiden lernen. Mit feuchter Hand bietet sie ein klebriges gelbliches Zuckerl an. Nicht einmal im Krieg will es jemand von ihr geschenkt bekommen. Nicht von der Köhler Hanni. O bitte, laßt sie wenigstens in Ruhe! Ihr braucht sie gar nicht einmal mitspielen zu lassen! Sie wird euch auch nicht mehr lange zur Last fallen. Ja, zugegeben, sie hat Läuse, da, in ihrem spärlichen Haar kann man sie sogar krabbeln sehen. Das ist sonst nicht so leicht möglich auf dichter bewachsenen Köpfen. Aber habt ihr nicht alle auch Läuse, immer wieder von neuem? Man reibt euch die Köpfe mit Petroleum ein, knackt die am Haar klebenden, hartnäckig lebendig bleibenden »Nissen«, oder streift sie mit Nissenkämmen heraus. Alle kratzen sich am Kopf in diesen Jahren. Der Krieg hat immer Läuse. Sind der Köhler Hanni ihre Läuse etwa grauslicher als die euren? Auch Krätze werdet ihr bald haben. Sie hat höchstens noch etwas öfter Schnupfen als die anderen Kinder, fehlt noch häufiger in der Schule. Nein, sie wird euch nicht mehr lange zur Last fallen, sie hustet ja schon jetzt ein wenig. Die Aussiedlung ist genau das Richtige für solch einen Husten. In den schlimmen ersten Friedensmonaten sind zahllose deutschböhmische Kinder gestorben, unter Schlägen und Schüssen, an Diphtherie, Typhus und Hunger, und oft auch an Tuberkulose. Es ist gar nichts Besonderes, daß die Köhler

Hanni dazugehört. Nicht einmal ihr Sterben ist etwas Besonderes.

»Machet auf das Tor, machet auf das Tor,
Es kommt ein goldner Wagen.«

Der Tod kommt sie holen, der Bote, der Prinz eigens für sie. Dieses eine einzige Mal ist sie die Erwählte, geschmückt mit ihrem feinen hellen Haar, dem abgezehrten, aber immer noch scheibenförmigen Gesicht: die Schönste von allen.

»Englein, Englein, du bist schwer,
Von lauter Gold und Silber.«

Wird sie einst die Hand ausstrecken und uns anderen, den Bösen, deren Läuse nicht zu sehen waren, zu sich in den Goldenen Wagen helfen? Gerne hätte sie es damals getan. Aber wir anderen wußten nicht, wie nötig uns die Köhler Hanni war. Meine Schwester hätte es ganz bestimmt gewußt. Aber sie kam nicht dazu, es eigens zu bemerken. Sie mußte ja selber davonlaufen.

Das sechste Gebot

Lärm, Übermut und verhohlene Schändlichkeit der Schulpausen sind umhegt von Kirche und Dechantei. Dort wohnt der Herr Dechant. Daß er Josef Marek hieß, erfuhr ich erst lange nach seinem Tod. Er starb kurz nach Kriegsende, vor der Aussiedlung. Fast vierzig Jahre war er ein treuer Hirte unserer Gemeinde gewesen, während der Habsburger Zeit und während zweier Kriege, während der Tschechenzeit und während der Nazizeit, die für uns nur elf Friedensmonate gebracht hatte. Dechant Marek hat noch daheim sterben dürfen, in arger Not zwar, aber wenigstens nicht im Elend der Fremde.

Wir lieben unseren Herrn Dechant, wenn er zum Religionsunterricht in die Schule kommt, den abzuschaffen bloß noch keine Zeit gewesen ist in all dem Krieg. Das Schulgebet ist bereits ausgetauscht gegen Morgenlieder. Wir haben den rechten Arm zu heben, der dadurch seltsam schwer wird und durchaus mit dem linken gestützt oder beim Vordermann aufgelegt werden muß. In dieser eigenartigen Haltung, morgenmüde und schief, den Kopf auf der rechten Schulter, singen wir: »Auf auf zum fröhlichen Jagen, auf auf zur grünen Heid«, oder »Die blauen Dragoner sie reiten«. Nur der Herr Dechant kann es sich noch erlauben, mit uns zu beten. Aber vor allem versteht er zu erzählen. Von Josef, Jakobs Sohn, erzählt er, der sich Liebkind zu machen wußte und sich's nicht verkneifen konnte, seine zwar prophetischen, aber deswegen trotzdem anrüchigen Träume herumzutratschen. Wie gut wir den Neid der Brüder nachfühlen können, ihren Ärger über diese g'schaftige Traumwirtschaft. Freilich, in den Brunnen schmeißen und anschließend als Sklaven nach Ägypten verkaufen, das ging zu weit. »Weiter, weiter«, betteln wir und packen den Herrn Dechant an Soutane und Händen, wenn die Stunde zu rasch vorüber ist. Daß er gewaltige Ohrfeigen austeilt und Bubenohren schmerzhaft verdreht, ist in jenen fernen Zeiten selbstverständlich. Daß aber Oberlehrer Lanzendörfer ihn in der sozialdemokratischen Zeitung »Zukunft« als »Prügelpfaffen« beschimpft, ist nach Meinung des Dorfes stark übertrieben. Jeder schlägt hier und da zu, und jeder hat einst selbst seine Hand ausstrecken und eine Tatze in Empfang nehmen müssen. Wer es fertigbringt, nicht mit den Augen zu blinzeln, während der Zeigestock heruntersaust, gewinnt Ansehn. Leider werden dem Herrn Dechant auch zwei eingerissene Ohrläppchen angelastet, ohne daß die Ursache dieses heiligen Zornes mit überliefert wäre. Oder ist unser frommer Hirte jähzornig? Das Wort klingt nach Stichflamme, nach unvorhersehbarer Explosion, wie sie zur Erinnerung an jene gemessene, schwarzgekleidete Würde nicht recht passen will, vor der auf der Dorfstraße die schlimmsten Buben bereitwillig ihre Mützen herunterreißen zu einem schallenden »Gelobt sei Jesus Christus«, wenn sie dem Herrn Dechant über den Weg laufen. »In Ewigkeit amen«, murmelt dieser zurück.

Der Herr Dechant hat eine Gartenmauer, einen Garten, Obstbäume, und ihm kocht die tschechische Lida, für deren Mehlspeisen mindestens zehn Eier aufgeschlagen werden müssen. Die Dechant-Lida besitzt einen Pinscher, eine Pinscherin. Ist diese läufig, bildet sich eine nächtliche Schlange von Rüden vor der Dechantei, nach Rangordnung gegliedert. Allerletzter ist unser schwarzer Kinderdackel »Hiasl« mit einem lebkuchenbraunen Gesicht unter bekümmerten Brauen und mit zwei lebkuchenbraunen Haarwirbeln an den glatten Hinterbacken. Er hat immerfort Angst, bellt deshalb ausdauernd und besitzt keinerlei Ansehen bei seinen Artgenossen. Das kommt zweimal im Jahr heraus vor der Dechant-Lida ihrer Gartentüre. Die Lida verwaltet auch herrliche Äpfel. So begehrenswert ist dieses Obst für die Ministranten, daß einer von ihnen in der ersten Beichte bekennt: »Ich habe begehren meines Nächsten Hausfrau.« Durch einen wie üblich herumliegenden und wie üblich von einer Mutter diskret gelesenen Beichtzettel kommt diese vermeintliche Übertretung eines allzu streng ausgelegten sechsten Gebotes ein klein wenig herum, gerade bis zu unserer Mutter.

Uns auf die erste Beichte vorzubereiten, fand der Herr Dechant nicht mehr Gelegenheit. Das war bedauerlich, er hätte es kräftig und einleuchtend getan. So kam es erst in Oberbayern dazu, bei einem spröden alten Dorfpfarrer, der mit Kindern wenig anzufangen wußte. Er mühte sich redlich. Aber auf meine aus ehrbarem Beichtinteresse heraus vor die Klasse getragene Erkundigung, was denn eigentlich Unkeuschheit sei, und worum es beim vielbesprochenen sechsten Gebot überhaupt ginge, erteilte er eine so weitschweifige und im Vagen bleibende Antwort, daß ich mir hinterher erstaunt überlegte, was er denn nun gemeint haben könnte. Ich beschloß also vorsichtshalber, Unkeuschheit ganz allgemein in meiner ersten Beichte zu bekennen. Etwas, wovon so viel die Rede war, mußte doch auch bei mir vorgekommen sein. Auf die aus dem vorgehaltenen Beichtvatertaschentuch dringende Frage, ob Es »allein« oder »mit anderen« stattgefunden habe, war ich allerdings nicht vorbereitet, erwog aber blitzschnell, was immer Es wäre, »mit Anderen« würde Es doch sicher weit schlimmer gewesen sein und beichtete kurz entschlossen: »Allein.« Damit war diese Angelegenheit für mich bis auf weiteres recht zufriedenstellend erledigt. Als es auf dem Gutshof, wo wir bei der dort in Miete lebenden Großmama Sophie nach der Flucht untergekommen waren, zu Getuschel kam – die Otti bekommt vom Eugen ein Kind –, fragte ich verwundert, wie das denn zuginge, so ganz ohne kirchliche Trauung, und, für einen Augenblick noch mehr verwundert, wie man denn überhaupt nur durch die Trauungszeremonie in einen derart dramatischen Zustand geraten könne? Das sei halt so, meinte die Mutter ganz unbefangen. Logik war schon damals nicht meine Stärke, und so gab ich mich noch für eine Weile damit ganz und gar zufrieden. Ich beobachtete mit nüchternem Interesse die ungeniert kopulierenden Hofhunde, den gefährlich brummenden Stier oder auch den unersättlichen Hahn, zog aber keine Analogieschlüsse in Erwägung. Diese wären mir ganz und gar absurd vorgekommen; eigentlich wären sie ja auch nicht einmal logisch gewesen. Eines Tages lieferte mir der alte »Brockhaus« von Großvater Karl Hirschberg die nötig gewordenen Informationen nach.

Irgendwann in jenen Jahren – von Pubertät sprach damals noch niemand – begann unsere Mutter im Zusammenhang mit »diesen Dingen« in für uns ehrenvollem Einvernehmen und mit einem ganz leise mitschwingenden Bedauern in der Stimme die Wendung zu gebrauchen: »Ihr wißt's ja, wie's in der Welt zugeht.« Selbst als ich das durchaus noch nicht richtig wußte, tat ich sehr verständig und vergaß das Thema wieder. Für das, was einmal, viel später, Liebe sein würde, lagen andere Bilder bereit. Da gab es die Dornenhecke, darin den tiefen hundertjährigen Schlaf und das Wachgeküßtwerden; es gab hinter dem neun mal neunten Königreich den Prinzen, der als Falke gekommen und fortgeflogen war, in den Bann einer anderen.

»O du Falada, da du hangest,
O du Königstochter, da du gangest,
Ach, wenn das deine Mutter wüßte,
Das Herz tät ihr zerspringen.«

Ich litt ausschweifend das Unrecht mit, das der Königstochter widerfuhr, als sie Gänsemagd sein mußte, statt junge Königin zu sein, und das sie mit dem übers Tor genagelten

Kopf ihres treuen Pferdes gemeinsam beklagte. Dieser Falada stand ihr über seinen Tod hinaus bei.

Nicht für den Anfang galten Königskutsche und Prinz. Da war nur Mühe und Plage. Aber am Ende, ganz gewiß, da würde ein Schloß sein und ein Königssohn, der dich zur Königstochter macht. Die Märchen lügen nicht. Wie im Märchen? Das soll doch heißen: Geduld und Tapferkeit und Vertrauen, trotz der bösen Stiefschwestern, der Stiefmutter und der falschen Braut. Einmal, da kommt einer geritten, dann bist du weiß wie Schnee, rot wie Blut und schwarz wie Ebenholz. Dann, wenn die hundert Jahre vorüber sind. Du wirst es nicht versäumen. So träumten wir. So einfach, so unergiebig für neugierige Traumdeuter.

Buchteln – Liwanzen

Träume allerdings gab es auch von anderer Art, Traumgrauen – so schauerlich, daß ich noch nach Krieg und Vertreibung keinen Abend vergaß, um Bewahrung vor Feuerträumen zu beten. In zahllosen Nächten leckten Flammen nach mir, züngelten an Balken entlang, knisterten durch einstürzende Wände, brausten als Feuervorhang auf mich zu. Es war Angst schlechthin, die sich da entzündete, und sie lauerte so dicht unter der nur notdürftig schützenden Oberfläche, daß schon der Anblick von ein wenig brennendem Sommergras an einem Bahndamm mich in haltloses Entsetzen stürzte. Es waren nicht höllische, sondern wirkliche Flammen, die mich bedrohten. Mit dem Ende des Krieges erloschen langsam diese Traumfeuer, verstummten die Feuergebete. Es war darin offensichtlich um weit mehr gegangen als nur um unsere eigene Kinderwelt. Denn so besonders viel Krieg drang ja gar nicht ins beschützte böhmische Leben herein. Gewiß, wir sind auch bei den Münchener Großeltern Podewils in der Konradstraße 16 zuweilen im Luftschutzkeller gewesen, immerhin häufig genug, um nie mehr unbefangen eine Sirene hören zu können. Wir wußten von Brandbomben, Sprengbomben, Volltreffern, und daß nur der Zufall darüber entschied, welches Haus verschont blieb. Aber ein wirklicher Bombenangriff blieb uns erspart, das fröstelnde nächtliche Sitzen mit einem Köfferchen auf dem Schoß, inmitten vieler anderer Kinder und Frauen, blieb ein flüchtiges Ereignis. Allerdings hat sich das tiefe Brummen langsam und hoch heran- und über uns hinwegfliegender Flugzeugstaffeln für immer ins Gedächtnis gegraben als eine Bedrohung allerersten Ranges.

Dieses Brummen läßt auch am Miesaufer Scheiben vibrieren, läßt Porzellan und Gläser klirren. Es ist explosiv. Alle Fenster müssen verhängt werden, und man nennt das Verdunklung. Die Nächte sind Eulenflügel. Man zeigt uns den Westhimmel: »Da brennt Nürnberg.« Das ist der 2. Januar 1945. Die nächtliche Abendröte hat unregelmäßige Ränder, ein Wetterleuchten und dumpfes Dröhnen. An der Oberfläche meines Gemütes erscheint mir das interessant. Als einmal Tiefflieger herandonnern und von der Höhe des Gutshofes aus den auf die gegenüberliegende Höhe des Flußtals gebauten Bahnhof über das Dorf hinweg beschießen, stürze ich zu dem von uns längst verlassenen Sandhaufen unter der Hofkastanie; dort spielt ein Flüchtlingskind, das ich »retten« kann; ich bin schon groß; ich trage es zum Kellereingang, wo sich verstörte Menschen drängen und mich tapfer finden. Ich weiß, daß ich das Lob nicht verdiene, nur meine eigene Angst betäubt habe, bin aber doch geschmeichelt. In den nächsten Tagen sammeln wir Geschoßhülsen und »Silberpapierstreifen« auf den Feldern. Stanniol wird zerknüllt und in den sogenannten »Hermann Göring« gestopft, eine auf unserem weißen Wäscheschrank sitzende dickleibige Porzellanfigur, deren Oberteil man abnehmen kann. Ihr Bauch füllt sich rasch mit mattsilbrigen Knödeln. Man sagt uns, Hermann Göring brauche sie, um neue Flugzeuge draus zu bauen. Wir malen uns seine Freude aus, wenn er unsere Knödel auseinanderfaltet und über den großen Knien glattstreicht.

Der Stoff, aus dem die Angstträume sind, wird nicht nur aus solchen schwachen Kampfeindrücken, sondern aus tieferliegenden Quellen gespeist. Wir haben Wahrnehmungen, die weit über unsere begrenzte Erfahrung hinausreichen, und träumen einen Krieg, den wir bloß am Rande erleben. Wir tragen nur geringfügige Narben davon. Wir haben Glück. Andere nicht.

Die gleichzeitige Diktatur ist hingegen so deutlich anwesend, daß wir Erfahrungen zu machen haben, wie dies durchaus zweierlei sei, Krieg und Tyrannei, Frieden und Freiheit.

Die Freiheit und die sie bedingenden Gesetze sind schon vor dem Krieg restlos zerstört worden. Bei uns wird es erst richtig fühlbar, als wir einen neuen Rentmeister ins Gutsbüro bekommen. Herr Feit entpuppt sich als überzeugter Nationalsozialist und wird sogleich zweiter Mann in der Ortsgruppenleitung. So verbringt er auch stellvertretend für unseren Vater den Krieg daheim im Dorf: UK-gestellt, unabkömmlich ist er.

Gutsangelegenheiten erledigt er mit chaotischer Verzögerung, Parteiangelegenheiten hingegen mit Begeisterung. Er ist also ein waschechter Funktionär, wird sogleich unkündbar und dient zielstrebig der Partei. Zunächst war er nur ein undeutlicher Mensch. Als er seine Zeit kommen sieht, schwillt er an, wird großmächtig zusammen mit dem System, dem er alles verdankt. Die Aufhebung der eigenen Mittelmäßigkeit und Bedeutungsarmut berauscht ihn, er herrscht mit Leidenschaft über seine Mitmenschen.

Herr Feit macht sich auf Funktionärsweise an die Arbeit. Die Partei veranstaltet Versammlungen für alle und Versammlungen für einige. Sie faßt Kinder in Kindergruppen zusammen, Mädchen in BDM-, Buben in HJ-Gruppen. Die Partei sammelt sogar erstaunte Frauen ein. Seit Generationen sind sie geschult im Wassertragen und Feuermachen, im Melken von Ziegen oder Kühen, im samstäglichen Fegen der Dorfstraße, und an Sonntagnachmittagen sind sie bereit, eine ganze Zwirnspule an der Nähmaschine zu vernähen; nun sollen diese Frauen plötzlich eine Frauenschaft sein.

Wie meisterhaft verstehen sie sich, nachdem sie zwei Deka Germ beim Glosauer-Bäcker geholt haben, auf die Zubereitung von Hefeteig! Sie setzen ihn als große Buchteln, gefüllt mit Powidl oder als zierliche Dukatennudeln in die Kasserolle; sie flechten mehrstöckige Zöpfe zum sonntäglichen Striezl; sie kneten Hefe in Kartoffelteig und backen Götzen; sie rühren Hefe unter Palatschinkenteig, schöpfen diesen in die flachen

Mulden einer besonderen Pfanne und backen lockere Liwanzen, über die rotes Hätschabätsch fließen muß; sie mengen Hefe in Knödelteig und bereiten den böhmischen Hefenknödel, für den man den Teig »fester führen« muß als für Buchteln, damit er nicht spindig wird; sie ziehen Hefeteig ganz dünn über große Backbleche, häufen Äpfel, Quark oder gequetschten, mit Honig, Eiern, Rosinen und Butter verrührten Mohn darauf und krümeln Streusel reichlich darüber; am Vortag von Peter und Paul, unserem Patrozinium, tragen sie diese Kontinente von »Kleckslkuchen« zum Glosauer-Bäkker, der Raum und gleichmäßige Hitze in seinem Ofen für solche Kunstwerke besitzt. Der eigene Herd hat immer in seiner engen Röhre hinten links eine zu heiße Stelle. Die Schafferin, die Frau des Schaffers Kallup, geht keinen Tag aufs Feld, ohne vorher ihren Hefeteig »eingemacht« zu haben. Diese Hefezauberinnen mit ihren je eigenen Küchengeheimnissen sollen plötzlich durch das Suffix -schaft zu einem Volkskörper umgeknetet werden: Sie sind angehalten, sich als NS-Frauenschaft zu verstehen.

Über manchen Haustüren hängt nun zuweilen ein seltsamer Schmuck: Todes- oder Lebensrunen, sagt man uns, dafür daß einer gestorben ist in diesem Haus oder ein Kind zur Welt kam. Wie sehnsüchtig wünschen meine Schwester und ich, daß auch über dem Tor unserer Einfahrt solch ein kleiner Kranz mit der Lebensrune hängen möge. Wir wählen sorgfältig die passende Stelle dafür aus: Da, wo in unserer Phantasie dem Falada sein Pferdekopf befestigt ist, würde die Lebensrune gut hinpassen. Dann hätten auch wir endlich ein Baby. Die Machthaber verstehen sich darauf, Herzen und Augen des Volkes mit unvergeßlichen Bildern zu füllen; sie verstehen sich auf Symbole, die – haben sie den Kindern erst einmal eingeleuchtet – rasch mit ihnen zu einer Tradition heranwachsen werden.

Die Frauen sollen also nicht mehr Mann und Hof, sondern dem fernen Führer Kinder gebären, um bei entsprechender Anzahl ein Mutterkreuz in Empfang zu nehmen. Als ob sie sich für Adolf Hitler ins Wochenbett gelegt hätten. Und wieso eigentlich ein Kreuz? Als ob es irgendeine noch so entfernte Gemeinschaft geben könnte zwischen dem Kreuz im Herrgottswinkel ihrer Wohnküchen, dem Kreuz mit den ausgebreiteten, der Welt ausgelieferten, die Welt umfassenden, sie tragenden Liebesbalken, und diesem geknickten, zum Drehen im Wind geeigneten Hakengebilde?

Fronleichnam

Endlich, im Jahre 1944 hat Herr Feit auch erreicht, daß keine große Fronleichnamsprozession mehr im Dorf abgehalten werden darf. Wo sollen denn nun die kleinen Mädchen in Weiß ihre Pfingstrosenblätter mit vollen Händen ausstreuen, die Vergißmeinnicht und Gänseblümchen, die sie in Strohkörbe mit langen, von »Herzlblumen« umwundenen Henkeln gefüllt haben? Rosa Pfingstrosen und rote – wie viele Blütenblätter sind an ihnen! Der Herr Dechant wird staunen über all das Rot und Rosa auf seinem Weg; an diesem einen Tag werden seine Füße nur auf Blumen treten, wenn er unter dem von vier Mitgliedern der freiwilligen Feuerwehr gestützten »Himmel« das Allerheiligste trägt, ganz in Weiß und Gold gehüllt.

Vorne gehen die Mädchen. Wo sie nur immer noch die weißen Strümpfe herhaben! Ihre Margeritenkränze sind über Nacht in einem Suppenteller voll Wasser frisch gehalten worden. Dieses eine Mal tragen die Mädchen offenes Haar. Sie haben die Nacht schlecht geschlafen. Ihre langen Strähnen, über Stoffstreifen gewickelt und zu dicken Knoten geknüpft, haben unter den Köpfen mächtig gedrückt. Am Morgen, wenn das Ergebnis der beschwerlichen Nacht allzu verworren geraten ist, versuchen die Mütter, mit der Brennschere oder mit dem Kochlöffelstiel und mit Zuckerwasser die erwünschten Stopsellocken zu drehen. Denn selbst an Fronleichnam hängen Mädchenhaare nicht einfach herab, sondern hüpfen als artige Korkzieher von den Ohren zu den Schultern. Loses langes Haar ist eine Sache der Schlafzimmer. Kein böhmisches Mädchen hätte so auf die Straße gehen wollen. Auch wir bekommen für Fronleichnam zu unseren Margeritenkränzen eine Andeutung von Stopsellocken gebürstet. Nur hüpfen sie leider überhaupt nicht und sind ganz erbärmlich.

Im Gutshof wagt es die Ortsgruppenleitung vorerst noch

nicht, unsere Fronleichnamsprozession zu verbieten. Der Hof ist weit genug, und leider sind ja auch längst nicht mehr alle Dorfleute mit dabei. Gänge, Badezimmer, Kammern blicken an diesem einen Tag mit ihren rückwärts auf den Hof gerichteten Fenstern, weil aus ihnen rote Tücher mit goldenen Borten gehängt werden, nach vorne hinaus; das vermag der Leib des Herrn, wo er feierlich getragen wird.

Der erste Altar gehört ohnedies seit jeher im Hof vor die Gärtnerwohnung. Nun müssen eben auch die anderen drei Altäre vom Gasthaus Schinka, vom Gasthaus Gerstner und vom Heiligen Nepomuk am Anger heraufgeholt und vor der Waschküche, vor dem Verwalterhaus und am Hühnerstall aufgebaut werden. Gutshöfe waren einst bei uns in Böhmen überall nobel genug gebaut, Scheunen und Ställe ebenso wie rückwärtige Hoftore, mit schönen mariatheresiagelben Fassaden.

Kurz ehe das Herzland Europas zusammenbricht, rücken auf diese Weise die vier in den Altären symbolisierten Evangelisten in unserem blumenbestreuten Hof noch einmal nahe zusammen und tauschen frohe Botschaft aus. Birken sind für Fronleichnam ins Dorf gewandert, Birken mit schimmerndem Stamm, mit zierlich hängenden Zweigen und bebenden Blättchen; herb duftend flankieren sie die unter ihrer Blumenlast fast versinkenden Altäre, rahmen Tore ein, holen den Frühsommer in Hof und Kirche; Birken dürfen den Leib des Herrn mehr loben als alle anderen Bäume des Waldes.

Der Misthaufen ist mit einer Schicht frischen Klees überdeckt. Würdig wird auch in diesem letzten böhmischen Kriegsjahr das Fronleichnamsfest begangen. Herrlich singt unser Chor zwischen Misthaufen, Hühnerstall und Hundezwinger. Spatzen sind begeistert, tschilpen, was sie nur können und versuchen, am hinteren Eck den vielen Klee vom Mist hinunterzuwerfen. Vom kleinen Weiher her, der Weide auf der winzigen künstlichen Insel, flötet eine Amsel, die bei den Hühnern in Kost lebt. Herr Langstein hat einen stattlichen Chor. Seine zehn Kinder halten die vier Stimmen, wenn sie das Fronleichnamslied singen:

»O Engel Gottes eilt hernieder,
Und stimmet ein in unsre Lieder!«

Große lateinische und deutsche Messen führt Herr Langstein auf. Einer seiner Söhne spielt die Orgel. Mit den wachsenden Kriegsjahren müssen die Langsteinbuben einer nach dem anderen einrücken, und der jeweilige Organist wird immer jünger. Am Ende ist es der zwölfjährige Wenzel, der nun, auf der äußersten Kante der Orgelbank sitzend, gerade noch mit den Fußspitzen die Bässe erreicht. Wenn die Anni – sie hätte ohne weiteres Sängerin werden können mit ihrem Sopran – zum Gloria das »Ehre, Ehre sei Gott in der Höhe« anstimmt, öffnen sich die Herzen auch der gebeugtesten alten Weiber. In langen dunklen Röcken, mit altmodischen Kissen über dem Gesäß als Andeutung verschollener Tournüre, und mit Wolltüchern um Kopf und Schultern, kauern sie in den rückwärtigen Bänken der Kirche und raunen heiße Bittgebete zur Madonna, die vorne am Hauptaltar ihr Bild hat. Vor jeder Beterin brennt ein gelber Wachsstock. Flammen verstärken die Kraft des Wortes.

In der Fronleichnamsprozession gehen sie mit, solange ihre Beine sie noch tragen. Aber ihre eigentliche Domäne sind die Rosenkranzandachten im Oktober; jetzt kommt es allein auf sie an, die es mit althergebrachter, der Alltagssprache völlig zuwiderlaufender Betonung verstehen, die »Gebenedeit unter den Weibern« anzurufen, bis hinein in die »Stunde unseres Absterbens, amen«.

Meine Schwester und ich gehen am Sonntag von der

Ahnengalerie her über eine kleine Stiege auf unsere den Chorraum umfassende Empore mit den sehr bunten, von Tante Mimi und Onkel Ottokar gestifteten Fenstern; wir knien links über dem Hauptaltar. Gegenüber hat Fräulein Soffi, die strenge, überaus fromme Köchin mit den unrichtigen Hüften ihren Würdenplatz vor den Haus- und Küchenmädchen, den sie auch werktags pünktlich einnimmt. Wir können von hier oben alles genau betrachten und deuten das Geschehen auf unsere Weise. Für Langeweile ist keine Zeit. Vor allem haben wir ein genaues Bild von den Mädchenfrisuren mit allen Varianten von Rollen, Würsten und Zöpfen und schmieden Pläne für den Mittagsschlaf der kommenden Woche.

Der Herr Dechant hat eine edle Quaste auf seinem schwarzen vierkantigen Birett, von dem eine Kante fehlt. Er braucht es beim Herein- und Hinausschreiten gegen den Unbill sündhafter, die alte Peter-und-Pauls-Kirche aus allen vier Winden bestürmender Angriffe. Das gebeugte Murmeln des »Confiteor Deo omnipotenti«, das ihn und die in vieles eingeweihten Ministranten zu Anfang lateinisch verbindet, dient der Bannung. Wir lauschen ergriffen diesem Sprachwunder. »Introibo ad altare Dei«, werden wir später entziffern: »Zum Altare Gottes will ich treten, zu Gott der mich erfreut von Jugend auf.« Und wir werden erfahren, daß Latein keineswegs eine tote Sprache ist. Aber vom wörtlichen Verstehen sind wir vorerst weit entfernt. Wir lauschen einem rätselhaften, in der natürlichsten Melodie der Welt gesungenem »Dominus vobiscum«, auf das die vereinigte Familie Langstein kräftig mit »et cum spiritu tuo« antwortet. »Tutuo« fallen wir vorsichtig ein und sind so vollkommen in unserer Kindheit geborgen, daß wir den Paraklet, den Geist der Tröstung noch gar nicht anzurufen vermögen. Wie also sollte er sich uns zeigen können?

Nun aber kann es so richtig losgehen. Die von der geschnitzten Kanzel gehaltenen Predigten haben, außer einem aufregenden, über viele Sonntage sich hinziehenden Bericht über die Wunder von Fatima, keine Spur in uns hinterlassen. Sie werden wohl nie zu lange gewesen sein; das hätte dem Herrn Dechanten auch nicht ähnlich gesehen. Wir finden derweil Zeit, uns unsere frommen Fleißbildchen zu zeigen. Das hier ist grünglasig, ein Hauchbild: Schau, wie es sich in der warmen Hand geheimnisvoll aufrollt. Und hier, das neueste ist das bunte Bild mit den drei Engelmädchen, die ein artiges Kind mit ausgestreckten Armen auf einer mittelgroßen polsterweichen Wolke begrüßen; mit weißen Nachthemden sind alle vier bekleidet – im Himmel herrscht offenbar Nachthemdenzwang. Aber der Besitz eines gelben Heiligenscheins sorgt engelseits für gebührenden Abstand vom artigen Kind. Wir sind sehr bewandert im Zeichnen solchen Kopfschmukkes mit oder ohne Strahlen, zumal in der Weihnachtszeit; auch im Kneten desselben als heilige Würste aus Plastilin; die gelbe Masse hat vom Ausrollen rasch graue Kinderfingerschlieren, und der Nimbus von Maria und Josef wird immer fleckiger. Das neue Bildchen gerät an den Ellbogen der Schwester und rutscht über den Rand. Es flattert erst unentschlossen, beginnt dann zu kreiseln wie ein Ahornsamen und landet genau vor den Knien eines Ministranten. Der schaut verstohlen, von wo der unerwartete Segen herkommt, und schiebt die Gabe rasch unter sein weißes Spitzengewand. Wir beugen uns verwirrt über die mit gelbem abgewetztem Samt bespannte Brüstung und machen lange dumme Hälse.

Inzwischen ist Bewegung in den Herrn Dechant gekommen. Er wäscht sich seine Fingerspitzen unter einem silbernen, auf ein blitzendes Tablett tröpfelnden Kännchen, trocknet sie ab und knüllt das Tuch, als wäre er zornig, auf die Altarseite. Haben die Ministranten etwa eine Dummheit gemacht? Einer glättet beflissen das Tuch und legt es sorgsam gefaltet auf die Seite. Der Herr Dechant schüttet Verschiedenerlei in den Kelch, bricht ein Stück Oblate hinein und legt einen Deckel darauf, damit eine Speise daraus werde. Wir unterlegen, obzwar ehrfürchtig und zutiefst glaubensbereit, dem Geschehen da drunten unsere eigenen Vorstellungen und warten gespannt auf den uns entzückenden Schlußeffekt: »i – e – a – e » singt der Herr Dechant etwas mühsam, und die Familie Langstein antwortet, während der von einem eigens begabten Dorfbuben getretene Blasebalg der Orgel noch einmal aufseufzt, mit einem herrlichen, nicht endenden » e – o – a«. Wir singen uns diese magischen Laute so begeistert wie falsch während des Mittagsschlafes zu, die Rollen tauschend, sind ganz berauscht und lachen schließlich Tränen. »Ite missa est – deo gratias.«

An vielen, allzuvielen Sonntagen endet die Messe mit dem Lied, das uns allen noch bis heute die Kehle zuschnürt, das keiner von uns Damaligen ohne Würgen im Hals erträgt: »Ich hatt' einen Kameraden, einen beß'ren find'st du nicht,« singt der Chor so langsam, daß jede Silbe Zeit hat, sich bis zum letzten Hauch auszuweinen. Dann schluchzt die ganze Kirche, einzelne weinen besonders laut, einmal brechen der Familie Langstein selber die Stimmen, sogar Annis Solosopran kippt. Das ist für die Gefallenen der letzten Woche. Im Jahre 1943 erreicht das besondere Weinen auch unsere Kniebank. Der geliebte Onkel, viel jüngerer Bruder des Vaters, ist totgemeldet. Es gibt Sterbebildchen, ein schöner, ernster, junger Mann in Uniform, mit Namen und Lebensdaten ist darauf abgebildet. Großmama Marie, die oft wochenlang bei uns ist, weint immerfort. Eben ist er noch dagewesen, hat eine Wunde auskuriert. Die Kinderfrau wechselt ihm am Morgen den Verband, der genau da sitzt, wo Siegfried das Lindenblatt trug, so daß ihn das Drachenblut, in dem er badete, gerade hier nicht unverwundbar hat machen können. Da, da würde des grimmen Hagens Speer ihn treffen.

Der Onkel trägt mich schon bald wieder auf seinen Schultern umher, baut mir ein kleines Rindenboot mit Segel, das im Springbrunnen schaukelt; er photographiert mich barfuß im weißen Spitzenkleid neben meinem zahmen Lamm. Ich will ihn später heiraten. »Bubi, bist du satt?« fragt ihn unsere Mutter liebevoll nach einem für Kriegszeiten ziemlich fulminanten böhmischen Sonntagsmahl. »Frag mich nicht, Dodi«, antwortet er, »ich bin nie satt, aber irgendwann muß man ja aufhören.« Ob er wohl noch gewachsen ist in dieser Zeit? Sonntagmorgens zieht er die Uniformjacke über den Pyjama, eilt verspätet durch die Galerie zur Messe und bietet für die Dorfgemeinde droben von der Empore aus ein ungemein heldenhaftes Bild. Fräulein Soffi, neben die er sich hingekniet hat, rümpft zweimal die Nase: einmal überhaupt beim Anblick einer männlichen Pyjamahose, und ein zweites Mal wegen der ungehörigen Fortsetzung des stattlichen Leutnantrockes, der nach unten zu in zerknitterten Streifen und ausgelatschten Botschen schmachvoll endet. Sieht so ein germanischer Held aus?

Nein, dieser lachende geliebte Onkel ist dann doch nicht gefallen. Nach einigen Trauerwochen kommt Nachricht: Er ist, für seine Kameraden unerkennbar, drunten im fernen Salerno aus seinem brennenden Panzer noch rechtzeitig herausgesprungen und befindet sich in sicherer amerikanischer Gefangenschaft: unfaßliche Freude, verdienstloses Glück des Verschontbleibens!

Vater

Unser Vater ist Kriegsberichterstatter. Daß er um diese Zeit noch am Leben ist, verdankt er einer schweren Gelbsucht. Über die Luftbrücke wurde er Ende November 1942 aus dem Kessel von Stalingrad herausgeflogen und erreichte unser scheinbar in tiefstem Frieden liegendes Dorf, wo er sich langsam erholt. Solche Entrückung, nie verdient, nie zu begreifen, spart diesen oder jenen auf, während 300000 oder 3 Millionen andere der Qual ausgeliefert werden. Warum? Um zu berichten? Um sechzig, zwanzig oder fünf wunderbare Gedichte zu schreiben? Vielleicht ohne Warum. 35 Jahre später würde unseren Vater seine seit damals geschwächte Leber von einem Krebsleiden erlösen, ehe dieses vollends unerträglich wurde. Jene Kriegsgelbsucht pflegte ihren Opfern treu zu bleiben.

Eine ganz andere Art von Katastrophe streifte den wie nach einer inneren Musik Schwebenden und zugleich durchs Leben Stolpernden, als unsere Mutter im März 1944 ein von ihm seinerzeit aus Stalingrad geschicktes Gedicht versehentlich in Herrn Feits uns feindlicher Domäne, in der böhmischen Gutskanzlei, liegenließ. Es handelte von Tyrannen ganz im Allgemeinen, zeigte aber – offenbar doch zu wenig allgemein – eine politische und christliche Gesinnung, die zu einer Anzeige gegen ihn bei der Partei führte. Der Verleger Heinrich Peter Suhrkamp verhandelte mit seinem unmittelbaren militärischen Vorgesetzten, und dieser rettete den Zerstreuten, nirgends fest Einzuordnenden, der es einmal fertiggebracht hatte, im Jagdhut zur Uniform in Berlin zum Dienst zu erscheinen und sich beim Öffnen einer Champagnerflasche schwer an der Hand zu verwunden. Seine fast unbegrenzte Vergeßlichkeit war einer der Wesenszüge, die ihn später mit der alten Annette Kolb verbinden würden. Die beiden verstanden einander, erkannten jeder im anderen den Mitspieler.

Im Winter 1942/43 jedenfalls ist unser Vater statt im Kessel von Stalingrad für eine Weile daheim. Er ist uns fremd geworden. Die Kinderfrau hat uns eingeschärft, ihm bei der Begrüßung ins Ohr zu flüstern: »Ich gratuliere dir, daß du Oberleutnant geworden bist.« Das ist wieder so ein fremdes Wort. Oberleutnant, was soll er eigentlich davon haben, dies zu sein? Eine Geburtstagstorte, ja, dazu würde ich ihm mit Überzeugung gratulieren. Ich flüstere ihm ins Ohr: »Denk dir nur, ich hab' Angina gehabt.« Das ist auch ein neues Wort, aber doch jedenfalls ein viel interessanteres, und es betrifft mich, was also könnte es für den Vater Wichtigeres auf der Welt geben?

Er kommt in dieser Zeit abends an unsere Betten und schlingt einen Erzählfaden in unsere Schläfrigkeit, berichtet Neues vom Riesen Großmaul, der hinten am Sabachowafelsen im Stollen des verlassenen Silberbergwerkes wohnt, dumm und polterig ist und vom Zwerg Kleinschnut ständig hereingelegt wird. »Und dann – und dann?« Wir ziehen am Strang der Geschichte, die manchmal ins Stocken gerät, weil auch der Vater schläfrig ist und seine Zunge schwer wird; aber dank unseres Eifers werden Handlungslücken durch längere grobianische Schimpftiraden des Riesen Großmaul überbrückt. Die leise gezischelten Listigkeiten aus Kleinschnuts Winkel in der Höhle entzücken uns.

Dreißig Jahre später wird der Vater noch einmal zu erzählen beginnen. Aus dem Vorrat der böhmischen Geschichten wird ein Zyklus von Kindergedichten wachsen.

»Giganter und Gagunter,
zwei Riesen auf dem Schlern,
die rufen ins Tal hinunter,
man hört es schon von fern.
›Huhu, haha, hoe!‹
erschallt es aus der Höh'.«

Wieder horcht ein Kind, diesmal auf Reime.

Die Fäden jener improvisierten Märchenhandlung laufen auch in den grauen, schmal zusammengefalteten Feldpostbriefen ohne Briefmarken und nur mit einer Nummer als Absender weiter; sie lassen des Vaters Urlaubswochen ineinanderfließen und machen den alten Bergwerksstollen an der Miesa für uns unwiderruflich zum Eingang ins Erdinnere, wo Silber und Edelsteine dank der Mühe hilfreicher Zwerge in die Nähe der Menschen geraten. Wer wollte es diesen mächtigen großmütigen Zwischenweltlern verargen, wenn sie mit den also Beschenkten Schabernack treiben und ihnen zuweilen eines ihrer viel zu vielen Alltagsdinge verstecken?

Zu militärischer Menschenführung, umsichtiger Planung und erst recht zu raschen eindeutigen Entschlüssen ist unser Vater denkbar ungeeignet. Immer wenn ihn eine unausweichliche Entscheidung bedrängt, bekommt er das allen Podewilsen eigene Rucken und Drehen der linken, ein wenig hängenden Schulter, auf das ein zögerndes Strecken des Halses nach rechts folgt, sowie eine kleine Seitenbewegung von Oberlippe und Nase. Wie die meisten seiner Generation ist er selbst in diesem ungewünschten, nicht zu rechtfertigenden Krieg doch überzeugter Patriot geblieben. Das wird Spätergeborenen im nachhinein so schwer in die Köpfe gehen. Heimat, Vaterland – das sind in jener Zeit lebendige, ja heilige Worte. Das ganze Ausmaß dessen, wofür sie mißbraucht wurden, ist noch nicht zu erkennen. Man kämpft also für diese Werte, setzt sein Leben ein, merkt erst nach dem mühsamen Neubeginn, daß nichts in diesem Land die zwölf Jahre unbeschädigt überstehen wird.

Der Vater schreibt der Form nach, wie man für gleichgeschaltete NS-Zeitungen schreiben muß. Er analysiert Gefechte und Truppenbewegungen, schildert Brückenköpfe; vor allem aber beschreibt er immer wieder Landschaften und

Jahreszeiten, am Don, an der Wolga, in den Abruzzen oder in den Albanerbergen. In der Gegend von Genzano stehend, blickt er im Februar 1944 hinab auf das Schlachtfeld um den Brückenkopf von Nettuno. Er hat die Ruinen von Aprilia vor sich, die durch Mussolini trockengelegten Pontinischen Sümpfe und das Tyrrhenische Meer mit den alliierten Kriegsschiffen im sonnigen Dunst des Nachmittags. Er vergleicht die Übersichtlichkeit alter Schlachtengemälde, die stets vom Feldherrnhügel aus gesehen sind, mit seinem Blick über Olivenhaine und Weinberge hinweg auf diese Ebene, wo die Kämpfenden im Boden oder in den Kiefernwäldern der Küste verborgen sind, und wo nur Mündungsfeuer sowie Fontänen aus Rauch und Erde chaotisch die Starre des Geländes unterbrechen. Er sucht von seiner erhöhten Warte aus, bei nur gedämpft heraufdringenden Gefechtslärm, nach dem Kampf als Einzelerlebnis, als persönliches Soldatenschicksal, das den abstrakten Plan des Befehlsstandes austrägt: Worte wie Schlachtfeld und Schlachtengemälde verlieren sogleich ihren Sinn.

Die Diktatur setzt ihm einen sehr begrenzten Rahmen, auch die Sprache ist streng geregelt. Nur unter Einsatz von Stellung, Leben und Familie kann einer sich dem direkt widersetzen. Das ist nicht der Weg dieses jungen, Gedichte schreibenden Kriegsberichters. Offen zu sagen, daß der Krieg verloren und der »Führer« kein Führer sei, brächte jeden sofort »nach Dachau«; das weiß auch er. Aber einen gewissen Spielraum schafft er sich. In seinen Artikeln weiß er Verschlüsseltes so zu verbergen, daß viele dennoch ahnen können, was wirklich vor sich geht an der Front, wie groß schon 1943 die Überlegenheit der Gegner ist, und erst recht später, als Niederlagen und Rückzüge nicht eingestanden werden dürfen, die Namen umkämpfter Dörfer schließlich verschwiegen werden müssen, weil es bereits deutsche Dörfer sind.

Die Kinowochenschauen, die zu den seltenen sonntäglichen Filmvorführungen im Gasthaus Glosauer unser Dorf erreichen, sind hingegen bis ins endgültige Desaster hinein als Siegesbotchaften aufgedonnert. Kühne Bläser und aufgeregte Streicher mischen sich mit dem Heulen der Geschosse. Der Krieg ist ein gewaltiges, den Ruhm Deutschlands mehrendes Symphonieorchester: Feindliche Panzer gehen dafür in Flammen auf, feindliche Flugzeuge stürzen immerfort explodierend vom Himmel, weit im Osten, und wir wundern uns, daß diese Feinde überhaupt noch vorhanden sind bei so vielen als Musik aufgespielten, mit flackernden Bildern geschmückten Niederlagen.

Den auf diese Einführung folgenden Märchenfilm verstehen wir nicht. Wir sind noch nicht so weit, unsere inneren Bilder mit dem schwarzweißen Flimmern auf der Leinwand in Verbindung bringen zu können. Diese beiden zappelnden, quakenden Mädchen sollen »Schneeweißchen und Rosenrot« sein? Das ist schon deshalb ganz und gar unmöglich, weil ja wir selber es sind, zu denen der Bär kommt. Das goldene Prinzengewand blinkt doch für uns unter seinem Pelz hervor.

Schon 1940, kurz nach der Besetzung, war der Vater zum ersten Mal in Paris beim Stab des Militärbefehlshabers in Frankreich. Er traf dort seinen Freund, den späteren General Hans Speidel wieder. Im Frühjahr 1941 entdeckte er Ernst Jünger beim Sicherungsregiment in Vincennes, von wo Speidel diesen in seinen Stab nach Paris holen konnte, in die eigenartige Sicherheit und Ruhe der Hotels »Majestic« und »Raphael«. Jünger führte das Kriegstagebuch.

Im Frühjahr 1944, in der für ihn letzten Phase des Krieges, nach Stalingrad und vielen Monaten Italien, hat unser Vater einen zweiten Auftrag im Westen. Seine Schwester, Sekretärin von General Carl-Heinrich von Stülpnagel, erzählt später oft lachend, wie er, in Wickelgamaschen von der Italienfront kommend, im noch immer eleganten Paris erschien, bereit, sich als Chronist ins Kampfgetümmel zu stürzen. Die Invasion steht kurz bevor. Er selbst erzählte, wie er als Kriegsberichterstatter zum Stab von Generalfeldmarschall Rommel gehört hat, in Laroche Guyon, dem dunklen Schloß an der unteren Seine. Er lebt in der Nähe der Leute vom Pariser Widerstand. Scherzhafte Briefe gehen zwischen ihm und Stülpnagel hin und her. Er ist gut befreundet mit den Verschwörern, gehört aber nicht zur Verschwörung. Was sollen sie auch anfangen mit einem jungen Offizier, der an die Ränder seiner Berichte Verse kritzelt, um dann das ganze Manuskript in irgendeinem Restaurant liegen zu lassen? Speidel bittet ihn um eine Liste zuverlässiger Journalisten für die Presse einer neuen Regierung nach dem Sturz Hitlers. Er liefert diese Liste und denkt zugleich erschrocken an die ferne Familie.

Drei Tage vor dem Attentat, am 17. Juli 1944 – so hörten wir es oft von ihm – fährt er hinter dem Wagen des Feldmarschalls Rommel zu einer Frontbesichtigung. Tiefflieger greifen so unerwartet an, daß niemand mehr rechtzeitig von der Straße kommt. Er kann erkennen, wie der Fahrer des Wagens vor ihm an der Schulter verletzt wird und wie dieser Wagen in den Straßengraben kippt. Er sieht, selber in der Deckung des Grabens liegend, wie sie den bewußtlosen Rommel aus dem Wagen heben. Er telephoniert persönlich dem zutiefst betroffenen Stülpnagel die Unglücksnachricht durch. »Das fehlt gerade noch«, hört seine Schwester den erbleichenden Stülpnagel murmeln, der sofort erkannt haben muß, was das für Folgen haben würde, und der von da an ruhelos in seinem Zimmer auf und abgeht. Rommel war die Hoffnung, die zentrale Gestalt für ein Gelingen des Aufstandes im Westen gewesen. Unser Vater ist nicht eigentlich eingeweiht und weiß doch genug, um das folgenschwere Zögern des nur halbherzig mit den Verschwörern sympathisierenden Oberbefehlshabers und Stellvertreters von Rommel, Feldmarschall von Kluge, mit Entsetzen zu erleben. Nein, entscheidet Kluge, Hitler lebt, die durch Stülpnagel sofort am 20. Juli verhaftete Pariser Parteiführung muß noch in der Nacht wieder freigelassen werden. Die Westfront wird nicht kapitulieren, der Krieg weitergehen. Stülpnagel wird keine Waffenstillstandsverhandlungen führen, sondern sich bei Verdun, auf der befohlenen Fahrt zur Meldung in Berlin mit einem Schläfenschuß die Sehnerven durchschießen, um als Blinder vor dem Volksgerichtshof zu stehen und gehenkt zu werden. An jenem 21. Juli hat der Vater einen telephonischen Kommentar über alle Ereignisse ans Deutsche Nachrichtenbüro nach Berlin durchzugeben. Er überlegt verzweifelt, wie er die Worte setzen soll und erlebt diese Stunden im Zentrum der Pariser Ereignisse in ähnlichem Staunen und Hoffen wie wir drüben in Böhmen.

Dort sitzen die Erwachsenen im Salon um das Radio gekauert. Ein völlig veränderter Ton, ungewohnte Stimmen quellen aus dem stoffbespannten, beleuchteten, »Goebbelsschnauze« genannten Kreis: Leben, Freiheit! Ich werde hastig hinausgeschickt. Das Kind plappert womöglich. »Pst. Feind hört mit« – der große Graue, der gespenstische Schattenfeind, der von den allgegenwärtigen Propagandaplakaten immerfort riesig über uns alle herabzukippen droht, hat für wenige Stunden, die dazu beitragen werden, daß die Ehre Deutschlands nicht völlig untergeht, ein anderes Gesicht; er scheint zu wanken, zu flimmern, sich aufzulösen, Popanz, der er womöglich von Anfang an war. Es könnte noch alles wieder gut werden. Auch jetzt noch. Aber es ist zu früh. Pst, Herr Feit könnte hereinkommen. Abwarten. Hoffnung und Freude nicht zu laut zeigen ... Nein, sie gar nicht zeigen. Denn da ist sie schon wieder, die abgehackte, ungefärbte Stimme, die holprig rollende Nicht-Sprache der bösen Macht. Völlig ungebrochen. Alles scheint umsonst gewesen. Die Familien der Verschwörer geraten in Gefängnisse und Lager.

Noch in Paris bis zum Ende im August 1944, erlebt der Vater dort die alliierte Eroberung, geht neben seinem Freund, dem jungen Medizinstudenten Leutnant Dankwart Graf Arnim, durch die jubelnde, johlende, auf die gefangenen Deutschen spuckende Menge. Die meisten sind ganz weiß gefleckt vom Speichel. Auf ihn aber spuckt keiner. Er versteht das nicht. Bietet er einfach kein Ziel? Er war nie ein Sieger, aber auch nie ein Verlierer. Er, das zerstreute, ein wenig stolpernde Sonntagskind mit den vielen Melodien im Kopf, bei dessen Geburt einst in Bamberg die Domglocken geläutet hatten.

Während sonst alle deutschen Gefangenen von Paris aus Versorgungsgründen in amerikanische Lager kommen, holen ihn die Engländer sich in ein »Weißes Lager«. Seine möglichst nahe an der Wahrheit entlang formulierten Berichte empfehlen ihn nun für antifaschistische Propaganda bei BBC. Er aber lehnt ab. Solange sein Vaterland im Krieg steht, wechselt er auch im Westen nicht die Front. Das können heute viele nicht mehr begreifen, dies und so vieles andere, weil wir als Erben der tausend Jahre uns angewöhnt haben, die Geschichte rückwärts zu schreiben.

Mit der Gefangenschaft des Vaters reißt die Erzählung vom Riesen Großmaul und vom Zwerg Kleinschnut unterm Sabachowafelsen ab. In England erfahren die deutschen Kriegsgefangenen viel eher als wir, wie man die zukünftigen Grenzen Deutschlands schon gezogen hat, und was mit den einst in Versailles vergessenen böhmischen Deutschen geschehen wird, die angeblich seit tausend, seit sechshundert oder seit dreihundert Jahren eine falsche Heimat haben. Die Nachricht von den Verhandlungsergebnissen in Jalta schlägt wie eine Bombe ins nordenglische »P. O. W. 13 – Camp Shapwells« ein, wo unser Vater in den letzten Kriegsmonaten lebt. Er kann keine Warnung an unsere Mutter gehen lassen, die inständig auf amerikanische Eroberung hofft. Die Welt ist bereits neu aufgeteilt. Wir sind Spreu im Wind geworden, jeder darf auf uns treten. Der Vater hat keine Lust mehr, Geschichten zu erzählen von Riesen und Zwergen unter einer böhmischen Flußklippe, in einem Bergwerksstollen, aus dem einst Silber gefördert worden war.

Geflügel

Der Felsen, vor dem der Schönthalbach in die Miesa mündet, heißt also Sabachowa: hinter (sa) dem Bach, in tschechisch-deutschem Wortgemisch. Er ist eine hohe steile Klippe und so wild, daß droben Uhus hausen. Man freut sich dieser urtümlichen Nachbarschaft, findet aber, drei weitere Uhus in jedem Jahr seien zu viel Jagdkonkurrenz bei Hasen, Rebhühnern und Fasanen. Also werden in einer Frühsommernacht zwei der fast flüggen Nestlinge herausgeholt und an einen zoologischen Garten verkauft, oder an ein Revier, das noch einen »Auf«, einen Lock-Uhu zur Krähenjagd haben möchte. Da sitzt dann solch ein Nachtritter auf seiner Jule, blinzelt unfroh in die Sonne und ärgert sich über die auf ihn herunter »hassenden« Krähen und Elstern, die aus einer Uhu-Hütte heraus beschossen werden können. Oft legt er sich, soweit das die Fußriemen zulassen, auf den Rücken und wehrt mit den Fängen ab.

Ich stehe sprachlos vor dem Käfig mit den Riesenkindern. Ich bin mitgenommen worden zum Haus des Hegers namens Schnabel, das östlich vom Dorf einzeln am Hang gelegen ist, dem Sabachowafelsen gegenüber. Igelhäute liegen ausgestreut droben um den Uhuhorst, unheimliche Reste nächtlicher Mahlzeiten. Wie mag das sein, wenn der Uhu einen Igel schlägt und leer kröpft? Von Hasen gar nicht zu reden, die so grauenvoll klagen können, daß es einem durch Mark und Bein geht. Aus dem hervorgewürgten Gewölle kann man Haare, Federn, Knöchelchen herauszupfen und daran erkennen, wer in der Nacht hat dran glauben müssen. Uhukrallen sind Dolche, Schwerter, Schlachtmesser, und die weit klafternden lautlosen Schwingen tragen auch große Beute in die Felsenburg. Wir haben wenig Mühe, uns das Schloß des Menschenfressers als Schädelstätte, als Knochenburg vorzustellen, und der beherzte Däumling des Märchens ist unser eigener kleiner Bruder.

Aber da hat ein junger Uhu doch auch wieder Federohren, und seine Augen blicken so menschlich nach vorne wie bei keinem anderen Vogel. Er schaut uns groß an, und wenn ihm in der Ferne etwas auffällt, ruckt er aufs komischste, ohne ihn zu drehen, mit dem Kopf zur Seite, hin und her, um einen fernen Gegenstand zu fixieren. Wir erkannten dieses ruckende Schauen wieder, als wir Jahre nach dem Krieg einen jungen bayrischen Waldkauz großzogen und für einige Wochen zum Freund hatten. Er saß im Mondschein auf dem Dach und kam lautlos auf unsere handschuhgeschützte Faust herabgeflogen, um einen in Federn gewickelten Fleischbrocken zu ergreifen. Manchmal schrie er und flog bettelnd durchs offene Fenster auf eines unserer Betten, um sich füttern zu lassen. Nah, vertraut und herrlich war die Natur, als der Waldkauz uns kannte und vertraute.

Aber die Krallen, die Igelhäute und Hasenknochen haben wir nie mehr vergessen.

Herr Schnabl ist der wichtigste unter den »Hegern«, zuständig für Wald und Holz, für Wild, Jagd und Hunde. Er führt einen ausgezeichneten Deutschkurzhaar mit Namen »Etzel«. Frau Schnabel betreut Geflügel. Truthühner hat in diesen Kriegsjahren unsere Mutter eingeführt. Hinter dem Schnabelhaus stolziert ein mächtiger weißer »Biebergockel«. Rot und violett wachsen ihm Hautsäcke am Kopf, baumeln scheußlich, wenn er vor meinen erstaunten Augen Parade schreitet, sein Rad schlägt, »gaudagaudagauda« sagt und das mit den Händen im Maschendraht sich festhaltende Kind seltsam ernst nimmt. Was er wohl täte, wenn kein Draht dazwischen wäre?

Vor Weihnachten geht für die Großeltern Podewils in München ein riesiges Paket nach München ab, Bahnexpreß: Dann braten sie einen »Indian« zum Fest und können Gäste haben.

Unsere Mutter hegt eine Vorliebe für Geflügel, die sie auf Töchter und Enkelinnen vererbt hat. Immer wieder fängt eine von uns an, in einem Schuppen am Land, oder auch nur in einer wie üblich vom Hund verschmähten Hundehütte am Stadtrand, Hühner zu halten, Körner hinzustreuen, »tschiep-tschiep-tschiep« zu rufen, das Herbeirennen zu beobachten, ein warmes frisch gelegtes Ei in der Hand zu halten. Wir betrachten amüsiert den »Chauvinismus«, diesen unverhüllten Männlichkeitswahn eines Gockels, der keinen normalen, lokkeren, sachlichen Schritt tun kann; ständig muß er schreiten, stolzieren, Getue und Komplimente machen, irgendein unbeträchtliches Bröckchen, notfalls auch einen Stein oder gar nichts aufnehmen und unter huldvollen Tönen seinen bereitwilligen Sklavinnen gnädig hinwerfen, als ob's Gott weiß was für ein Leckerbissen wäre; immer fallen sie darauf herein. Oder ob sie bloß so tun? Er selbst schlingt nur unbeobachtet irgendwann zwischendurch das Nötigste herunter. Keine Rede von gemeinsamer gemütlicher Mahlzeit! Seine Majestät haben nicht einfach vor aller Augen Hunger! Ein Kratzfuß – schon hat er wieder eine am Schopf und unter seine Gewalt gedrückt. Nur wenn sie brütig sind, zur Glucke werden, bauen die Hennen eine mächtige Gegengewalt, eine Mutterwelt auf. Dann weicht sogar der Herrscher ihnen aus, tut so, als ob er diese beklagenswerte Lücke in seiner Diktatur nicht bemerkte. Seine größte Schmach, im August, wenn auch seine grandiosen, phantastisch bunten Schwanzfedern in den Schmutz getreten werden, wenn auch er der Mauser unterliegt, einer erbärmlichen Vogelscheuche gleichsieht und vor Kummer über den Verlust aller Stattlichkeit zu krähen aufhört, versuchen wir nicht zu bemerken. Es macht keine Freude, den Herrlich-Großmächtigen in der Erniedrigung zu sehen.

Heimwege

Hühner sind tröstliche Geschöpfe. Das Krähen eines Hahnes beschwichtigt den Kummer der Nächte, die Ödnis der Städte fliegt auf wie graues Morgengewölk und gelbe Körner rieseln aus einer Schürze hingestreut über eifrig pickende Köpfchen.

Nach ihrer Hochzeit war unsere Mutter, Sophie Dorothee, genannt Dodi, mit einer Kiste voller Tauben und einer anderen Kiste voller Zwerghühner aus Oberbayern ins erste, als greuliches Exil empfundene eheliche Quartier nach Brüssel gezogen. Da lebte die böhmische Erbtante noch und unser Vater war vorerst Diplomat, Presseattaché in Brüssel. Welch schwere Zeit für diese wie eine Artemis schöne, auf Photographien stets unnahbar ernst geradeaus blickende junge Frau, die unsere Mutter einst gewesen war – mit ihrem bereits für immer zerbrochenen Herzen!

Wir lauschen ihr unersättlich. Weit liegt diese Zeit zurück. Brüssel – die graue Stadt ohne Berge, mit den zu engen Gärten, weit weg, irgendwo im Nordwesten, hat sie zu unserem Glück hinter sich und uns gebracht. Nun kann sie uns diese Stadt erzählen, und es scheint mir eine geheime Verbindungstüre zu geben vom böhmischen Hühnerhof zu dem Gehege im Brüsseler Garten, gerade groß genug, um die bunten Zwerghühner durchzulassen. Sie pflegen, wenn sie sich unbeobachtet glauben, mit vorsichtigen Schritten und schmal angelegten Federn aus einem Winkel im alten Gemäuer hervorzuschlüpfen, um, kaum daß sie in die grelle heiße Sonne getreten sind, sich aufzuplustern und heuchlerisch ein wenig herumzupikken, als ob ihr Kropf nicht ganz prall gefüllt wäre mit den köstlichen Körnern von drüben. Tut bloß nicht so gewöhnlich! Ich weiß doch, wo ihr gewesen seid!

Mit besonderem Entzücken hören wir unsere Mutter ihre Kindheit erzählen. Sie windet deren Episoden in unser eigenes Leben, verwebt die böhmische mit der bayrischen Landschaft und läßt uns in beiden kräftige Wurzeln treiben.

Sie war zwischen kleinen Seen, Waldhügeln und Mooren im Voralpenland aufgewachsen, in dem Haus, das ihr Vater Karl Hirschberg mit Hilfe der reichen Faberschen Mitgift gebaut hatte und das wir von wochenlangen Besuchen bei Großmama Sophie zu jeder Jahreszeit genau kannten: ein abstruses »Schloß« mit Turm und hohen Dächern, mit einer Halle voller Ahnenbilder und mit Fluchten großer Räume in der seltsamen Stilmischung, in der man noch nach der Jahrhundertwende glaubte, für Generationen weiträumiges Leben in großem gesellschaftlichem Rahmen begründen zu können. Da mischten sich zweites Barock und dritte Renaissance mit Empire; die Gründerzeit mit schwerem Samt vor riesigen Kaminen mündete in Zirbelholzgemütlichkeit ein. Das von Musik, Büchern, Kindern, Hunden erfüllte Behagen biedermeierlich eingerichteter Wohnlichkeit verband sich mit dem übertriebenen Ernst breiter Treppen für zahllose Gäste, die in Kutschen und ersten Autos aus der Nachbarschaft und aus München kamen.

Dodi hatte während entscheidender Kinderjahre noch den Stil der Belle Epoque erlebt, und wir nahmen begierig daran teil, um so mehr, als bei uns die böhmischen Kriegsjahre in fast gänzlicher Abgeschiedenheit dahinflossen. Eine Schar von Dienstboten hatte einst den zweiten Stock des Hirschberghauses bewohnt, Jungfern, Bursche, Beschließerin, Köchin, Stuben- und Küchenmädchen; Diener, nur für das Bohnern von Parkettböden, für Silber und Kristall zuständig, bekamen ihrerseits im Dienerzimmer das Essen serviert und wurden von Dienstmädchen bedient. Eine in sich durchlässige Hierarchie bestand, mit vielfältiger Arbeitsteilung. Als die bewährte, geliebte Lina, ehemalige Jungfer, dann Beschließerin, den Andres heiratete, ehemaliger Diener des Hausherrn, dann Kutscher, bekamen die beiden das alte Postgasthaus am kleinen See in Pacht, das sie jahrzehntelang führten. Lina steckte uns noch im zweiten Krieg Rosinen zu: »Da habt's a paar Weinbeerle«, tuschelte sie liebevoll und hatte noch immer feste rote Bäckchen. Großvater Karl hatte in die stille Voralpenlandschaft zwischen Weilheim und die den Starnberger See im Süden fortsetzenden Osterseen einen spätfeudalen Mittelpunkt gesetzt, in dem viele junge Leute der Umgebung Arbeit fanden und von dem aus rasch Freundschaften zu den umliegenden Bauern geknüpft wurden.

Alles schien damals noch möglich, nur hatte niemand begriffen, daß die Uhr für Schlösser abgelaufen war. Die junge Familie zog 1912 mit den drei kleinen Kindern ein, noch nicht ahnend, daß Krieg, Revolution, Räterepublik, Münchner Blutbad und Inflation unmittelbar bevorstanden. Als es so weit war, flüchtete die Familie in der Kutsche vor den Spartakisten, den »Roten« in der Karwoche 1919. Der Vater als General war nämlich in Gefahr, unter die Geiseln zu geraten, die dann am 30. April im Münchner Luitpoldgymnasium erschossen wurden. Zusammen mit der zehnjährigen kleinen Dodi erleben wir atemlos lauschend diese Flucht mit.

In Murnau rasten wir mit ihr, dann geht es weiter das Loisachtal hinauf. Vor Garmisch stehen Männer der »Roten« mit einem Panzerzug; es gibt Schießereien bei Eschenlohe. Entsetzt blicken wir auf die Straße, wo Blutlachen sind. Die Hirschbergs zogen sich ins abgelegene kleine Bergnest Lermoos zurück. Hier blieben sie drei Wochen lang am Fuß der Zugspitz im Hotel »Drei Mohren«; hier sahen sie, wie unter dem ermatteten Schnee der Bergflanken Schmelzwässer hervorgurgelten, wie auf braunen Wiesen Soldanellen und Krokus aufblühten. Unsere Mutter, das Kind Dodi, von klein auf Blumen und Steinen verschwistert, staunte und erkannte, was ihr zugehörte. Die Familie blieb verschont. Das bei der Rückeroberung Münchens durch reguläre Truppen angerichtete Blutbad drang kaum ins Bewußtsein der Allgemeinheit. Die Schrecken einer wirklichen Revolution aber waren gebannt. Das Leben ging weiter, verändert zwar, aber nicht völlig unkenntlich geworden.

Wohl raubte die Inflation das ganze Vermögen. Doch Karl Hirschberg hatte Wald und Weideland und Teiche mit dem Faberschen Gold gekauft, hatte weithingebreitete Gutsgebäude errichtet. Nun vermietete er für einige Jahre das unzeitgemäße Schloß an den Berliner Bankier Bleichröder, um selbst bescheiden und sehr behaglich auf einem Nebengut zu wohnen.

Dieser Großvater Karl Hirschberg, uns wohlvertraut, obwohl wir lang nach seinem Tod geboren waren, hatte erst als fast fünfzigjähriger General der Bamberger Ulanen am Jahrhundertanfang um die mittlere der drei schönen Faber-Schwestern geworben, um die 24jährige Sophie, ein talentiertes, lebhaftes Mädchen mit weiten grauen Augen, die das Schöne wahrnahmen und dem Dunklen wehrlos offenstanden. Wir bestaunen ihre Jugendbilder, die wenig gemeinsam zu haben scheinen mit Großmama Sophie, deren widerwärtiger Spitz stinkt und uns an die Beine fährt, wenn wir von ihr die ersten Klavierstunden über uns ergehen lassen müssen. So wie sie selbst es als Kind erduldet hat, achtet sie auf unsere Handrücken und schimpft, wenn bei der Tonleiter (eins-zwei-drei-Daumen untersetzen und ohne Stocken weiter) die Knöchel sichtbar werden, die Finger nicht wie kleine Hämmerchen über die Tasten eilen wollen. Zu ihrer Zeit hätte die Lehrerin schmerzhaft mit dem Lineal auf unbotmäßige Hände geklopft.

»Mit dem Pfeil dem Bogen, durch Gebirg und Tal, kommt der Schütz' gezogen ...« spiele ich aus »Sang und Klang fürs Kinderherz«, dem gelben Liederalbum mit den vielen Bildern. »Wer will unter die Soldaten, der muß haben ein Gewehr« – das klingt lustig, klingt nach Tanz und Spiel, scheint wenig zu tun zu haben mit dem anderen, unermeßlich traurigen Lied:

»Morgenrot, Morgenrot,
leuchtest mir zum frühen Tod.
Heute noch auf stolzen Rossen,
morgen durch die Brust geschossen.«

Das Bild zeigt aprikosenfarbenen Himmel, Birkenstämme und einen schwermütigen Reiter. Gleich wird er vom Pferd sinken, ganz sanft! O holde Trauer!

Wenn Großmama Sophie am Klavier sich selbst begleitet und die Arie des Ännchen aus dem »Freischütz« singt, spüren wir ihren einstigen Zauber. Ihre Stimme klingt jung und fröhlich, ihre von den Frostnächten des Münchner Max-Josef-Stiftes lebenslang rotgefrorenen Finger greifen nach langverwehten Melodien. Am liebsten gleiten sie ins Operettenhafte. »Zu Lauterbach hab' i mein Strumpf verlorn, ohne Strumpf geh i net hoam – zu Lauterbach hab' i mein Herz verlor'n . . .« Großmama ist wieder ein Mädchen, so zierlich wie einst, das Haar ebenso locker, nur eine Spur schütter aufgesteckt. Wenn wir ihr bei der Morgentoilette Gesellschaft leisten, läßt sie uns einige graue Haare aus der Bürste zupfen und in einer schräg gerollten Tüte verwahren – für später, wenn ihr eigenes Haar einmal nicht mehr ausreichen wird, sagt sie. Wieso singt Großmama, sie habe in Lauterbach ihr Herz verloren?

Ihre Mutter war einst als Tochter des in Amerika aufstrebenden Eberhard Faber für eine Ehe mit dem schwierigen, zuweilen melancholischen Vetter, dem Haupterben Wilhelm Faber, aus den Staaten herübergeholt worden. Eine Photographie zeigt Wilhelm, unseren Urgroßvater, als nach innen gekehrten, schönen, jungen Mann im stattlich pelzgefütterten Mantel, den er mit einer etwas ungeschickten Geste weniger schwungvoll als fröstelnd und wie schutzsuchend mit den Händen vorne zusammenhält. Die verbrämte Kante und der Saum bilden eine schräg mißglückte Linie. Wilhelms Faltenwurf will nicht gelingen. Er besitzt nicht den starken Arm seines erfolgreichen Vaters Lothar, der aus dem kleinen Betrieb A. W. Faber in der dritten Generation die Weltfirma aufgebaut, den Bruder Eberhard als Firmengründer nach Amerika geschickt, die Familie herrschaftlich etabliert und das ältere erste Schloß in Stein bei Nürnberg errichtet hat. Dabei hatte seine Mutter noch die Bleistifte im Weidenkorb zum Verkauf getragen.

Die beiden Söhnchen, die Wilhelm nach den drei Töchtern geboren wurden, starben an Diphtherie und Scharlach. Ob Wilhelm deshalb seinem 42jährigen Leben als Erbe der großgewordenen A. W. Faber-Werke ein Ende gesetzt hat? Er schoß sich im Park von Stein eine Kugel durchs Herz. Niemand sprach darüber, unsere Mutter, wie die meisten in der Familie, wußte nur von einem plötzlichen Herzschlag. Ich befrage zuweilen Urgroßvater Wilhelms Photographie, versuche, seiner Lebenstrauer nachzuspüren und seinem Scheitern, das er uns großzügig weitervererbt hat. Nur wenigen seiner Nachkommen will der stattliche Faltenwurf glücken. Wilhelm, Urgroßvater, in welche Dunkelheit hast du blicken müssen, wie nah an den gähnenden Abgrund bist du geraten, daß dir nur noch der Sprung in die Tiefe zu bleiben schien? Deine überaus schlichte, bis ins hohe Alter schöne Berta wird wohl nicht viel davon begriffen haben. Mit Gewißheit fehlte ihr der Blick, um in die Abgründe deiner Seele zu schauen.

Ihre Tochter Sophie war herb; sie redete den so viel älteren Gatten Karl Hirschberg noch Wochen nach der Hochzeit mit »Sie« an. Dieser, längst vor unserer Geburt gestorben, war lebhaft und gescheit und umhegte sie mit väterlicher Zärtlichkeit; er entwickelte ihre musikalischen und sportlichen Talente, sorgte für Gesang-, Klavier-, Reit-, Eislaufunterricht. Trotz seiner Jahre blieb er die treibende Kraft in der Familie. Seine Redewendungen, Scherze und Lebensregeln drangen in unseren Alltag ein.

Die drei Kinder kamen zu rasch hintereinander für Großmamas nervöse Zerbrechlichkeit. Sie verbrachte Monate in Stein bei ihrer Mutter, deren Einfachheit und Güte ihr wohltat. Zu ihrer Entlastung, zum Schutz ihres Gemütes wurde eine Hausdame gebraucht. Man fand ein hochgebildetes junges Mädchen, Helene Louran, das so gut französisch sprach, wie es damals für unabdingbar gehalten wurde, das mit Anstand Klavier spielen und geduldig vorlesen konnte. »Lore« gewann die junge Frau so lieb, daß sie die restlichen fünfzig Jahre ihres Lebens dablieb. Sie half, weitere Krisen zu überstehen, besonders in den argen Jahren nach dem Tod von Sophies Karl. Für uns ist Lore die brummig fürsorgliche »Vizeoma« mit den gichtknotigen Händen, die wir beim Handkuß nur vorsichtig berühren dürfen. Sie pflegt auch noch unseren Keuchhusten, ist viel zu streng. Sie hüllt uns in viel zu warme, von ihr selbst gestrickte Wollsachen. Blaue Strickkleider mit roten Herzen und Ranken spannen sich über unsere Kinderbäuche und haben zusammen mit kleinen Mützen getragen zu werden, die von denselben Motiven geschmückt sind.

Vizeoma bringt noch einmal alle abgelebten Erziehungsregeln der versinkenden Epoche zur Entfaltung. Mit dem Bild ihres gütig und unnachgiebig zugleich blickenden Gesichtes taucht ein riesiger Teller grüngrauen Wirsingbreis auf, Löffel für Löffel dem revoltierenden Kindermagen aufgezwungen. Wenige Schluck Wasser in einem verbeulten Silberbecher, viel zu wenig für den uferlosen Kinderdurst, sind wieder gegenwärtig sowie holzige, in den Backentaschen gesammelte

Kohlrabistücke, die wir hoffen, später vielleicht heimlich loszuwerden. Widerspruch ist zwecklos. So kann sich noch die verdeckte Revolte der Zehn- und Zwölfjährigen in der Verweigerung des Mittagsschlafes austoben, oder durchsetzen, daß beim Besuch einer Schulfreundin das Lätzchen mit den knotigen Bändern nicht umgebunden werden muß, sondern lässig auf die Knie gelegt werden darf. Wir kämpfen sicher ebenso verbissen wie spätere Kinder. Doch sind die Kriegsschauplätze so geartet, daß wir im Schutz solcher Nebenfronten in aller Ruhe und völlig unbeobachtet ein friedlich unseren Vorstellungen entsprechendes Kinderleben führen können, in das am Ende doch niemand hineinredet.

Vizeoma kocht noch das ungeliebte Hollerkompott auch der zweiten Notjahre nach dem Zweiten Weltkrieg. Zwischen Holunderkernen schwimmen Birnenstücke ohne Süße und ergeben eine unerfreuliche Nachspeise zu zahlreichen unerfreulichen Mahlzeiten. Denn meine Schwester und ich verbrachten nach der Flucht, ehe eine eigene Wohnung für uns frei wurde, zwei Jahre im großmütterlichen Haushalt für drei alte Damen. Es gab da nämlich auch noch die freundlich verworrene Tante Luise, klein und dick und hochmusikalisch, die hier Aufnahme gefunden hatte und uns alle Opern von Wagner erzählte. »Nie sollst du mich befragen, noch Wissens Sorge tragen,« sang sie mit ihrem ehemaligen Mezzosopran und vergaß kein Motiv. Oh, wie wir Lohengrin bewunderten und Elsas Neugier beklagten, wie wir Telramund verabscheuten und uns an Siegfrieds Glanz berauschten. Nur den Alltag, die ganz und gar unwichtigen Kleinigkeiten vergaß Tante Luise, und wir konnten das gut verstehen. Wir hatten alle drei Heimweh, sie nach der Welt der Opern, wir nach Böhmen. Wir waren Komplizen. Denn Vizeoma war auch streng mit Tante Luise. Sie mußte das bißchen Zucker verwalten, graues Mehl und seifige Margarine, das trübselige Brot und die Butter, von der sie uns immer schmälere Scheibchen vorteilte. Sie hörte trotzdem nicht auf, uns streng im Stil der Jahrhundertwende zu erziehen, konnte nicht begreifen, daß wir einfach Hunger hatten, weniger erzogen als ernährt werden mußten. Kamen die heißersehnten Care-Pakete aus Amerika, lud Großmama weitere alte Cousinen ein, und wir mußten vom Katzentisch aus mit ansehn, wie sie das Dosengulasch mit den Rosinen aufaßen und die gelbe, klebrig süße Icecream, von der wir uns tagelange Seligkeit versprochen hatten. Was von dem Reichtum übrigblieb, trug Großmama, gewohnt, sich um Ärmere zu kümmern, ins Armenhaus des Kirchdorfes. Sie besuchte aber dort auch ihre Freunde. Bei der lungenkranken Frau Zech bekamen wir knusprige, dick bestrichene Brote, in deren gelbe Butter die Zähne erfreuliche Muster drückten. Allerdings fürchteten wir uns in diesem Haus ein wenig, denn es wurde von »offener Tuberkulose« gesprochen, und daran mußte man unweigerlich sterben. Beim Bauern Knott galt es zu erreichen, daß Großmama nicht fortging, ehe die erste Schmalznudel goldbraun aus dem Topf gehoben war.

Was Vizeoma leistete, um die Notjahre zu bewältigen, begriffen wir erst nachträglich. Ihre Härte und Bitterkeit blieb ohnedies ihr Geheimnis. Sie starb hochbetagt und winzig zusammengeschrumpft einen langwierigen verspäteten Tod im Weilheimer Krankenhaus. Wir alle besuchten sie dort, aber in diese Trauer und Einsamkeit reichte niemand mehr hinunter.

Kinderleiden

In den fernen Jahren vor und während des Ersten Weltkrieges, als noch eine gelbe Postkutsche mit Postillon und Posthorn zwischen Seeshaupt und Weilheim verkehrte, war Lore die stille, tüchtige, geachtete Seele des gewaltigen Haushaltes der Hirschbergs gewesen. Unsere Mutter, die kleine Dodi, verkroch sich zuweilen vor dem Weltschmerz ihrer Kinderjahre in die Hundehütte. Es gab absurde Verschattungen. Die Hirschberg-Eltern engagierten, einer unverrückbaren Regel jener Zeit folgend, neben einer eigenen »Kinderjungfer« für die Pflege von Kleidung und Zimmer der drei Geschwister, auch die unvermeidliche französische Bonne. Es war dies eine jener »Mademoisellen«, mit besten Zeugnissen, aus angesehenen Häusern kommend und wieder in solche weitergelobt, die in so vielen scheinbar glücklichen Kinderstuben jener Zeit unumschränkt herrschten. Im Falle der Hirschberg-Kinder war es Mademoiselle Etienne, Tochter aus einem Schweizer Uhrengeschäft in La-Chaux-de-Fonds, Etienne, die Fürchterliche, hübsch und blond und jung. »Halt dich gerade, iß deinen Teller leer« – Etienne knüpfte daraus Geißeln und schwang sie erbarmungslos. Sie errichtete ein Schreckensregiment von üblichem Raffinement; Tyrannen benutzen stets dieselben öden Mittel. Sie verstand es, die erschrocken musterhaften Kinder in Sklavenliebe an sich zu binden. Es drang fünf Jahre lang kein Klagelaut zu den ahnungslosen Eltern. Und als endlich Lore eingeweiht, die Mißstände bekannt wurden, erhielt Etienne noch eine sinnlose Frist von weiteren zwei Jahren. Als ob je ein korrupter Diktator sich gewandelt hätte!

Die Eltern bekamen nur tadellos Französisch sprechende, lange Gedichte aufsagende, bezaubernd hübsche, gut angezogene und frisierte Kinder zu Handkuß und Umarmung zu sehen, mit vorzüglichen Manieren. Die Spitzen an den Kleidern waren so weiß wie die locker wellenden Volants. Haarschleifen lagen flach ausgebreitet seitlich an den Köpfen der Mädchen. Die Pagenfrisur umschloß gefällig das kaum merklich kecke Gesicht des Knaben. So hielten es Bilder von Münchner oder Weilheimer Meisterphotographen fest.

Daß die Brennschere in der ungeduldigen Hand von Mademoiselle Etienne Brandmale auf der Kopfhaut hinterließ, war nicht zu sehen. Auch nicht, daß der großen Schwester bei den gefürchteten samstäglichen Kopfwäschen zum Spülen ihrer langen Haare der Kopf fast bis zum Ersticken unter Wasser gedrückt wurde. Waren nachts die Seidenbändchen weggerutscht, versuchte das Kind mit den losen Zopfenden im Mund zu schlafen, da zerzauste Haare am Morgen ihr Schläge eintrugen. Oft hörte die Kammerjungfer der Mutter morgendliches Weinen und schlich sich herein, um die Frisur in Ordnung zu bringen, ehe Mademoiselle erwachte, wagte aber so wenig wie die eingeschüchterten Kinder, eine Beschwerde zu äußern. Der Bruder wurde wegen Unartigkeiten mit dem Kopf gegen die Wand gestoßen. Dodi als Jüngste, Weißblonde, Kleine litt am wenigsten unter diesem Schandregime. Doch erzählte sie uns oft vom »Wunderknäuel«, den sie mit steifen Fingern abgestrickt hatte, um auf ehrliche Weise an die kleinen Geschenke zu gelangen, die darin für die fleißige Strikkerin eingewickelt waren, weit kostbarere als in unseren Kriegsknäueln aus harter grauer Wolle. Trotzdem wurde ihr vorgeworfen, sie habe Unverdientes vorwitzig herausgebohrt und anschließend auch noch gelogen. Sie mußte zur Strafe im Speisezimmer am Katzentisch unter der Palme essen, eine gefürchtete Schande vor Eltern und Gästen. Sie vergaß dieses Unrecht ihr ganzes Leben nicht. Doch von all solchen bitteren Kindertränen drang nichts unter den Türritzen der hellen, behaglich eingerichteten Zimmer hervor.

Den drei Geschwistern war es, gemäß einem unergründlichen, wohl aus seuchenerfahrener Vergangenheit stammenden Erziehungsgesetz streng verboten, das tadellos klar, wenn auch sehr hart aus der Leitung sprudelnde eigene Voralpenquellwasser in ausreichender Menge zu trinken, ein Gesetz, unter dem auch wir noch im großmütterlichen Haushalt schmachteten. Da sie zum Essen nur den geringfügigen Silberbecher voll Evian-Wasser bekamen, und auch das erst nach der Suppe, beugte sich Dodi oft über die verbeulte blaugeränderte Emailschüssel des Hofhundes, in dessen Fell sie ihr verweintes Gesicht vergrub. Sie trank in langen gierigen Zügen.

Und trotzdem, entgegen allen heutigen Vorstellungen einer unbeschwerten Entwicklung, war das Kinderglück der drei Geschwister unermeßlich. Bis ins hohe Alter fingen sie immer wieder an, mit leuchtenden Augen von jener Zeit zu erzählen, und wir kannten jede Buche, unter der sie gespielt hatten. Das Kind Dodi erlebte mit der um drei Jahre älteren Schwester endlose Zaubergeschichten im Park; Mitspieler waren besonders geformte und gefärbte Kieselsteine, die sie »Boules-en-or« nannten. Zauberschätze von unermeßlicher Kostbarkeit sammelten sich in ihrer Phantasie zwischen Wurzeln und Moos, während Etienne froh war, mit vorbeikommenden Frauen vom Gutshof schwatzen zu können. Die Spaziergänge mit den Schützlingen waren langweilig genug. Als sie deren geheime Wunderwelten entdeckte, zerstreute sie wütend die schmutzigen Steine und verbot das Wühlen in der Walderde.

Eines herrlichen Tages verschwand Etienne. Fräulein Ettl kam, als Dodi acht Jahre alt war. Ettl, schon sechzigjährig, trug großgepuffte »Schinkenärmel« und eine enggeschnürte »Taille«, war also, der längst verflossenen Mode ihrer Zeit entsprechend, abwechselnd möglichst schmal oder möglichst ausladend geformt. Den oberen Abschluß ihrer materialreichen Verhülltheit bildeten propere runde Krägelchen. Ettl muß unvergleichlich gewesen sein. Sie wußte von langen Erzieherinnenjahren in reichen jüdischen Häusern in Wien zu berichten, vom Adel in Paris und Odessa, wo sie Sprachen und Geschichte unterrichtet hatte. »Aber Ex'zlenz,« stammelte sie errötend, wenn der Hausherr im keuschen Herrenbadekostüm vor ihren Augen in den See sprang, oder wenn er eine Ahnung schlüpfriger Anspielungen lautwerden ließ, vergnügt hinter seinem blitzenden Monokel zwinkernd. »Ettelchen« aß mit am Familientisch oder mit den Kindern im Spielzimmer, und Dodi war ein glückliches Kind, das den Gang entlang zum kleinen, mit Rosen ausgemalten Salon radelte, in dem Ettl sie unterrichtete. Sie nannte das stolz ihren »Schulweg« und fühlte sich auf ihm mit der Herzensfreundin verbunden, der Reitmeyer Emmi, gleichaltrige Tochter des Gärtners.

Das war eine von den Freundschaften, die in alle Ewigkeit nicht enden. Dodi und Emmi waren unzertrennlich. Sie entwarfen für ihre Puppen Welten voller Glanz und Überfluß. Sie überboten einander mit selbsterlebten Phantasiegeschichten: Vater Reitmeyer sollte schließlich in seinem ehemaligen Garten ein »Brillant-Salettl« gehabt haben, einen Pavillon, funkelnd aus edelsten Steinen. Sie sangen einander Abschiedsrufe nach, wenn sie sich bei einbrechender Dämmerung trennen mußten und Emmi noch bis zur Eiche den Berg hinauf mitging. Die halbwüchsige Reitmeyer Emmi ist eines jener unsterblichen Kinder geworden, zu denen auch unsere Löw Franzi gehört.

Zum Nachmittagskakao der Hirschberggeschwister kam der Vater gerne ins Kinderzimmer, erzählte die Opern von Mozart, Weber und Wagner und reichte rasch angefertigte Skizzen herum. Die Musik hörte Dodi, während sie unter dem Blüthner-Flügel leise herumkramte, von der Mutter gesungen; diese wurde von einer noch mit Franz Liszt verbundenen Lehrerin unterrichtet, die Mutter und Töchter begleitete. »Sang und Klang des 19. und 20. Jahrhunderts« stand in Goldprägung auf den grünen, von Pflanzengirlanden golden übersponnenen Bänden, die in Klavierauszügen die gesamte Musikliteratur jener Zeit enthielten. Wer Musik hören wollte, mußte sie machen. In Dodis Elternhaus geschah das in reichem Maße und auf hohem Niveau.

Manchmal versteckte der Vater für die Kinder »unpassende« Bücher im Kinderklo. Auf diese Weise lasen sie frühzeitig Musäus' Volksmärchen, Schillers »Don Carlos« oder Viktor von Scheffels »Ekkehard«, die sie frühestens als Siebzehnjährige hätten lesen dürfen. Als diese Verschwörung ans Licht kam, gab es Krach mit der weit prüderen Mutter: Don Carlos liebte doch seine Stiefmutter, Ekkehard wich vom Wege ab und das Schwanenmärchen »Der geraubte Schleier« war ein einziger schlüpfriger Greuel.

Der sehr sportliche Vater gab den Kindern Unterricht in der neuen Reithalle mit den riesigen Wandspiegeln zum Korrigieren des eigenen Sitzes und mit einem kleinen, über eine Außentreppe erreichbaren Balkon für zuschauende Gäste. Er ließ die Kinder an Geräten turnen, die er im Park hatte aufstellen lassen. Sie spielten Tennis, fischten in den Waldseen, ruderten, schwammen. Im Winter gab es auf dem Eis Musik aus dem Trichter eines modernen Grammophons für Schlittschuhtänze und -spiele; es gab einen hohen Schlittenstuhl aus Eisen mit verschnörkelter Lehne und Haltegriffen, auf dem die Damen in sausender Fahrt über den See geschoben werden konnten. Eines warmen Frühlingstages, dreißig Jahre danach, versank dieses heitere Gebilde betrübt zwischen Schilf und Seerosen, wo wir es, von niemandem mehr beaufsichtigt, nach einem herrlichen wilden Schlittschuhwinter achtlos der Eisschmelze überlassen hatten.

Die Familie ging Walderdbeeren pflücken, machte Picknicks an besonderen Aussichtspunkten, besuchte und empfing die Nachbarn zwischen Murnau und München. Es gab Kutschen für jede Witterung, ledergepolstert und mit Lampen hinter Kristallglas, sogar ein Coupé mit geschliffenen Fensterscheiben war darunter, das auch noch in den Notjahren nach dem zweiten Krieg benutzt wurde und den wöchentlichen Besorgungsfahrten nach Weilheim, wo es fast nichts mehr zu besorgen gab, ein absurdes Luxusgepräge verlieh. Beim »Bräuwastl« nahe dem alten Marktplatz bot der Hof Pferdeställe und Platz für Wagen. Dodi zog es wie auch ich später noch vor, auf dem Bock zu sitzen und die wippenden Kruppen der Pferde, das zart über ihren Rücken streichende Ende von Andres' Peitsche und das Mienenspiel der freundlichen Ohren zu betrachten.

Onkel Egi

Als sie älter wurde, erlernte unsere Mutter die Jagd. Sie beobachtete Birkhähne, die damals noch in den vielen kleinen Mooren ihre Balzspiele aufführten und die Morgendämmerung der ersten Frühlingswochen mit ihrem aufgeregten Grugeln und Schleifen erfüllten. Der alte Happach brachte Dodi das »Blatten« bei, mit dem man im Juni den brunftigen Bock lockt; sie konnte das Fiepen der willigen Geiß, wie es sich gehört, auf einem Buchenblatt nachahmen.

Dieser alte Jäger und Lehrer, der Happach, benutzte Redewendungen, die wir alle übernommen haben. Er begrüßte zum Beispiel den jungen Mond mit dem stets gleichen freudigen Zuruf: »Ja da is er ja wieder, der Hansgirgl.« Nie vergessen wir es, einen eigenen Blick auf die junge Mondsichel zu werfen, wenn sie pinselstrichfein über dem Abendhorizont schwebt. Nicht durch Glas darf der Blick fallen, nicht durch Baumäste. Sonst ist die Wunscherfüllungskraft des zurückgekehrten Himmelsgefährten geschmälert, der Pilze und grüne Pflanzen zum Wachsen bringt.

Kam der Happach mit seiner Schülerin nach der Abendpirsch in der tiefen Dämmerung an eine bestimmte Stelle, einen südöstlich gelegenen Waldrand, wo die »Nachtweiden« sich auf einen Weg herabsenken, der im Bogen an der »Mitterlaken« vorbei zu dem groß in der Dunkelheit auf dem Hügel schwimmenden Haus zurückführt, verkündete er unfehlbar: »So, jetzt simma wieder auf deutschem Boden.« Das sollte heißen: nahe von daheim. Das war nicht nur so hingesagt. Er war einst Soldat gewesen, Siebzig/Einundsiebzig, und er behauptete steif und fest, die Franzosen hätten einen schrecklichen, mir bis heute in den Ohren gellenden Schlachtruf ausgestoßen: »Grenuij Battaljon.« Doch das war, als der Happach seinen Schützling in die Geheimnisse der Jagd einwies, schon über fünfzig Jahre her. Seine Freundschaft mit dem Mond lag viel näher als jene verschwommene Feindschaft mit den Franzosen. Den Vierzehnerkrieg verbrachte er als alter Mann daheim im oberbayrischen Wald.

Das junge Mädchen lauschte dem Bellen der Füchse im Winter, wenn mit einem seltsam wie Musik nachhallenden Knall das Eis auf den Seen birst und lange Sprünge hindurchlaufen, die anzeigen, daß es noch einmal kälter geworden ist. Sie wußte, wie leicht die Kufe des Schlittschuhs in diesen Spalten hängenbleibt. Sie kannte die Frühlingswochen, in denen mannsgroße Welse zum Laichen ans Ufer kommen, die sonst tief drunten ihre bartelumstandenen Mäuler über den dunklen Seegrund schieben. Sie verstand sich ein wenig auf die verschiedenen Fliegen, mit denen man aus den Bächen, die von den südwärts gelegenen Mooren abfließen, die Forellen angelte; sie verschmähte aber auch den Wurm nicht, falls die Küche auf den Fang wirklich wartete. Der bewunderte ältere Bruder griff sogar vom überhängenden Ufer aus so behutsam ins eilige Wasser, daß er mit blitzschneller Hand die Forelle gleich direkt herausholte; ganz ganz langsam, vom Kopf her, mußte diese Hand sich der räuberisch gewandten Beute nähern, eine Kriegslist beinahe von gleich zu gleich. Unsere Mutter zog auch den kreiselnden Blinker im Kahn an der Schleppangel hinter sich her, eine spiegelnde Attrappe, der selbst einer der schlauen, im ergiebigen Schilfdickicht altgewordenen Hechte gelegentlich nicht widerstehen konnte. Sie beherzigte den Zusammenhang von Mondphase und Wetter mit dem Wachsen der Pilze; »der Mond verteilt's«, riet sie uns später zuversichtlich, wenn bei Vollmond Regenwolken aufzogen und wir nicht wußten, wie wir den nächsten Tag planen sollten; und wenn es bei zunehmendem Septembermond noch so trocken sein mochte, es lohnte trotzdem, die geheimgehaltenen Schwammerlplätze aufzusuchen, während der schönste warme Regen bei abnehmendem Mond nichts bewirken konnte.

Sie entwickelte damals eine gute Sopranstimme und konnte sich am Klavier ebenso selbst begleiten wie ihre Mutter. Sie sang die Arien der Agathe aus dem »Freischütz«, der Gräfin aus »Figaros Hochzeit«, sie sang »Dich teure Hallen grüß' ich wieder« aus dem »Tannhäuser«, sowie Lieder sämtlicher Romantiker. Als später unsere eigene Wahrnehmung anfing zu unterscheiden, waren Lieder von Max Reger, Hans Pfitzner, Richard Strauss hinzugekommen, sowie manches aus Carl Orffs »Carmina Burana«; auch sein »Hab' ich Lieb, so hab' ich Not« aus der »Bernauerin« sang sie dann. In ihrer Jungmädchenzeit begann sie auch ihr Maltalent auszubilden, und sie nahm Kunstgeschichtsstunden beim Stadtpfarrer von Weilheim. Das Dilettieren war damals noch die legitime, ja selbstverständliche Weise, an der Kunst eigener und vergangener Zeit teilzunehmen.

Auf einem der östlichen Nachbarhügel stand das hohe alte Haus, in dem drei Vettern der Hirschbergs aufwuchsen. Eugen Beck, der Älteste, genannt Egi, war ein stiller, gutaussehender, junger Mann, der auch malte und die Jagd liebte, sechs Jahre älter als unsere Mutter und mit dem Hohenheimer Forstdiplom in der Tasche. Er hatte schon als Schüler und Student oft sehnsüchtig aus einem bestimmten Fenster im obersten Stock seines Elternhauses geschaut, um das Dach und den abstrusen Turm drüben im Westen zwischen Wäldern und Seen zu sehen. Damals beauftragte er einmal den unbekümmerten jüngeren Bruder, stellvertretend für ihn der noch ganz und gar unnahbaren, kindischen und etwas dürren vierzehnjährigen Cousine Dodi ein feines Goldkettchen zu überreichen, das er seiner Mutter unter einem verlegenen Vorwand abgeschwatzt hatte.

Auf den Münchner Bällen des Jahres 1927 traf er die nun

Achtzehnjährige im eleganten Kleid, mit Perlenohrringen und Reifen im Haar wieder. Die beiden verlobten sich und sahen eine paradiesische Fortsetzung ihrer benachbarten Kindheiten vor sich. Sie wollten sich um die Landwirtschaft kümmern, Malstunden nehmen und musizieren. Einfach daheimbleiben würden sie, die Jagdreviere stießen ohnedies fast aneinander: also Abendpirsch an den vertrauten Waldrändern und Feldern, wo Wachteln schlagen und der kapitale Bock die Geiß treibt; im Herbst Entenjagd an den Weihern; im Winter der Fuchs, der seinen Bau im Buchenhang vom »Großen Wiesberg« hat.

Meine Schwester und ich wuchsen mit dem liebenswürdigen Schatten dieses »Onkel Egi« auf. Wir kannten ihn gut von seiner Photographie in silbernem Rahmen, die ich heute zwischen den anderen alten Bildern stehen habe. Eigentlich hätte er der Vater von Dodis Kindern werden sollen, die nicht wir gewesen wären. Unsere Mutter erzählte viel von ihm. Sie handelte darin ausnahmsweise sogar psychologisch angemessen und wie immer wahrhaftig. Wir kannten uns daher von klein auf in der schwierigen Beziehung unserer Eltern aus, ließen uns nie verwirren. Die gelegentlichen cholerischen Ausbrüche unseres Vaters ordneten wir instinktiv richtig ein und erschraken nicht. Sie aber fürchtete diese Einbrüche in eine Sphäre, der beide hilflos ausgeliefert waren.

Während jener ersten glücklichen Monate der Verlobung, in die auch der Tod des Vaters Hirschberg fiel, hatte das junge Mädchen ein eigenartiges, zunächst noch ganz unbegriffenes Erlebnis. Sie saß eines Abends allein auf einem Hochsitz an der westlich nach Weilheim zu abfallenden Höhe.

Abendlicht, die Berge im Süden, der Bach drunten, das Gutshaus unter der sinkenden Sonne, Schilf – alles tritt zurück, wird Schatten. Eine drängende, nicht aus ihrem eigenen Inneren aufgestiegene Frage steht unvermittelt vor ihr und fordert eine Entscheidung: Willst du ein einfaches glückliches Leben oder ein schwieriges, eines voller Mühsal und Bedeutung? Sie wählt rasch und klar, ohne sich zu wundern, woher die Frage kommt, ohne nachdenken zu müssen, und vergißt diesen zeitlosen, bildlosen, tonlosen Augenblick in ihrem ganzen Leben nicht. Abendlicht, die Berge im Süden, der Bach drunten, das Gutshaus unter der sinkenden Sonne, Schilf. Alles ist unverändert. Nichts mehr wird sein wie zuvor.

Ein einziges Mal hat sie mir, als ich schon erwachsen war, davon erzählt. Ihre Schwester wußte es auch.

Egi hatte eine Zahngeschichte, Ärger mit einer Wurzel. Das zog sich lästigerweise ein wenig in die Länge. Die neunzehnjährige Braut besuchte ihn nun öfter bei seinen Eltern, bei der geliebten Tante Paula, dem schwierigen, gefürchteten Onkel Willi, dem die vermögenslose Nichte als Braut des Erben nicht gut genug schien; er konnte Launen über Tage hin ausspielen; seiner Schroffheit und Ironie stand sie völlig hilflos gegenüber. Aber das junge Paar war zu glücklich, um Störungen wirklich zu bemerken. Leichtes Fieber stellte sich ab und zu ein. Wie lange ein böser Zahn doch stören kann! Zwischendurch gingen sie auch wieder gemeinsam auf die Jagd, skizzierten Landschaftsausschnitte in dieser und jener Beleuchtung.

Und immer wieder Fieber, unheimliche, wandernde Störungen, auch Nierenentzündung. Egi lag jetzt öfter auf dem Sofa unter seiner Decke aus weißem Wollplüsch. Er wurde monatelang in einer Garmischer Klinik von seiner Kinderfrau Betti gepflegt. Die Braut malte nur für ihn, ging nur auf die Jagd, um ihm berichten zu können. Sie atmete für ihn. Ihr Herz bewegte sich für sonst nichts mehr.

Die Schwester mahnte sie erschrocken: Du betest falsch; du

bestürmst den Himmel. Aber wie sollte ein solches Geschöpf den Tod dessen auch nur in Erwägung ziehen, der alles für sie geworden war?

Sein Blut war nun ganz vergiftet. Eiterungen traten hier und da auf. »Penicillium« war noch nichts als ein Gattungsname, den nur einige verstreute Botaniker, Sonderlinge und Spezialisten für »Niedere Pilze« kannten. Schließlich, nach drei Jahren, graute Egis letzter Tag im »Josephinum« in München. Doktor Weindler sagte den Tod an. Nun mußte auch sie es erkennen. Der in tiefer Bewußtlosigkeit Liegende war ihr schon genommen. Aber sie begleitete ihn auch jetzt noch ein Stück Weges, fiel abends in eine Ohnmacht, aus der sie fast nicht zu erwecken war, tauchte auf, ganz außer sich, schlug wild um sich. Aber sein Kahn hatte schon abgestoßen. Mit ihm allein. Sie mußte zurückbleiben. Sie hatte gewählt. Egi sollte in ihren Armen sterben, sanft, schmerzlos schließlich, fast unbemerkt. Sie wurde wieder ohnmächtig. Sie mußte am Ufer der Welt stehen, und dort trieb auch ihr Herz, dort fuhr im Boot ohne Ruder der einzige Mann nach Avalon, auf die Insel, die Apfelinsel, die nur für solch eine Ankunft aus der Flut auftaucht, um schon bald wieder hinter den Weißen Pferden, den Schaumkronen des Weltmeeres zu versinken.

Als sie von jener Küste zurückkehrte, wieder zum Bewußtsein auftauchte, erkannte sie den geliebten Bruder, der ihr die ganze Zeit beigestanden hatte, wurde ruhig und schlief fest ein. Die beiden verreisten dann, als die Formalitäten vorüber waren, nach dem Süden.

Die am Autofenster vorbeiziehende Alpenlandschaft lenkte sie etwas ab. Venedig tat ihr wohl. Daheim floh sie die nun plötzlich als düster empfundene Atmosphäre, floh die geliebte, aber schwierige Mutter. Andererseits war sie so unselbständig und schüchtern, daß sie nirgends alleine hingehen mochte. Selbst für gelegentliche Besorgungsfahrten nach

München brauchte sie Begleitung. Nun las sie Schopenhauer, hoffte, in der Haltung der Skepsis vielleicht Boden unter die Füße zu bekommen. Sie war am Himmel zerschellt. Sie hatte für sich keinen Ort mehr auf Erden.

Brautleute

Zur selben Zeit, im Frühsommer 1931, saß unser Vater, der 26jährige Clemens Podewils, an seinem Pariser Schreibtisch im Hause 25 Boulevard Montparnasse, dem ehemaligen Palais der Madame de Maintenon. Zu seinen Füßen sammelten sich zerknüllte Briefentwürfe wie verstreute Schneebälle. Die mit ihm zusammenlebende und -arbeitende jüngere Schwester erzählte später, wie sie ihn in froher Erregung und höchster sprachlicher Anspannung angetroffen habe. Sanft wollte er seine Worte setzen, mit ihrer Melodie ein Herz treffen. Es sollten schwarzgeränderte Worte sein und zugleich solche mit Glanz. Er witterte eine kaum je für möglich gehaltene Chance. Die kleine Cousine war frei geworden. Frei für ihn?

Auch er war nämlich ein entfernter Verwandter der Hirschberg-Geschwister, ein gern gesehener Gast dort im Haus. Der Hausherr hatte es geschätzt, sich mit dem musisch begabten, politisch und historisch interessierten Neffen zu unterhalten, Sohn eines seiner Ulanenoffiziere im Vorkriegs-Bamberg. Die Schwestern neckten den unpraktischen und ihnen gegenüber schüchternen Studenten, tanzten aber gerne einen schwungvollen Walzer mit ihm, links herum, und hörten ihn am Klavier die neuen Rhythmen der zwanziger Jahre improvisieren; zusammen mit ihrem virtuos geigenden Bruder spielte er witzige Kaffeehausmusik mit zigeunerhaften Einlagen. Wir kannten sein Klavierspiel, konnten ihn uns gut vorstellen damals. Ganz ernst aber nahmen jene jungen Mädchen den sie beide zugleich Verehrenden und ihrer Schönheit ohne Verzicht auf anderweitige Courmacherei Huldigenden aber nicht. Ihr schneidiger Bruder, der im Frack auf spiegelndem Parkett Flic-Flac machen und auf den Händen gehend eine junge Dame zum Tanz auffordern konnte, hielt den Vetter für einen »Salzknaben«, fand ihn zu unsportlich, zu gewissenhaft als Schüler und Studenten. Daß die Musik ihm Flügel verlieh, empfanden jedoch alle.

Er studierte, da für ihn eine Musikerausbildung nach damaligen Standesvorstellungen nicht ernsthaft in Frage kam, Juristerei, machte tapfer und mit äußerst knappem Ergebnis das Referendarexamen, promovierte sogar noch, fand aber dank seiner sprachlichen Begabung, seiner vielseitigen Interessen, seiner Fähigkeit zur Wahrnehmung und Zusammenschau, sowie eines besonderen Geschicks für menschliche Kontakte, einen sehr frühen Absprung in die journalistische Laufbahn. Er hatte 1925 während seiner Münchner Studentenzeit zusammen mit »Munilo« Stangel und Max Reiter den »Akademisch-Politischen Club« gegründet. Es gelang ihm, als Redner den österreichischen Kanzler Ignaz Seipel, den bayrischen Ministerpräsidenten Held, Richard Coudenhove-Kalergi oder den Gewerkschafter Böckle als Vortragende zu gewinnen. Mit 23 wurde er in die »Germania« geholt. Ab 1931 war er in Paris auch Korrespondent der »Kölnischen Volkszeitung« und der »Münchner Neuesten Nachrichten«.

Eine alte Tante, Cousine seines Großvaters Clement Podewils, des bayrischen Diplomaten und Ministerpräsidenten, hatte ihn als Erben ausersehen. Er verbrachte daher von Jugend an die Ferien in Böhmen bei dieser »Tante Mimi«, tauchte bei den Münchner Bällen auf und war der Stolz seiner in bescheidenen Nachkriegsverhältnissen lebenden Eltern. Als er ihnen den Entschluß mitteilte, die jüngste Hirschberg-Cousine zu heiraten, fragte die fürsorgliche Mutter erschrokken: »Kann sie denn kochen? Kann sie denn mit Geld umgehen?« Beide Fragen waren berechtigt, davon konnten auch wir uns noch überzeugen.

Zur Verlobung trug die Braut Schwarz. Doch der Bräutigam, an einem Ziel angelangt, das er noch soeben nicht einmal gewagt hätte, auch nur ins Auge zu fassen, war kaum in der Verfassung, Schatten überhaupt für möglich zu halten. Er versprach jede denkbare, auch jede undenkbare Bedingung und wußte nur, er würde die Braut auf Händen tragen. Wie das zu machen sei, wollte er sich gegebenenfalls dann schon einfallen lassen.

Unsere Mutter glaubte ihm seine vorläufige brüderliche Bereitschaft, sie an seiner Schulter ausruhen zu lassen, und stellte sich, falls sie überhaupt ihr Herz auf die Zukunft zu richten imstande war, verschwommen ein Leben künstlerischer Versuche, gemeinsamer Studien und eigener Malerei vor. Sie sollte sogar größtenteils recht behalten.

Die Schwester riet ihr allerdings dringend von dieser Verbindung ab. Sie kannte den vielseitigen Vetter besser, wußte, daß sein Glanz und seine Talente aus Quellen gespeist waren, aus denen auch viel Finsternis, schwankende Unsicherheit, fordernde, eifersüchtige Maßlosigkeit entsprangen. 46 Jahre später würde unsere Mutter ihm für sein Sterbebild den Vers aus dem 139. Psalm auswählen: »Spräche ich: Finsternis möge mich decken! so muß die Nacht auch Licht um mich sein.«

Auf der Hochzeit wurde die böhmische Tante Mimi, ein Original von Rang, zum schwerhörigen Mittelpunkt, zum Gaudium für die jungen Gäste. Am Nachmittag, vor der Abreise, setzte das junge Paar sich ans Klavier und spielte vierhändig, der Braut zuliebe Schubert, dem Bräutigam zuliebe Bruckner. Sie versäumten um ein Haar den Zug nach Italien. Das Gepäck blieb auf dem Münchner Bahnsteig stehen und mußte nachgeschickt werden. So sollte es weitergehen – fast fünf Jahrzehnte lang!

Verbannung

In Brüssel, wo unser Vater, der junge Ehemann, als Presseattaché mit seiner neuen Arbeit im diplomatischen Dienst begonnen hatte, trafen sie also mit Zwerghühnern und Tauben ein. Das engbrüstige dreistöckige Haus hatte einen jener schmalen langgestreckten Gärten zwischen Mauern, denen wir heute den nostalgischen Reiz eines geborgenen Innenbereiches abgewinnen. Für unsere Mutter damals war er nur einfach winzig, ein kümmerlicher Rest ihres unbegrenzten Paradieses. Wir sahen es mit ihren Augen. Ja, genauso muß dieser Garten gewesen sein. Oh, wie klein! Nur ein Stück Rasen! Nur Erinnerungszeichen all diese Krokusse, Schneeglöckchen, Narzissen, diese Tauben und Hühner! Nur Gefährten der Verbannung! Und es lustwandelte unsere Phantasie in den Gefilden der Vorgeschichte.

»Treffi«, der unvergleichliche, der sagenumwobene Hund, von dem bis heute rühmliche Beispiele von Intelligenz und Treue überliefert sind, der Jagdgefährte ihrer Lehrjahre im Voralpenland, was sollte dieser tüchtige Deutschkurzhaar mitten in Brüssel? Am besten ging es ihm noch, wenn er sich auf dem sonnenbeschienenen Teppich umständlich im Kreis gedreht, hohes Gras niedergetreten, mit der rechten Pfote eine gute Mulde gekratzt und darin seufzend Platz genommen hatte; in tiefem Schlaf ausgestreckt auf der Seite liegend, bewegte er bald die zuckenden Pfoten und träumte, leise hohe Laute in der Kehle, von der Jagd auf Wassergeflügel. Ein so passionierter Jäger hat auch dann noch die Witterung von Entenfedern in der Nase, wenn er seiner Herrin nur mehr die Morgenzeitung von der Haustüre her ans Bett bringt. Ein unterwegs naßgekauter Einschreibebrief lastet so mühlsteinschwer auf seinem Gewissen wie ein hinter einem Weidenbusch rasch und verstohlen zerzauster, gar »angeschnittener« Stockerpel:

Treffi liegt blinzelnd und flach vor Scham und Reue auf dem Bauch, bis zum erlösenden »allez lauf apport«. Dann kann er wenigstens beflissen einen Pantoffel apportieren. Jagdhunde haben die Phantasie von Dichtern. Bedrucktes Papier kann für sie den Duft von Schilf bekommen, von modernden Binsen und braunem Wasser.

In die Brüsseler Wohnung kam ein Aktmodell. Unsere Mutter zeichnete, versuchte sich auch in Öl. Die Staffelei stand auf hellblauem Velourboden. Die Pinsel streiften an ihre Kleider, fielen auf den Teppich.

Die beiden Eheleute lebten wie Ferienkinder, nicht wie im eigenen, sondern wie in irgendeinem ländlichen Haushalt, kamen und gingen, aßen wie es sich eben fügte, mal daheim, mal auswärts, ohne je Bescheid zu sagen, und plünderten die eigene Speisekammer. Das jeweilige Hausmädchen verzweifelte. Als eine von ihnen, die wackere Mathilde, gerade wieder einmal aufgeben wollte, fragte die fürsorglich herbeigeeilte Mutter Podewils, weiterhin »Tant' Marie« genannt, was denn eigentlich so schwierig in diesem kleinen Haushalt sei. Mathilde, von der Undefinierbarkeit ihrer Lage überwältigt, murmelte nur verworren in flämischem Tonfall: »Das Druum und Draan.« Großmama erzählte gerne davon; ein Echo von Entsetzen bebte in ihrer Stimme nach; denn Großmama Marie war Hausfrau – mit Aplomb, Energie, Hartnäckigkeit.

Eines Morgens war in Brüssel kein Frühstück gerichtet. Hausherr und Hausfrau stiegen auf Zehenspitzen Hand in Hand die Treppe zum obersten Stock hinauf und fanden das Mädchenzimmer leer, das abgezogene Bett ordentlich zum Lüften im offenen Fenster ausgelegt. Nun wurde aus der Konradstraße in München die seit zwölf Jahren bewährte »Marri« abgeordnet. Sie versorgte lachend »die Kinder«, und diese Brüsseler Zeit, Höhepunkt ihres eigenen Lebens, wurde zu einer unerschöpflichen Quelle von Anekdoten, denen wir mit

Entzücken lauschten. »Marri, wie war das mit dem Treffi, als er dir am Markt wegrannte und erst nach drei Tagen heimfand? Wie war das mit den Spargeln, die der zerstreute Papi sich beim eigenen Diner fast ganz auf seinen Teller häufte? Und mit den Blumentöpfen beim Souper, als nicht genug Suppenteller da waren?« Solch fröhliches Chaos schien uns wie der Gipfel von Lebenskunst, wie eine heitere Melodie, deren traurige, düstere, mühselige Begleitakkorde wir erst viel später heraushörten.

Unsere Mutter begeisterte absichtslos die Herren von der Botschaft, wenn sie – selten genug – an offiziellen Essen teilnahm. Der Botschafter Graf Lerchenfeld, der »Lerchensepp«, der sich morgens, während ihm das Presseresümee vorgetragen wurde, mit der langen Papierschere die Nasenhaare wegschnipselte und gelegentlich gesehen werden konnte, wie er, nur mit einer grünen Schürze bekleidet, gärtelte, hatte viel Verständnis für dieses in Brüssel gestrandete Landkind. Sie brachte, in einem abgewetzten grauen Lodenmantel stekkend, die jungen Diplomatenkollegen an sonnigen Frühlingstagen dazu, im »Forêt« Spiele wie »Schneider leih' mir die Scher« zu spielen, von Baumstamm zu Baumstamm laufend. Es mögen wohl Buchenstämme gewesen sein. Aber was heißt schon »Buche«, wenn ihre Wipfel nicht über das bis zum Kochelsee reichende Moorgebiet blicken, hinter dem sich die Linien von Herzogstand und Heimgarten in den Föhnhimmel zeichnen, von Zugspitz, Ettaler Mandl und im Westen vom Hohen Peißenberg? Sie verkroch sich hinter Leinwand und Farben, begann die Klassiker zu lesen, und »spürte ihr Herz«. Das Atmen fiel ihr schwer.

Auf der nächsten Station in Paris fühlte sie sich etwas besser. Sie liebte den »Bois de Boulogne«. Sie zeichnete wieder, und sie erwartete ein Kind.

Erben

Tante Mimi in Böhmen freute sich auf diesen »Ottokar Clemens«, den stolz erwarteten Erben, den seine Eltern aber lieber »Clemens Ottokar« nennen wollten.

Tante Mimi starb 84jährig in ihrem böhmischen Schloß. Während der Geburt meiner Schwester läuteten die Glocken für ihr Requiem. An der Wand in der Familiengruft war Platz für eine letzte, ihre eigene Namenstafel: »Maria Amalia, Reichsfreiin Juncker-Bigatto, Sternkreuz-Ordensdame.«

Dieser Damen-Orden, zum frommen Gedenken der wunderbaren Rettung einer Kreuzesreliquie bei einem Brand in der Wiener Hofburg von der Kaiserin-Witwe Eleonore 1668 gegründet, soll Tante Mimi Frauenrang verliehen haben. In ihren mittleren Jahren, als sie sich in ihrem unverheirateten Stand einzurichten begann, soll sie, bei Erzherzogin Maria Josepha als Probandin, »einer frommen Eingebung folgend um Aufnahme in die Ordensgemeinschaft bittlich geworden«, die geforderten zwölf adelig geborenen Ahnen (acht Ahnen von väterlicher und vier von mütterlicher Seite) vorgelegt haben, mit Adelsdokumenten und Matrikenschein belegt. Warum sie in den Annalen des Ordens fehlt, bleibt ihr Geheimnis. Gelegenheiten, das von kaiserlichen Adlern umfaßte Kreuz am schwarzseidenen Band auf der linken Seite zu tragen, traten bei ihr zwar kaum ein. Aber ein Leben unter der Devise »Salus et Gloria«, tägliche Meßfeier und die Gewißheit, daß alle Ordensdamen einst ein offizielles Totenamt für sie feiern würden, gaben ein tröstliches Gefühl der Geborgenheit.

Tante Mimi empfand schwarzgelb, habsburgisch bis ins Mark, erst recht in den politisch unbehaglichen Jahren der tschechoslowakischen Republik, und sie war zusammen mit den Habsburgern tschechophil gewesen. Sie war wirkliche Böhmin mit verzweigten Wurzeln in einem Boden, der durchmischt war von dunkel erinnertem Přemyslidenstolz und hussitischem Zorn, von spanischer Strenge und habsburgisch zwischeneuropäischer Weitherzigkeit; ein Konglomerat, das zu definieren Tante Mimi unfähig gewesen wäre, das sie aber gerade dehalb um so überzeugender zum Ausdruck brachte.

Als sie allerdings in den späten zwanziger Jahren an einem 18. August, dem Geburtstag Kaiser Franz Josephs, für diesen eine Totenmesse in der Kirche lesen ließ, wurde sie vom alten Oberlehrer Lanzendörfer, einem sozialistisch gesonnenen Gegner der Monarchie, angezeigt, ebenso der Herr Dechant. »Stell dir vor, Betti«, berichtete sie der Frau Wurm im Schnittwarenladen, die früher Zofe im Schloß gewesen war, »ich bin angezeigt worden.« Betti knüpfte ihr dabei das aufgegangene Schuhbandl neu. »Sehen Sie, Frau Baronin, und Sie haben immer so viel auf die Tschechen gehalten.« Sie meinte diesen Staat, bei dem man nun wegen einer Kaisermesse angezeigt werden konnte. Es kam für beide Delinquenten zu einer Anklage vor dem Bezirksgericht in Mies, die mit einer Geldstrafe »wegen monarchistischer Umtriebe« endete.

Tante Mimi kam glimpflich davon. Hier und auch sonst. Denn selbst nachdem die unvermeidliche Bodenreform von 1926 ihr ein nie verschmerztes Viertel des Besitzes abgenommen hatte, gelang es ihr weiterhin, alte Lasten langsam abzutragen, und nichts beglückte sie so, wie Geld auf die »Deutsche Agrar- und Industriebank« nach Mies zu bringen. Wenn sie dort antelephonierte und nicht gleich die vertraute Stimme vom Sohn des hochgeschätzten Dorfschneiders, des Rupp Josef vernahm, raunzte sie: »Sie, Sie will ich nicht, mit Ihnen will ich nicht sprechen, ich will den Rupp haben.«

Ihr völlig unpolitisches, ausgeprägt praktisches Gemüt ärgerte sich am Alltäglichen, also auch an diesen Zurücksetzungen der Deutschen während der »Tschechenzeit«.

War es denn unbedingt nötig, jetzt im endlich errungenen

Nationalstaat erneut und noch verstärkt nationale Macht auszuspielen, anstatt aus der Geschichte zu lernen? War es klug, in ein völlig deutsches Gebiet wie dieses tschechische Beamte zu verlegen, Post, Bahn und Gendarmerie, diese bürgernächsten Behörden, mit Leuten zu besetzen, die kaum oder gar nicht Deutsch sprachen? Chauvinismus war Tante Mimi fremd. Um so weniger begriff sie, daß die neue Republik, berauscht von der endlich errungenen Eigenstaatlichkeit und blind für den Wunsch der verschiedenen Stämme nach Anerkennung ihrer eigenen Kultur innerhalb des neuen Staates, blind also für die Möglichkeit von Freiheit und Versöhnung, soeben die letzte Chance verspielte, die den untrennbar zusammengewachsenen Völkern von der Geschichte gewährt worden war.

Böhmen war seit der Völkerwanderung ein festumrissenes Staatsgebilde geblieben wie Altbayern, mit dem es in tausendjähriger Nachbarschaft lebte. In ihm hatten Deutsche und Tschechen ihre Heimat – in vorwiegend getrennten, aber oft kompliziert ineinander verzahnten Territorien. Die Westgrenze des neuen tschechoslowakischen Staates verlief zwischen Deutschen und Deutschen, sie war aber trotzdem natürlich, nämlich in dieser tausendjährigen Geschichte gewachsen. Es war die alte Grenze Böhmens, eine königliche, eine ehrwürdige Grenze. Sie mit dem Wort »česky« zu kennzeichnen, bedeutete eine Reduktion aufs nur Ethnische. In dem Wort »böhmisch« hingegen waren die beiden Völker vereint und auch immer wieder versöhnt gewesen. Die dreifache Seele Böhmens war tschechisch, jüdisch und deutsch. Die Sprache, die Sprache, diese welterschaffende, singende, weissagende Gabe, die Gott seinen Ebenbildern verliehen hat, damit sie über der Schöpfung stünden und sie benennten – mußte sie, durch ihre schöne Vielfalt, ihre Aufteilung in benachbarte, verwandte Melodien und Rhythmen zur Freundschaft vorbestimmt, sich in eine Mordwaffe verwandeln? Mutter heißt »matka«, Bruder heißt »bratr« auf Tschechisch. Hätten die Geschwister sich nicht endlich doch noch vertragen können? Sie besaßen gemeinsam die lateinische Liturgie, die lateinische Schrift, eine unlösbar mit dem Westen, mit dem mittelalterlichen Kaiserreich und auch schon damals mit Habsburg verwobene Geschichte.

Die alten Přemysliden waren unter den Staufern mitteleuropäische Könige und Lehensträger des abendländischen Kaisers geworden, zugleich aber slawische Herzöge geblieben und hatten die Kurwürde des Römischen Reiches inne. Das war Europa. Erst das 19. Jahrhundert brachte es fertig, an solchen Tatsachen im nachhinein Anstoß zu nehmen. Damals fing man an, die Geschichte rückwärts zu schreiben. War aber nicht sogar das neue Nationalgefühl vom Westen, nämlich von Johann Gottfried Herder und von der Deutschen Romantik gekommen? Přemysl Ottokar II., der »Rex aureus«, war für Grillparzer als böhmisch-österreichischer König des 13. Jahrhunderts, und als Gegenspieler Rudolfs, des ersten österreichischen Habsburgers, Held seines Nationaldramas »König Ottokars Glück und Ende«. Der Gemahl der letzten Přemyslidin, Johann von Luxemburg, hatte im 14. Jahrhundert das deutsche Reichspfand Eger unter die böhmische Krone gebracht. Als »Alte Reichspfandschaft Eger« genoß dieses rein deutsche Gebiet durch die Jahrhunderte Sonderrechte. Ottokars Nachfahre, Kaiser Karl IV., teils Přemyslide, teils Luxemburger, galt als »Vater Böhmens und Stiefvater des Reiches«. Auf Wenzeslaus getauft, nannte er sich erst am französischen Hof nach einem Onkel »Karl«. Sein Sohn hieß bereits wieder Wenzel. So rasch waren aus den Luxemburgern Böhmen geworden.

Wenzel und Ottokar waren die gebräuchlichsten Namen für böhmische Söhne. Einst, im Jahre 929, hatte Herzog Boleslaw I. seinen Bruder Vaclav erschlagen. Vaclav oder Wenzel, die böhmischen Nachfahren von »Svaty Vaclave« (»Unser Fürst«, wie der später heiliggesprochene frühe Přemyslide des 10. Jahrhunderts im alten Wenzellied heißt), vertrugen sich in der Folge stets von neuem nicht. Immer wieder kam es zum Brudermord.

»Alles deih eo missasprach, edo missateta, aedo missadahta« – die letzten Kämpfe sind noch schlimmer als Hussitenkriege und Dreißigjähriger Krieg, die immer wieder entvölkerte Dörfer, verarmte Städte hinterlassen haben. Die Deutschen waren gründlich auch im Unrechttun. Die Tschechen waren es nicht minder. Die letzte, von ihnen bewerkstelligte Trennung würde endgültig sein. Deutsche mit Namen Weleschek, Hostalka, Lehanka oder Kulhanek verloren in der Schlußphase des Bruderzwistes ihre Heimat, wobei acht von hundert auf Wegen und Umwegen innerhalb weniger Monate elend zugrunde gingen. Tschechen mit Namen Schneider, Waldmann, Filip oder Schiller blieben daheim und verloren ihre Freiheit. Heute besucht der Wenzel Stechlik aus dem Westen seine Cousine Mařenka Schilerova im Osten, und beide sprechen fast nur von früher. Älter werden wir Reisende, älter auch die Gebliebenen, die nicht reisen dürfen. Das Gespräch neigt sich dem Ende zu. Die zweisprachig aufgewachsenen Böhmen sterben aus. Die Sprachen, die so viele gute und böse Tage miteinander und gegeneinander gehabt und das Land immer wieder zu reicher Ernte überredet haben, trennen sich für immer.

Tante Mimi I

Tante Mimi muß eine originelle Dame gewesen sein und grenzenlos katholisch. »Katholisch wie die Nacht« hat derlei ein respektloser Freidenker einmal genannt. Zweisprachig deutsch-französisch aufgewachsen, wie es ihre Zeit verlangte, sonst aber herzlich wenig gebildet, hatte sie ein nur selten von Zweifeln beschwertes Urteil. Aus ihrer Jugend drang kaum eine Nachricht mehr zu uns herüber. Vielleicht hatte sie, als sie in ihren Mädchenjahren auf den Münchner Hofbällen erschien, eine verhohlene Neigung gefaßt zu dem eleganten, gescheiten Vetter Clement Podewils, unserem Urgroßvater, der eine glänzende politische Karriere vor sich hatte und den Damen überaus gut gefiel. Genaueres ist nicht bekannt. Mimi wurde nach ihren Wünschen so wenig gefragt wie die anderen jungen Mädchen, mit denen sie im weit dekolletierten Kleid bei den Müttern und Tanten saß und auf die jungen Tänzer wartete, vermutlich häufig vergeblich wartete, während ihre zwischen abgerutschten Puffärmelchen hängenden Schultern noch ein wenig abschüssiger wurden, ihre Nase dem Umriß einer Znaimer Gurke entgegenwuchs, ihre Unterlippe sich vorschob und zwischen Kinn und Hals die Vorahnung einer »Wassersuppe« ganz leise erbebte. Zu stolz war sie vermutlich, um sich ihre Enttäuschung anmerken zu lassen. Aber wer will die Ahnungen und Düfte der siebziger Jahre des vorigen Jahrhunderts einfangen? Mimi ging trotzdem jahrzehntelang weiter auf die Münchner Bälle.

Ihr reiferes Frauenleben streift die verschwiegene Spur eines schlicht daheim, bei der örtlichen Eisenbahn beschäftigten Mannes. Wahrscheinlich geht auf diesen die Annehmlichkeit zurück, daß noch die alte Baronin Mimi, wenn sie gelegentlich mit dem zwischen unserem Dorf und der Ortschaft Haid verkehrenden Zug, dem »Haider Bockl« zu reisen wünschte, diesen im Schloß abwarten konnte. Erst auf einen Anruf von der Station hin, nun sei der Zug da und sie möge kommen, bestieg sie ihre Kutsche, um zehn Minuten später zusammen mit ihrem Windhund »Bambi« und mit ihren Beuteln im samtgepolsterten Coupé Platz zu nehmen. Diese Huldigung mag Trost und Genugtuung gewesen sein und ihr in ein herzhaftes Alter hinübergeholfen haben. Jene Spur ist verweht mit den letzten, immer rascher aufeinanderfolgenden Etappen der zu Ende gehenden Geschichte Böhmens. Die eisigen Oststürme haben überdauert wie die heiße, nach Stroh duftende Augustluft, über der die Schreie der Mauersegler den Himmel aufzureißen scheinen.

Sehr lebendig geblieben ist auch in unserem Gesichtskreis die alte, höchst eigenwillige Herrin von Schloß und Gutsbesitz, die Tante Mimi später geworden ist und über die viele Geschichten im Umlauf sind. Unsere Eltern wärmten begeistert Erinnerungen an sie auf, und bis heute lachen diejenigen, die noch von ihr zu erzählen wissen. Tauchte sie in einer Gesellschaft auf, war sie, obzwar stocktaub, unweigerlich sofort im Mittelpunkt. Dann lag auf einmal kein Staub mehr auf der im kunstvoll Ungefähren dahinplätschernden böhmischen Konversation, sondern die Worte trafen ins Schwarze. Und siehe da – im Herzen von Menschen, Dingen und Ereignissen schürzte sich plötzlich eine komische Pointe.

Andererseits ärgerte Tante Mimi daheim im Dorf die Geschäftsleute erheblich. So ließ sie sich vom hilfsbereiten Kaufmann Wurm besondere Waren aus Pilsen mitbringen und mäkelte hinterher daran herum, oder sie spielte den Fleischhauer Groh, der sie redlich belieferte, gegen die etwas billigeren Mieser Fleischhauer aus. Dabei war sie wegen des schleppenden Biergeschäftes auf die örtlichen Gastwirte nur allzu sehr angewiesen, also auch auf den Groh Anton.

1912 hatte ihr Oscheliner, von Pächter Lauterbach gebrautes Bier 28 Heller die Maß gekostet (1 Liter Schmetten kostete damals 1,80 Kronen, eine Taube 50 Heller, 1 Memphis-Zigarette 2,5 Heller). 1917 kostete das aus Quecken und Rübenschnitzeln zusammengegebraute, nur entfernt an Bier erinnernde Getränk 1 Krone. Schließlich mußte zu Tante Mimis Kummer das Oscheliner Braurecht doch nach Weißensulz an den Nachbarbaron Kotz verkauft werden; es konnte dem Druck der größeren Brauereien, Kuttenplan sowie dem »Egrischen Aktienböjer« nicht standhalten.

1919 waren alle Banknoten abzuliefern; bloß die Hälfte davon wurde, mit Stempelmarken versehen, zurückerstattet – eine im nachhinein als weise erkannte Maßnahme, die einer Inflation zuvorkam. Daß 20 Jahre später 1 tschechische Krone mit nur 12 Reichspfennigen eingetauscht werden würde, erlebte Tante Mimi zum Glück nicht mehr. Es hätte ihr schier das Herz gebrochen.

Ihr Vater Carl Anton hatte noch den größeren Stil seiner Epoche mit Leibjäger und Leibkutscher gelebt. Von diesem begleitet, fuhr er regelmäßig in die ungarische Puszta, um dort hufkranke, aber sonst vielversprechende Pferde billig einzukaufen und mit der Eisenbahn heimzuschicken; daheim entbrannte dann immer erst ein erbitterter Streit zwischen dem Pferdeschmied Wenzel Wurm und dem Kutscher Hostalka über die Schärfe des Hufschnittes; doch dann konnte Carl Anton die geheilten Pferde meist günstig, das hieß günstig für ihn selber, im Freundeskreis weiterverkaufen. Noch auf dem Totenbett dankte er seinem ihm herzlich verbundenen Hostalka, dem Kutschermichel: »Schau Michel, wir haben viele Gulden am Pferdehandel verdient. Ich danke dir.« Inwieweit gerade diese Gulden dem etwas schleppenden Gutsbetrieb weiterhelfen konnten, dessen Verwalter bei ihm keinen leichten Stand hatte, oder ob jene Pusztareisen nicht eher sein unruhiges, in der Ehe mit einer Cousine angepflocktes Gemüt trösteten, ist heute nicht mehr zu erkennen. Jedenfalls ließen edle Pferde sein Herz höher schlagen, als die Milchleistungen scheckiger Kühe es vermocht hätten, oder rumpelnde Erntefuhren, die von dumpfen Ochsen mit lockiger Stirn vor herauflärmenden Augustgewittern ungerührt langsam in den staubigen Hof gezogen wurden.

Ob der Verwalter Hugo Grimmich, der vor Tante Mimi auch schon ihrem Vater als Adjunkt zur Seite gestanden war, mit den »noblen Passionen« der alten Herrschaft diese Pferdeleidenschaft oder noch andere Äußerungen der Unruhe gemeint hat, erfuhren wir nicht mehr. Grimmich, der durchaus selber die verschwiegenen Pfade des eigenen Vorteils und das Zwielicht mancher schwülen Dorfnächte kannte, hat in dieser Weise sein Erstaunen ausgedrückt, daß unsere Eltern, die »jungen Herrschaften«, abends immer daheimblieben und sich am liebsten Erdäpfel mit Butter und Quark zum Essen bestellten. Die Leute bekamen wie seit jeher »seine« Hefenknödel oder Nudeln, bestreut mit Puderzucker und Mohn vorgesetzt. Kartoffeln kamen nur in den ärmsten Gegenden auf den Tisch. Höchstens frisch vom Feld konnte man sie bei uns vielleicht essen, nicht aber aus dem Keller. Eigentlich gehörten sie sich nur für Schweine.

Tante Mimi verdanken unsere Eltern jedenfalls dieses Daheim. Sie hat Schloßgut und Meierhöfe, Schäferei, Fischteiche und Ziegelei auf festem Boden stehend hinterlassen.

Sparsamkeit war ihr zur Lebensform geworden. Man weiß ja, das pflegt bis ins scheinbar Unbeträchtliche zu gehen. Hier, im dummen kleinen Alltag sitzen die Menschen dann in ihren inneren Mauern gefangen, hier schmieden sie die Ketten, die sie in den seltenen Sternstunden am Fliegen hindern.

Aber Tante Mimi hätte es wohl in jedem Fall nicht so besonders mit dem Fliegen gehalten. Sie trat fest auf, sagte deutlich ihre Meinung und sah auf strenge Wirtschaft. Der Schlüssel zum Vorratschrank ruhte in ihrem Arbeitskörbchen. Vormittags, beim Herausgeben der Küchenvorräte, kam es zu einem verhohlenen täglichen Scharmützel, und die Köchin beklagte sich hernach bei der Jungfer Paula über zu schmale Rationen an Zucker, Nüssen und Kochschokolade. Doch gab es altbewährte Wege, herrschaftlichem Druck auszuweichen.

Selbst ihren Gästen mißtraute Tante Mimi. Beim Schreiner, dem Hammer Schorsch, bestellte sie ein schönpoliertes Brett, auf das sie die jeweilige Zündholzschachtel festleimte, damit diese nicht ständig eingeschoben wurden. »Das Sparen beginnt beim Zündholz«, war einst eine Redensart bei den Alten, die für nächtliche Gänge noch den Fidibus am Herdfeuer anzündeten.

Schon gleich nach Weihnachten begann Tante Mimi, neue Weihnachtsgeschenke für »die Leute« zu stricken. Die bitterkalten Jänner- und Feberwochen brachten lange Abende, die sie sich mit klappernden Stricknadeln verkürzte. Noch übertönte kein Radio das vielstimmige Ticken der verschiedenen Uhren.

Tagsüber ärgerte sie sich über das Geschrei der schlittenfahrenden Dorfkinder. Auch wir sind noch auf großem Hörnerschlitten von der Toreinfahrt aus bis vor den Laden vom Pohan gesaust, der Dackel mit flatternden Ohren bellend neben uns her. Erst saß noch eine »Teta« mit auf, und wir fürchteten uns vor den anderen Kindern. Später fuhren wir selbst, auf dem Bauch liegend wie die anderen, und bemühten uns, drunten noch am Andris vorbei in die Gasse einzubiegen. Man konnte auch die Brücke ansteuern. Aber hinauf kamen wir niemals, auch wenn wir noch so kühn droben im Torbogen Anlauf nahmen. Höchstens schleuderte es uns zu Füßen des Heiligen Nepomuk aus der Kurve. Umsonst wurde Asche, sogar Kies auf den Weg gestreut. Die Buben gossen in den frostklirrenden Nächten Wasser darüber. Nur den schmalen seitlichen Pfad für Fußgänger respektierten sie notdürftig und kamen sich gottweißwie vor, wenn sie an den dunkelgekleideten Frauen mit der schwere Wasserwaage auf den Schultern vorbeirasten.

Der steile Schloßberg konnte einst für die Kutsche zu glatt werden, die Pferde rutschten hilflos. Dann kämpfte Tante Mimi – offenbar vergeblich – gegen das Schlittenvergnügen der Dorfjugend. Sie ging sogar manchmal ins Schulhaus, betrat energisch die beiden Klassenzimmer und schimpfte: »Du bist Schlitten gefahren, und du, und du. Und warum hast du nicht gegrüßt?« Sie zielte mit einem etwas schiefen, reichlich kurzen Zeigefinger, dessen Mittelglied ihr im Ersten Krieg abhandengekommen sein sollte, als sie, Präsidentin des Mieser Roten Kreuzes, im dortigen Lazarett gepflegt und sich an der eiternden Wunde eines Soldaten eine Blutvergiftung geholt hatte. Wie kann man das mittlere Glied eines Fingers verlieren? Tante Mimi konnte, der tadellos erhaltene Fingernagel gab ihr recht.

Das ganze Dorf wurde von ihr zu ehrbarem Benehmen angehalten. Herzlich freute sie sich, als ihr Diener ein tüchtiges gescheites Mädchen zur Braut nahm: »Ich will doch sehen, mit welchem Mädel unser Wenzel geht«, forschte sie. »Ist sie brav?« Diese war brav und dazu eine tüchtige Schneiderin, die später unsere Kinderkleider nähte und am Ende alte Uniformröcke in Wintermäntel umwandelte.

Die Weihnachtsbescherung für alle Angestellten von Haus, Hof und Meierhöfe wurde seit jeher im Saal vorbereitet. Sogar während des Krieges erwachte dieser das ganze Jahr über schlafende, eisigkalte Saal immer an Weihnachten noch einmal.

Auf dem Weg dorthin soll Tante Mimi oft noch dieses und jenes wieder aus ihrem Korb herausgenommen haben fürs kommende Jahr, weil es ihr für diesmal doch als zu viel erschien. Ihr besonderer Schützling war der sogenannte »Große Bub aus Lohm«, den wir noch als solchen übernommen haben. Er war zu unserer Zeit ein alleinstehender alter Mann namens Wenig, genannt »Pfarrlausl«, der eine Kammer im kleinen Haus seiner Schwester in Lohm bewohnte; ihm stand ein festes Deputat an Unterhosen und Gebäck allweihnachtlich zu. Womit er jedoch einst als großer Bub Tante Mimis Aufmerksamkeit und mütterliche Hilfsbereitschaft gewonnen hatte, wußte längst niemand mehr.

Schon im Januar also begann Tante Mimi, Weihnachtsgeschenke zu stricken. Die Wolle kaufte sie im Schnittwarenladen vom alten Georg Wurm. Dieser war Sohn des Dorfschmiedes Wenzel Wurm und hatte sich als Soldat bei der Eroberung Bosniens ein Lungenleiden geholt, konnte nicht mehr schwer arbeiten und kaufte seinerzeit mit Hilfe einer kleinen Erbschaft das stattliche, mitten im Dorf gelegene Haus der Woletschkamüllerin. »Zwölfsuper« hieß die Wolle, die Tante Mimi nach langem Zögern jedes Mal am Ende wählte. Es war die billigste Sorte. Socken für die Männer strickte sie, rote, grau eingefaßte, taillenkurze Westen für die Mädchen, schräg seitlich mit einem Hornknopf verschlossen. Die Mädchen freuten sich offenbar wirklich über solche Geschenke, was wir uns heute kaum mehr vorstellen können. Aber was konnten sie sich schon das Jahr über kaufen? Höchstens ein buntes Tuch, einige Borten auf dem Patroziniumsmarkt an Peter und Paul.

Jahrmarkt

Am 29. Juni, dem Peter-und-Pauls-Tag, war bei uns im Dorf Markt. Einige Buben schoben ein Ringelspiel im Kreis herum; es gab allerlei Buden; viele Menschen strömten aus der ganzen Umgebung herbei, auch wenn keine Zahnbrecher, Steinschneider oder Starstecher mehr auftraten, auch keine Feuerschlucker, Zauberer und Jongleure. Aber ein letzter solcher Gaukler ist behutsam durch meine Kindheit gegangen, auf einem böhmischen Dorfplatz.

In die Nachmittagssonne ist ein Seil gespannt, gar nicht sehr hoch. Anfang und Ende des Seils liegen nicht in dieser Sonne, sind unerinnert geblieben. Das siebenjährige Mädchen steht wohl in einer kleinen Menschenmenge; auch diese hat keine Gedächtnisspur hinterlassen. Also steht das Kind allein auf dem Platz in der Augustsonne und schaut auf einen dünnen Mann, der auf dem in der Luft schwebenden Seil einen Fuß vor den anderen setzt. Er hat weite helle Leinenhosen an, ein Leibchen und eine kleine leinene Mütze. Er geht vor und zurück. Er wendet. Er verbeugt sich nach dem Mädchen hin, als ob er etwas bemerkt hätte. Seiltänzer haben einen aufmerksamen Gang, achten auf kleinste Bewegungen unter ihren Füßen. So sollte dieser wohl gespürt haben, wie er durch das Gemüt eines Kindes gegangen ist und eine Fährte durch dessen Gedächtnis gelegt hat. Er gehört zu jenen Gauklern, die auf niedrigem Seil über kleine Marktplätze tanzen, um die Augustsonne auf ausgebreiteten Armen zu balancieren. Mager ist er, ein wenig traurig und nicht mehr jung. Die Kanonen haben weit im Osten gerade gewendet und fangen an näherzurücken. Ganz langsam vorerst. Also sind sie jetzt noch nicht zu hören. Spatzen hüpfen zwischen Pferdeäpfeln. Spatzen tschilpen. Jetzt, immerzu jetzt. Alles ist gut und versöhnt auf ewig.

Irgendwann verläßt der Seiltänzer ganz leise diesen ewigen Augenblick in der böhmischen Augustsonne, läßt ihn da und stiehlt sich selbst davon, balanciert auf das vom Kind vergessene Ende des Seils, auf eine große Dunkelheit zu und verschwindet darin. Weiß er, wie gefährlich es bald für ihn wird? Wie sie mit seinesgleichen verfahren werden? Was solch einer wohl alles bemerkt haben mag, der gerade um so viel über den Köpfen der Menge unterwegs war, daß er ein Seil brauchte dafür?

Aber derlei Leute kamen zu unserer Kinderzeit nicht mehr am Peter-und-Pauls-Tag ins Dorf. Seit der großen Maul- und Klauenseuche des Jahres 38 hörte der Patroziniums-Markt nämlich ganz auf. Den 29. Juni erlebten wir selbst nur noch als schulfrei. Der Jahrmarkt war uns eine Sage verschollener Friedensherrlichkeiten, verbunden mit dem ebenso verschollenen Schrecken jener Viehkrankheit. Das Wort »Seuche« hatte für uns einen Vorzeitklang wie »Pest« oder »Hungersnot«. Wir dachten nur an alte Märchen dabei, ahnten noch nicht, daß der mit dem Beginn meines Gedächtnisses einsetzende Krieg solche vermeintlich in der Tiefe bei den Sprachwurzeln versunkenen Wörter bald nur allzu deutlich wiederbeleben würde: Sie standen schon unmittelbar bevor, um danach wiederum in die Sage einzugehen.

Tante Mimi II

Nur eine Sage also erreichte uns von Seuche, Jahrmarkt, Karussell und Buden. Das gehörte vor unsere Zeit, gehörte in die Welt von Tante Mimi. Diese Welt indes war trotz aller Umwandlung beim Erbgang an unsere um ein halbes Jahrhundert jüngeren Eltern doch das Gefüge auch noch unseres Lebens geblieben. Wir bewohnten dieselben Räume, gingen mit denselben Menschen um, meine Schwester und ich sprachen im Tonfall dieser Gegend, und unsere Mutter kümmerte sich um dieselben Alten, Kranken und Armen.

Die alte Tante Mimi hatte bis zu ihrem Tod den gewohnten großen Haushalt weitergeführt. Diesen erlebte auch unsere Mutter noch kurz als Braut und junge Frau. Sie erkannte schon damals das »Tableau«, nahm es in sich auf und konnte dann später in allen Einzelheiten von einer Zeit erzählen, die auch für sie eigentlich längst versunken gewesen war.

Morgens, nachdem Tante Mimi sich von der Jungfer Paula das hohe, knarrende, von vielerlei Fischbein versteifte Mieder hatte schnüren, sich ankleiden, ihr Haar, soweit es noch ging, duftig aufstecken und sich mit den Frühnachrichten versorgen lassen, ging sie, ihrer Pflicht als Ordensdame Genüge leistend, zur Sieben-Uhr-Messe. Unbeweglich saß sie droben links, seitlich des Altars auf ihrer Empore, die gefalteten Hände über dem abgewetzten gelben Polster aufgestützt. Das Knien tat ihr weh. Die über ein schwarzes Samtband gebreitete »Wassersuppe« unter ihrem Kinn verriet ein leises Beben, das wie ein erschrockenes Staunen über die wachsende Flüchtigkeit der Zeit ihren Kopf kaum merklich bewegte. »Nein so was«, schien die angedeutete Geste zu sagen.

Nach der Frühmesse schritt sie durch mehrere Türen in den »Saal«, wo unter den aufmerksamen Augen der grau und weiß gemalten galanten Tapeten verschiedene behagliche Wohnecken auf die verschiedenen Tageszeiten warteten. Der Saal war überfüllt mit großen dunklen und kleinen dunklen Möbeln, mit Lampen unter gerafften Spitzenschirmen, die wie Damenunterröcke aussahen, mit Zimmerpalmen, Plüschsesseln und Sofas, mit Tischchen voller Nippes und übermächtigen Photographien der Eltern. Kein Winkel war frei; man schien die Leere zu fürchten, stellte alles zu. Der eine ihrer beiden jungen Diener, Wenzel, genannt Johann, ging voraus, führte den Windhund »Bambi« und hielt die Türen auf. Der andere Diener, Wenzel, genannt Wenzel, ging mit dem Arbeitskörbchen hinterher und schloß die Türen wieder. So steuerte Tante Mimi auf die Frühstücksecke zu. Beim Kaffee erfuhr sie von den ihr aufwartenden Wenzels die Morgennachrichten aus dem Dorf. Die danach eintretende Köchin, mit der das Menü besprochen wurde, brachte die Vormittagsnachrichten. Dann erschien Gutsverwalter Grimmich, der mit ihr zusammen alt geworden war. Er und seine Frau sagten im Laufe der Jahrzehnte zueinenander erst »Papi« und »Mami«, später »Opapi« und »Omami«, dem Alter ihrer Nachkommen gemäß; als letztere erlebten auch wir sie noch, wenn sie als hochgeehrte Gäste im »Grimmichzimmer« wohnten. Nachdem er ihr Gutsangelegenheiten in einer auch für ihn günstigen Version vorgetragen hatte, erfuhr Tante Mimi von Hugo Grimmich die ein Stück weit übers Dorf hinausreichenden Tagesnachrichten in weiterem Zusammenhang. Bis zum Mittagessen nahm sie dann auf dem Balkon über der Toreinfahrt Platz und äußerte sich zu den hinter ihrem Stuhl stehenden Wenzels, oder zu dem äußerst verlegenen Großneffen viel zu laut über die drunten vorbeikommenden Leute. Sie kannte jeden, wußte über jeden vielerlei und hielt damit auch nicht hinterm Berg. Kannte sie einen der drunten Vorbeikommenden nicht, rief sie schallend: »Hallo, wer sind Sie, was woll'n Sie?« Kein Fremder sollte ohne ihr Wissen den Hof betreten.

Die junge Paula aus Tschernoschin, wie gefordert eine gelernte Schneiderin, hatte als Jungfer von Tante Mimis letzten Jahren kein schweres Leben. Das Feuer, das sie frühmorgens im Kachelofen entfachte, indem sie einige Knödel aus der »Mieser Zeitung« anzündete, war schon am Abend zuvor von der Mähnerin hergrichtet worden. Die Wäsche wurde vierteljährlich von zwei Frauen gewaschen und gebügelt, was jeweils zwei Wochen in Anspruch nahm. Paula pflegte nur die Leibwäsche, hochaufgerichtete Mieder und feine gelbliche Spitzenblusen. Sie hielt das Körbchen, in das Tante Mimi abgeblühte Fliederdolden hineinschnitt; und abends saß Paula eine Weile mit auf der Bank seitlich am Tor; während eines Gesprächs über die Ereignisse des sich neigenden Tages ließ sich die Frau Baronin ihre arthritischen Knie von der schrägen Sonne bescheinen. Diese trat abends zwischen den Thujen des Kanzleigartens hervor, um noch für eine Weile auf Tante Mimis Bank auszuruhen vom weiten steilen Weg, ehe sie seitlich am Zwiebelturm der Kirche entlangglitt und hinter dem Wolfsberg zur Ruhe ging.

Tante Mimis Bedürfnis nach Ansprache war ausufernd, und Doktor Heinsfurth ging ihr deshalb lieber aus dem Weg. Sonntags kam sie herunter zum Vormittagskonzert, das Oberlehrer Lanzerndörfer mit seiner aus sämtlichen Schulbuben rekrutierten Blaskapelle am Anger gab. Sie hörte sich, in weitschweifige Gespräche vertieft, die Märsche und Walzer an. Und einmal in der Woche spazierte sie zum Bahnhofsbüfett, das 1903 zur Hebung des Bierabsatzes eingerichtet und an die Familie Groh verpachtet worden war. Da saß sie lange bei einem Kracherl auf der winzigen Holzveranda und klagte bei der Groh Anna über ihre wirtschaftliche Lage nach Vermögensabgabe und Bodenreform, die sie ein Viertel ihres Besitzes gekostet hatte. Hinter ihrem Schelten und Lamentieren und hinter den behaglichen Redereien mögen zuinnerst Einsamkeit und Enttäuschung gelauert haben. Aber unverwüstlicher Humor, treffende Sprüche und ein praktischer Sinn fürs Kleine bewahrten sie vor Einbrüchen in die zweifelhaften Bereiche der Selbstbetrachtung. »Paula«, rief sie nach ihren Ausgängen schon von weitem, und dann hatte die Jungfer sie an den Händen die Stiege zu ihren Wohnräumen hinaufzuziehen, wo sie sich erfreut seufzend niederließ, um zu erfahren, was es inzwischen Neues gegeben habe. Frau Verwalter Grimmich, eng gefältelten schneeweißen Batist um den Hals, trug abends noch ein Resümee des ganzen Dorfklatsches vor.

Manchmal fuhr Tante Mimi mit unserem langsam ins Heiratsalter kommenden Vater zu Gutsnachbarn. Er, der Großneffe, Enkel ihres Lieblingsvetters, hatte seit der Kindheit die meisten Ferien bei ihr zu verbringen. Sie erwog die verschiedenen »Partien«, die auf den Schlössern der näheren Umgebung für ihn in Frage kamen, maß deren Vorteile gegeneinander ab. Bei den Nostitz gab es Töchter, bei den Windischgrätz ebenfalls, vor allem aber bei den Kotz in Weißensulz. Letztere hatten den Vorteil, daß sich mittels einer Heirat der unverschmerzte Verkauf des Oscheliner Brauereirechtes wieder ausgleichen lassen würde. Das eigene Oscheliner Bier war noch in aller Mund, hell und mit einer Würze, wie sie die Weißensulzer nie ganz zustande brachten. Der Neffe, das Clemensl, heiratete aber doch anders, ohne Brauereirecht, und in Weißensulz feierten sie andere Hochzeiten. Eine davon fand 1937 statt, kurz vor dem Anschluß durch Hitler, und die Nachbarn kamen noch einmal alle zusammen. Die Weißensulzer Köchin Kathi wollte alles Bisherige überbieten und schuf eine Vorspeise von nie dagewesener Schönheit: In einem Aspikblock schwamm wie in einem kostbaren Aquarium eine riesige Forelle, umwuchert von Schlingpflanzen aus Schnittlauch, die mit zierlichen Blumen aus Karotten in Blüte standen. Unsere Köchin Liesa hörte davon, und ihre künstlerische

Phantasie begann sofort zu arbeiten. Sie brachte dann zum letzten Jagddiner im folgenden Herbst ihren ebenfalls berühmt gewordenen liegenden Hasen in Aspik auf den Tisch.

Auf dem Heimweg von ihren Besuchsfahrten mit dem Adoptivsohn fragte Tante Mimi den sich vor Verlegenheit windenden Kandidaten besonders lautstark, um das Rumpeln des Wagens zu übertönen: »Na Clemensl, welche g'fallt ihm denn jetzt am besten?« Der Kutscher mußte jedes Wort mithören. Wir genierten uns noch zusammen mit unserem Vater weiter, wenn er uns von diesen Ausflügen erzählte und von Tante Mimis sonstigen Bemühungen um seine Zukunft. Wie gut, daß er widerstanden hatte, wie gut für ihn und für uns. Was ging denn uns das Oscheliner Bier an?

Tante Mimis Familiennamen trugen wir zwar weiter, aber nur als Verlängerung des eigenen schrieben wir ihn auf unsere Schulhefte. Das hing mit altböhmischer Großzügigkeit zusammen bei der Adoption unseres Vaters. Eigentlich sollte er damals seinen eigenen Familiennamen hinter den der Erbtante anhängen. Der Beamte der Pilsener Kanzlei hatte jedoch das Widerstreben des reichsdeutschen Adoptivkindes bemerkt, das seinen Namen ungern als Anhängsel sehen wollte, und sagte einfach: »No, heng mer'n vorne an.« Und dabei blieb es. Seltsam schien uns die Vorstellung, daß wir um ein Haar Juncker-Bigatto geheißen hätten.

Die Lobkowicze

Am engsten von allen Nachbarn war Tante Mimi mit den Kschimitzer Lobkowicz befreundet. Daß diese Lobkowicz, im nahe gelegenen, seit der Industrialisierung des vorigen Jahrhunderts zunehmend tschechischen Sprachbereich lebend, sich mit cz, nicht mit tz schrieben, daß sie mehr tschechisch sprachen und sich orientierten, beeinträchtigte die altgewachsene, unverbrüchlich schwarzgelbe Nachbarschaft in keiner Weise. Es gab weit mehr Gemeinsames als Trennendes. Die Lobkowicz hatten zum Beispiel sechs Töchter, deren letzte sich im rechten Alter befanden, ein bedeutsamer Tatbestand, zumal es Tante Mimi schon nicht geglückt war, ihren kleinen Bruder mit einer Kschimitzerin zu verbinden. Dort also sondierte sie insbesondere für ihr Clemensl, obwohl die Familie im standesherrlichen »Gotha« zu finden war und in der Regel andere Partien machte. »Wird's was oder wird's nix?« sagte Mimi zu Jaroslav Lobkowicz, ihrem treuen Berater, der auch noch sechs Söhne hatte, und sie blickten gemeinsam auf den am Klavier sitzenden Studenten aus München. »Dem seinen Otec mag ich nicht«, maulte sie und meinte ihren Neffen Hans Podewils, stiller Sohn ihres unvergessenen, glanzvollen, vielleicht etwas mehr als nur verwandtschaftlich geschätzten Vetters Clement.

Tante Mimi gebrauchte wie alle Deutsch-Böhmen ständig auch tschechische Wörter, etwa dieses »Otec« für »Vater«. Nach Tisch verkündete sie gerne, nun ginge sie ein wenig »nabezen«, also einen »Nabec«, ein Nätzlein machen, ein Schläfchen, zwar nicht auf dem Ofen (»na pec«), wie das Wort eigentlich meint, aber doch ähnlich behaglich und abgeschirmt. Sie verstand sich vorzüglich mit den Lobkowicz. Dem alten Jaroslav – es gab natürlich auch einen jungen Jaroslav – bot sie zu seinem fünfzigsten Geburtstag das »Du« an, offenbar ein großes geistiges Geschenk. Und es kostete sie keine einzige der ihr so wichtigen Kronen.

Das hundert Jahre alte Kschimitzer Gästebuch war zunächst zwanzig Jahre am Kamin von Konopište aufgelegen, einem um 1870 an Erzherzog Franz Ferdinand verkauften Lobkowiczschen Besitz südlich von Prag. Im August 1866 tauchen darin zwischen den immer gleich, meist verwandten Nachbarn plötzlich fremde Namen auf, ein Major von Alten von den Brandenburger Füsilieren, ein Heinrich Prinz Reuß, »Pr. Lieutenant im Königl. Preußischen 2.ten Garde Dragonerregiment«. Da sind außer den österreichischen auch die feindlich preußischen Offiziere abends zum Portwein vorbeigekommen. Weder die Niederlage von Königgrätz noch der milde Frieden von Prag änderten viel am Leben auf dem Lande. Königgrätz alias »Hradec Kralové« liegt heute für Deutsche wie für Österreicher gleichermaßen weit entfernt und ist schwierig zu erreichen.

In diesem alten Kschimitzer Gästebuch ist mit eiserner Regelmäßigkeit jahrzehntelang wöchentlich verzeichnet: »Ottokar und Amalie Juncker-Bigatto«, seit 1927 nur noch »Amalie« allein. Die ebenso regelmäßigen anderen Namen lauten: Sternberg, Czernin, Kerssenbrock, Waldstein, Schönborn, Kinsky. Hier gerinnt der Fluß der Zeit zum dauerhaften Muster einer Familienordnung, deren Reste bis heute bestehen.

In ihren letzten Jahren führte Tante Mimi die jungen Leute, den Erben Clemens und seine Frau, in Kschimitz ein. Auch sie schrieben ihre Namen ins würdige Buch. Aber als sie dann in der Nähe lebten, ließen sie solcherart überkommene Regelmäßigkeit einschlafen. Es war ab Herbst 1938 ohnedies schwieriger geworden mit Fahrten aus dem »Sudetengau« in die Rest-Tschechoslowakei, bald das »Protektorat Böhmen und Mähren«; man hatte plötzlich eine nie gekannte neue Grenze zu überschreiten, brauchte einen umständlichen Passierschein. Anschluß, Besetzung und Krieg rissen das alte böhmische Land entzwei und trennten auch die Familien.

Kschimitz also lag für eine Weile im »Protektorat«, das im März 1939, sechs Monate nach dem Anschluß der »Sudetengau« genannten deutschen Randgebiete Böhmens, von Hitlers Truppen zur Empörung auch der Besonnenen unter den Deutschböhmen annektiert worden war. Der alte Jaroslav Lobkowicz wandte sich daraufhin erst recht der tschechischen Sprache zu, votierte gegen die Deutschen und nahm schweigend einen deutschen Zwangsverwalter in Kauf. Das Kriegsende kam für seinesgleichen einen wunderbaren Augenblick lang als Befreiung. Er blieb da, hoffte drei Jahre lang auf den neuen Staat, bis der ihn 1948 enteignete.

Diese Wendung der zweiten tschechischen Republik ab 1948 brachte für viele, so auch für die Lobkowicz, Enttäuschung und Demütigung und damit doppelte Bitternis, widerfuhr ihnen dies doch durch die neuen Herren desjenigen Volkes, zu dem sie sich unter schweren Opfern sieben lange Jahre bekannt hatten. Die große Familie geriet rasch in Bedrängnis. Manchmal lag nun morgens ein Stück Speck oder ein halbes Dutzend Eier vor der Haustür, schüchterne Zeichen von Gemeinschaft, die sich unter dieser nun nicht mehr vorübergehenden Unterdrückung des totalitären Staates regte. Vielleicht war auch eine dunkle Erinnerung daran mit im Spiel, daß gerade tschechische Adelsfamilien in früheren Jahrhunderten Besitz und Leben verloren hatten für eine protestantische Konfession, mit der zusammen sie alle erst angefangen hatten, sich ganz langsam als eigenes Volk zu verstehen. Doch die mit wiederum hallenden Stiefeln und lärmenden Panzern auftretenden neuen »Brüder«, denen sie alle sich nun als Befreier in die Arme geworfen haben, sind etwas ganz anderes als alle vorherigen Könige, Kaiser, Äbte, Bischöfe oder Präsidenten zusammen. Sie verkörpern eine Herrschaft nach dem

Ende der böhmischen und auch mancher anderer Geschichte, eine allgegenwärtige, oft ungreifbare Herrschaft, die man nicht mehr bekämpfen kann, weil sie fast jedermann zum Unterdrücker und Unterdrückten gleichzeitig macht, weil sie eine allgemeine Abhängigkeit jedes einzelnen von diesem Staate schafft, und weil Widerstand fast zwangsläufig in die neuen Gefängnisse führt. Nicht mehr um die Nation ist es zu tun, auch nicht um die tschechische, sondern um ein Imperium. Was Imperialismus wirklich heißt, das sollte Böhmen nun am eigenen Leib erfahren.

Seinen Lebensunterhalt verdiente der »junge« Jaroslav nach der Enteignung noch eine Weile als Verwalter des väterlichen Gutes. Dann mußte er aus dem Schloß in das baufällige Brauereigebäude umziehen und für sechs Jahre als Straßenarbeiter in Kschimitz werktätig sein. Er trug es still, gewissenhaft, ohne zu klagen. Die fünf Kinder des Straßenarbeiters Lobkowicz durften nicht studieren. Er selbst fiel höchstens auf, als der ihm unterstellte Straßenabschnitt auch in einer von Schneesturm durchtobten Christnacht als einziger geräumt war. Der Fürst hatte seine Söhne geweckt, um bis zum Morgen fertig zu werden. Eine Tuberkulose verhalf ihm schließlich zu einer Stelle als Lagerarbeiter in Pilsen.

In Kschimitz wächst heute Gras über der Auffahrt hinter den hohen verschnörkelten Eisengittern. Das gastfreie Halbrund der Schloßfassade mit ihren feingliedrigen seitlichen Anbauten ist noch erhalten, ebenso die figurengeschmückte Parkmauer. Aber Tor, Auffahrt und Freitreppe sind vereinsamt, sind ganz still geworden, geben Raum für Kutschen, Pferde und Menschen, die manchmal aus den Vergangenheitsschatten hervorzutreten und sachte zu winken scheinen. Auch die Lehanka Mári aus unserem Dorf, die in Kschimitz Kindermädchen war, hebt leicht die Hand, sie trägt eine kleine, weiße, spitzenbesetzte Schürze.

Nachfolger

Tante Mimi starb in einer Zeit, da man sich dem erhofften gnädigen Verlauf der Geschichte noch anvertrauen durfte. Sie hatte das Glück, ihr Leben trotz aller Sturmzeichen auf die ihr gewohnte Weise zu Ende führen zu können. Böhmen schlingerte zwar von einer wirtschaftlichen Krise in die nächste und radikalisierte sich rasch. Tante Mimi hatte noch von Krawallen in der Mieser Gemeindevertretung wegen der geforderten Abfassung der Sitzungsprotokolle in tschechischer Sprache erfahren. Sie hatte von der Stillegung der Windischgrätzschen Schloßbrauerei in Kladrau und von Gedächtnisfeiern zum 300. Todestag von Wallenstein gehört, aber ihren sich neigenden Erdentag mag das nur mehr wenig berührt haben.

Die böhmischen Nachbarn kamen zunächst noch im Herbst zur traditionellen Treibjagd, die wegen ihrer Unmengen an Hasen, Rebhühnern und Fasanen und wegen der gutgepflegten »Schußalleen« sehr beliebt war. Das letzte große Jagddiner fand 1937 statt, als noch einmal der Schein vieler Kerzen über den blumengeschmückten Tisch im Saal sprühte.

Die Küche verschwendete, was mit Hilfe der auch auf den Nachbarschlössern leihweise eingesetzten, längst pensioniert im »Doktorhaus« lebenden Schaffer Liesl und ihrer jungen Nachfolgerin an alter böhmischer Kultur aufgefahren werden konnte. Schon drei Tage zuvor begann Liesi mit der Herstellung ihrer berühmten Wildpastete, im letzten Jahr ein bei noch lebenden Augenzeugen bis heute unvergessener liegender Hase in Aspik, mit fröhlich krauser Petersilie garniert. Auch die Eisbombe und die sie als Hofstaat umrahmenden winzigen Plätzchen waren schon am Vortag bereit.

Der Tisch im Saal wurde mit allen vorgesehenen Zwischenbrettern für fünfzig Personen ausgezogen, mit weichem Molton und mehreren Damasttischtüchern bedeckt. Diener und

Heger servierten auf gewaltigen ovalen Silberplatten. Gebratene Rebhühner zwischen kleinen Muscheln voller Preiselbeeren sandten Duftschwaden zum Plafond empor. Sproßlkohl und Karotten lagerten am Fuß wolkiger Püree-Berge. Dunkler Rotwein wurde von aufmerksamen Händen in alte Gläser gegossen.

Der Krieg bereitete all dem ein jähes Ende. Die langen Tischtücher sollten nie mehr benützt werden. Einige von ihnen und etliche dazugehörige Servietten mit dem eingestickten JB wurden auf die Flucht mitgeschwemmt. Sie bergen bis heute im Rankenwerk der alten, beim Spitzenfabrikanten Ferdinand Wild in Weißensulz angefertigten Monogramme die versunkene Welt der Juncker-Bigattos, Tante Mimis und ihrer allherbstlichen Gäste; sie enthüllen den Kerzenglanz von Festen, deren Licht uns erreicht wie von toten Sternen.

»Jaja, der Wolfgang Amadeus Goethe, oft is' er in Karlsbad g'wesn« – so hatte Tante Mimi die Wohltaten der benachbarten Bäder oft gerühmt, von denen sie Franzensbad vor Marienbad und Karlsbad den Vorzug gab. Konfessionelle Fragen tat sie ab mit der Bemerkung: »Der Luther, des Schweindl, heiraten hett' er net derf'n.« Gerne hätte sie für die Ehe des Adoptivsohnes zur Bedingung gemacht, daß seine evangelische Braut konvertierte. Man suchte den in Karlsbad weilenden Erzbischof von Prag auf, Karel Kaspar, der um die Jahrhundertwende einst Kaplan in unserem Dorf gewesen und noch 1936 zu dessen Ehrenbürger ernannt worden war sowie zum Mitglied der Freiwilligen Feuerwehr. Weit entfernt davon, Tante Mimis Forderung zu unterstützen, rügte er ihren allzu heftigen Eifer und empfahl nach einem klärenden Gespräch mit der Braut, sich einstweilen mit der katholischen Erziehung der zu erwartenden Söhne zu begnügen. Er mag geahnt haben, daß dieses Herz noch zu heftig in sich selbst hineinweinte, um der Güte des Gekreuzigten zu begegnen, gar sich mit Erbsünde oder Fegefeuer auseinanderzusetzen. Tante Mimis katholische Hoffnung sollte sich erst dreißig Jahre später erfüllen. Auch als bejahrte Adoptivmutter mußte sie noch die Geduld lernen, mit der Eltern die meisten ihrer Wünsche unerfüllt ins Grab zu nehmen haben. Böhmen also konnte warten.

Mit der Frau, die ihr »Clemensl« gewählt hatte, war Tante Mimi schließlich doch einverstanden, obwohl diese keinen böhmischen Namen trug, weder Wald noch Geld, vor allem keine Brauereirechte vorzuweisen hatte. Aber man konnte ihre Abkunft doch wenigstens im violetten freiherrlichen »Gotha« nachschlagen und den Vaternamen die erwünschte Zahl von Jahrhunderten bis ins hohe Mittelalter zurückverfolgen. Da ließ sich über den diesbezüglichen unleugbaren Mangel bei der Faberschen Mutterlinie großzügig hinwegsehen. Wäre es anders gewesen, hätte Tante Mimi ertragen müssen, daß die Nachbarn – genau wie sie selbst auch in solchen Fällen – bei der Frage, ob die Braut von Clemens Juncker-Bigatto »Jemand« sei, naserümpfend geraunt hätten: »Nein, sie ist Niemand.«

Onkel Ottokar

Tante Mimi selbst war mit großer Selbstverständlichkeit und Überzeugungskraft unverheiratet geblieben. Keine Spur von Wesensverkümmerung! Es war ohnedies undenkbar, sie sich an der Seite oder gar einen Schritt hinter einem Gatten vorzustellen. Sie war und blieb Herrin, da wo sie hineingewachsen war. Sie hatte zwar wohl auch Geschwister. Ihre jüngere Schwester, die Baronesse Johanna, die noch in der Habsburgerzeit gestorben war, galt als ein wenig »zurückgeblieben«. Auch mit Baron Ottokar als Nachzügler einer Verwandtenehe der Eltern mag es vielleicht nicht ganz so weit hergewesen sein wie wünschenswert für einen Stammhalter und Erben. Anders wäre es sonst kaum zu erklären, daß der Verwalter Grimmich ihn auf die bescheiden vorgebrachte Bitte um Geld im Schloßhof – mit Verlaub – einfach stehenließ. Bei einer Heirat Ottokars hätte Mimi das Feld räumen, sich auf das kleine Gut Oschelin zurückziehen, hätte abdanken müssen. Ottokar heiratete infolgedessen auch nicht. Sie ließ ihn nach einigen erfolglosen Arrangements gar nicht mehr in die Nähe derart verwegener Wünsche gelangen. Er war zwölf Jahre jünger als sie.

Eine Photographie zeigt uns, die wir ihn nicht mehr erlebt haben, Onkel Ottokar als älteren Herrn mit schöngewölbter Glatze, großer feingebogener Nase und mit Schnauzbart über einem nicht sehr ausgeprägten Kinn. Er sitzt für einen schräg hinter ihm stehenden Photographen mit ruhigem Profil an einem Sekretär und hält einen Federhalter schreibbereit auf ein leeres Briefblatt. Die barock geschwungene Arbeitsplatte ist nach rückwärts zur Wand hin, wo übermächtige Elternphotographien hängen, durch eine niedrige Schubladenlandschaft begrenzt, die von einem Wald aus weiteren Photographien, Figürchen, Uhren, Barometer, vollgestellt ist. Seitlich sorgen niedrige Holzhürden zwischen gedrechselten Pfosten dafür, daß die wohl sowieso zahme Herde der Gedankenschafe nicht etwa ausbricht. Auch diese nur mehr kleine Fläche ist nochmals eingeengt durch Schreibutensilien und ordentliche Häufchen kleiner Bände: ob Gebetbücher, Gartenkalender oder – das ist am wahrscheinlichsten – die wichtigsten Jahrgänge des violetten »freiherrlichen«, des grünen »gräflichen« und des roten Adelskalenders mit den »regierenden« sowie den »fürstlich nicht reichsunmittelbaren Häusern«, ist nicht recht zu erkennen. Onkel Ottokar kann nur mit angelegten Ellbogen schreiben.

Ein winziges Zeugnis seines bescheidenen Lebens, das unser Vater als einziger Augenzeuge offenbar kaum wahrgenommen hatte, ist kürzlich aus Kschimitz zu mir gelangt: Da notiert er am 1. April 1919 mit feinster Feder auf einer rauhen Postkarte aus Kriegspapier, frankiert mit einer alten weinroten 10-Heller-Marke der noch immer Kaiserlichen Königlichen Österreichischen Post: »Lf! (Lieber Freund) Leider kann ich morgen Montag nicht kommen, da sich die Lo Kraus von Prag angesagt hat; werde meinen werthen Besuch später mir auszuführen erlauben. Wir sitzen im Finstern, da der Motor für das Electrische hin ist. Herzliche Grüße, Ottokar.« Die Karte ging an »Durchlaucht, Dr. Prinz Jaroslav Lobkowicz, Kschimitz b. Pilsen«.

Als Ottokar ein Gymnasiast war, langweilte es ihn, immer so allein mit seinem Hauslehrer, dem Pater Loskos, über den Büchern zu sitzen und in Mies ab und zu extra geprüft zu werden. Daher wurde ihm erlaubt, sich den Johann Zeidler, Sohn des Leibjägers vom Vater, dazuzuholen. Zeidler brachte es später zum Oberlehrer. Ottokar räumte seinem Jugendfreund das Recht ein, im ganzen Revier auf die Jagd zu gehen. Dieser mußte leider erleben, daß Tante Mimi ihren Bruder noch bis über den Tod hinaus unterdrückte, indem sie dem pensionierten Oberlehrer Zeidler dieses Privileg wieder entzog. Sie hätte sich das ruhig sparen können; der alte Zeidler schoß eh nichts und wurde trotz seines Ärgers, trotz Krieg und Aussiedlung, treu dem Versprechen von Doktor Heinsfurth, zwar nicht hundert, aber vierundneunzig Jahre alt.

Onkel Ottokar, der das »Hereinschaun« über alles liebte, schaute auf seinem täglichen Abendspaziergang immer als erstes beim Schneider Rupp herein, der ihm alle Anzüge und Jacken nähte. Dann ging er zum Kaufmann Pohan, wo er sich im dämmrigen Laden ein Gläschen einschenken ließ. Schließlich schwenkte er nach links zur Gasse ab und rief schon von weitem: »Schorsch, was machst'n?« Der Hammer Georg, sein anderer Jugendfreund, kam heraus, und dann gingen sie entweder mitsammen in die Werkstatt – in der Wohnküche wollte Ottokar nicht stören –, oder sie setzten sich auf die Hausbank und sprachen vor allem von früher. Manchmal standen sie einfach nur am Gartentor, und dies gelegentlich so lange, daß der Schorsch anfing, vor Kälte in sich hineinzukriechen. Ottokar liebte den Schorsch, der sein tiefes Vetrauen genoß und auf Treibjagden hinter ihm stand, um ihm die Flinte zu laden, wenn er mit zwei Gewehren schoß. Hammer zimmerte ein großes Kreuz, das Ottokar am Ende der Obstallee für einen in Südtirol geschnitzten Corpus aufrichten ließ. Georg Hammer war Bienenmeister, Musiker und Lehrer auf Waldhorn, Zither und Geige, er war einer der besten Handwerker der Gegend, strich im Schloß alle Fenster und kam jeden Tag, um Wand- und Standuhren aufzuziehen. Der Rückweg von Onkel Ottokars täglicher Runde führte ihn wieder zum Pohan und als letztes wieder zum Rupp Josef. Auf diese Weise schloß sich einer der vielen Kreise, die das enggeknüpfte Netz des Lebens in unserem Dorf bildeten, und die laufenden Ereignisse fügten sich gesprächsweise und schließlich als Erzählung unversehens zur Chronik der jeweiligen Generation zusammen.

Onkel Ottokars Chronik hätte ereignisarm scheinen können. Und doch gab es Anzeichen für ein verborgenes Drama. Man munkelte noch in seinen späteren Jahren etwas von »Amourln«, sogar im eigenen Haus. Wer weiß, warum der alte Pohan, der Schloßgärtner, für ihn einen Marsch komponiert hat, der »Vive l'Amour« hieß und bald nur noch »dem Baron sein Marsch« genannt worden ist? Ottokar lächelte noch im Alter schüchtern unter seinem Schnurrbart, wenn die Schüler von Oberlehrer Lanzendörfer diesen Marsch mit aufgeblasenen Backen über den Anger erschallen ließen. Im Schloß hörten die Leute ihn zuweilen »Jetzt geh ich ins Maxim« singen und mit Hingabe die zu inniger Nähe einladenden Namen der französischen Mädchen, »Lolo – Margot«, zärtlich in die Länge ziehn. Als Ottokar einen kühnen Moment lang den Plan hegte, über alle Bedenken hinweg sich eine Bürgerliche anzutrauen, bekam er es mit der großen Schwester zu tun. Allerdings konnte er ihr's auf Heller und Pfennig heimzahlen, als sie selbst für einige Augenblicke ins Schwanken geriet – damals, in der Zeit ihrer bedauerlichen Schwäche, als ihr fester sicherer Schritt sich ein wenig in der undeutlichen Spur eines drüben auf der anderen Flußseite die Bahnstation regierenden Angestellten verlor.

Welche verhohlenen Stürme aber Ottokars zaghaftes Herz mitunter aufrührten, hätte der Diener Wenzel ahnen können, wenn er nicht viel zu jung dafür gewesen wäre. Er hörte den Herrn Baron nachts oft laut mit sich sprechen und hatte nach solchen schweren Nächten morgens ein paar geleerte Flaschen aus dem Zimmer zu bringen.

Ein einziges Mal, am späten Abend seines vierundsechzig Jahre währenden Erdentages, erhob Onkel Ottokar sich weit über seine untergeordnete Lage. Er besorgte sich beim Kaufmann Pohan im Laden ein Fläschchen Cognac, fuhr damit in der Kutsche nach Mies und machte der »Oberstin« einen

Heiratsantrag. Diese Oberstin, einst eine reiche jüdische »Partie« aus Wien, war die noch jugendliche Witwe des Obersten Ottokar von Streeruwitz, der ein wenig zu flott mit Geld und edlen Pferden umgegangen war. Seine Witwe, nun eine rauhe Mittdreißigerin, rauchte, trug Jagdkostüme und kurzgeschnittenes Haar und kam mit ihren »Hunderln« an der Leine häufig herüber zu Mimi und Ottokar. Auf jenen völlig unerwarteten Antrag hin erbat sie sich Bedenkzeit.

Ottokar fuhr in der Kutsche wieder nach Hause. Es wurde kalt. Der erste Schnee fiel in dieser Nacht vom 12. auf den 13. Dezember 1928, einer Nacht, die den kältesten Winter seit langem einleitete; er würde bis zum 25. März dauern; das Thermometer würde auf 38 Grad unter Null fallen; im Februar würden sogar für einige Tage die Schulen schließen; noch im Fasching würde im Saal das Bier gefrieren.

Onkel Ottokar hatte in seinem entschlossenen späten Vorstoß alle ihm noch zur Verfügung stehende Lebenskraft verausgabt. Sehr viel davon hatte er offenbar nie besessen. Er legte sich nach der nächtlichen Heinmkehr sogleich zu Tode erschöpft hin. Am nächsten Morgen, zu Beginn der Sieben-Uhr-Messe, starb er ganz plötzlich.

Gärten

Onkel Ottokar pflegte hingebungsvoll die beiden Terrassengärten. Es mag sein, daß er den Perückenstrauch oder die beiden Magnolien des östlichen »Schloßgartens« gepflanzt hat, die, wenn der Vorfrühling gnädig und ohne allzu harsche Fröste verlaufen war, ihre träumerischen Riesenblüten in die Aprilsonne hielten. Auch wir stecken noch unsere Nasen hinein und gießen in trockenen Jahren mit winzigen Blechkännchen Wasser in die vielen Löcher, die den Wurzelbereich der kostbaren Exoten anzeigen. Auf diese Weise ist auch behutsam gedüngt worden. So haben sie jahrzehntelang den eisigen kontinentalen Wintern standgehalten, den glühenden östlichen Sommermonaten. Dem Sozialismus und seinem Mangel an Geduld erlagen sie schon nach kurzer Zeit. Heute ist dieser einst von einer dichten Fliederhecke schützend eingefaßte Bereich verschwunden.

Die in »Maria-Theresia-Gelb« leuchtende Fassade des Barockgebäudes, von Fischer von Erlach wenn nicht gebaut, so doch inspiriert, hat rechts und links der durch den hohen Mittelteil führenden Einfahrt diese beiden von Ziegelmauern abgestützten Gärtchen vor sich. Sie sind vor über hundert Jahren aufgeschüttet worden mit Erdreich droben vom Feld hinter Hof und Gemüsegarten, das seitdem von einem schwarzdorngesäumten Hohlweg durchzogen ist. Die Gärten sind nicht breiter als die jeweiligen Gebäudeflügel und – ja, über ihre Tiefe etwas zu sagen, ist schwierig. Es wird nur ein unbeträchtlicher Streifen struppig versteppten Bodens von ihnen bleiben, mit Disteln und Ampfer bewachsen. Damals aber sind es Wunderwerke der Gestaltungskunst gewesen. Der »Kanzleigarten« mit Thujen, mächtigen Buchen, blühenden Buschgruppen und dazwischen Kieswegen, ist kontemplativ; er wirft Schatten, ist zum Wandeln und zum Führen ernster Herrengespräche geeignet. Wir halten dort auf dem Rasen hof mit unseren Puppen.

Wenn es so heiß ist, daß wir froh sind, auf einer Decke liegend den Tag vertrödeln zu dürfen, blinzle ich durch das Raupenloch eines Blattes in den böhmischen Sommerhimmel; ich bin fest überzeugt, wenn ich nur genügend Geduld habe, werde ich durch dieses magische Fenster Luftgeister mit schimmernden Flügeln erkennen, und sie werden sogar zu mir sprechen. Hier in der Augusthitze fällt mir ein: Noch ist es mir am Weihnachtsabend bisher nicht gelungen zu erleben, wie die Hoftiere in dieser einen Nacht menschliche Stimmen annehmen. Wie hätte denn auch ich in den wenigen, mit Dunkelheit und Licht überfüllten Stunden Zeit finden sollen, allein hinüber in die Ställe zu gehen? Nur allein erlebt man das Wunder, das weiß ich von unserer Mutter. Es kommt nie dazu.

Aber jetzt, hier, im August, während die Zeit stehenbleibt, jetzt bin ich doch ganz nahe daran, Bienen, Schmetterlinge und Spatzen zu verstehen, und vor allem die Mauersegler, die dem Kirchturm da droben so laut und so viel zurufen – auf deutsch, auf tschechisch oder ägyptisch, wer weiß? –; daß ihm der Kopf unter der Zwiebelhaube schwirrt. Er antwortet wenig. Alte Kirchtürme schweigen am liebsten; und wenn wirklich etwas zu sagen ist, läuten sie. Heiße Sehnsucht erfaßt mich. Was mir diese vielen verschiedenen Tiere nicht alles mitzuteilen versuchen! Ihr seid Brüder, ich bin euresgleichen, beschwöre ich das Schwirren, Summen, Rufen um mich her. Ich will mitfliegen. Denn ich weiß noch nicht, wie nötig sie die Namen brauchen, die sogar schon ich ihnen geben kann, und daß sie sich selbst verlieren würden, wenn wir es aufgäben, sie zu benennen, um uns statt dessen in ihre Ordnungen einzureihen. Das ganze rätselhafte Märchenschloß aus Sprache wäre verschwunden, das ich im tiefen Wald suche und doch erst draußen bei den Menschen finden kann, draußen, von woher ich komme. Es läutet zwölf Uhr. Vom Hof herüber dringt langgezogenes Heulen. Da sitzen der dicke Wachtelhund und der dürre Dackel auf ihren Hinterteilen, und beide heben ihre Schnauzen so hoch es geht, um dem Kirchturm zu antworten. Sie heulen gottserbärmlich, und plötzlich verstehe ich sie.

Zwischen einer weinumsponnenen Laube in der Fliederhecke und einer ausladenden Blutbuche gibt es eine Stelle, wo lauter vierblättrige Kleeblätter wachsen. Meine Schwester, im Gegensatz zu mir begabt für deren Auffinden, hat diese Stelle entdeckt. Hier erlebe ich zum ersten Mal das Schalwerden einer ins Alltägliche, in den Überfluß hineinstürzenden Besonderheit. Wir liefen in jener fernen Zeit sonst keinerlei Gefahr, in irgendwelchen Überfluß zu geraten. Selbst ohne Krieg wären Selbstbeherrschung und Genügsamkeit oberstes Erziehungsgebot gewesen. Die Entartung des Paradieses zum öden Schlaraffenland ist daher zum ersten Mal in dieser Parzelle der Vierblätter als traurige Erfahrung eigener Begrenztheit für mich gegenwärtig, eine frühe Andeutung unaufhebbaren irdischen Elends.

Ich nehme mir jedoch fest vor, mich solchem Elend zu widersetzen. Mir wird es gelingen, ganz bestimmt wird mir gelingen, das Besondere mit freudigem Geist wahrzunehmen und im Herzen vor Schaden zu bewahren. Wie kann die Frau des armen Fischers nur so dumm sein, empöre ich mich selbstherrlich, und dem bereitwilligen Butt eine Torheit nach der anderen abfordern? »Mann, ick will warden as der lewe Gott, gaa glik hen to'm Butt.« Recht geschieht es der Trine: Am Ende »sitt se all wedder in'n Pißpott, noch hüt un dissen Dag«. Nein, das will ich doch keinesfalls. Ich ahne noch nicht, wie schwierig das sein wird. Ich liege im Thujenschatten auf dem Rücken, halte mir das Blatt vors Auge und versuche, den Regenbogenglanz der Welt zwischen meinen blinzelnden

Wimpern einzufangen, dieses flüchtigste Licht, das in einem Tropfen Regen oder Tau, nach einem Gewitter oder nach Tränen am leuchtendsten aufblitzt.

Ich will mit der Natur vertraut werden, mit Pflanzen und Tieren, will deren Namen und Gestalt kennen. Meine Mutter wird dabei zum Lehrmeister. Ihre 1941 im B. Fischer Verlag erschienene erste Erzählung hat den Titel »Die geflügelte Orchidee«. Das bezieht sich auf eine Orchis, einen Bastard, den sie in ihrer Jugend ein einziges Mal gefunden hatte. Ihr konnte der Atem stocken, wenn sie einem seltenen Geschöpf begegnete, und sie übertrug das auf mich. Aber auch Alltäglichkeiten wußte sie mit leuchtenden Augen und feurigen Worten in den Rang höchster Besonderheit zu heben. Als eines unvergessenen Tages, kurz vor ihrem Tode, bei einem Spaziergang durchs Voralpenmoor der ungemein seltene Habichtsadler über uns kreiste, sprach sie den Irrgast als erste an.

Aber wer den Bussard nicht vom Falken, die Weihe nicht vom Adler zu unterscheiden weiß, der erlebt derlei überhaupt nicht. Es mehren sich die großen Begegnungen für den, der begonnen hat, seine Aufmerksamkeit für die Vielfalt in der Welt zu schulen. Die Schöpfung wird zum Sternstundenbuch.

Meine Schwester und ich pflücken, pressen und verschenken vorerst unsere böhmischen Vierblätter, ohne uns viel dabei zu denken. Ich merke nur, daß eine Art schlechten Gewissens sich regt. Eigentlich betrügen wir ja die Beschenkten, wie Forschungsreisende, die den Eingeborenen Glasperlen mitbringen und gegen kostbarere Waren eintauschen. Später begriff ich, daß Vierblätter ihren Reiz ausschließlich ihrer Seltenheit verdanken. Denn von sich her besitzen sie sogar eher weniger Schönheit als die in ihrer harmonischen Asymmetrie so fröhlichen Dreiblätter. Man darf also auf keinen Fall eine Stelle kennen, wo Vierblätter regelmäßig wachsen.

Manchmal – man vergißt es nie mehr – tritt in der Natur die

Herrlichkeit selbst hervor: der türkisfunkelnde Eisvogel, die Frühlingsadonis, gelb bis dorthinaus blühend, oder die eine, strahlende Sternschnuppe, die ihre Spur so weit über den halben Augusthimmel zieht, daß einem der Lebenswunsch aus dem Herzen springt und in Erfüllung zu gehen verspricht. Für die Zeit zwischen den Sternstunden lehrt mich unsere Mutter die Freude am Wiederkehrenden: Schönheit des jungen Buchenlaubes, der Wegwarte, des Sommerabendfluges von Mauerseglern.

Aber schon damals, in Onkel Ottokars beiden Gärten, aus deren Kieswegen mir das Schurren des Rechens vom alten Gärtner Michl im Ohr geblieben ist, habe ich dunkel gehofft, mich dem grausigen Gesetz der Gewöhnung entziehen zu können. Wenn er käme, der eine, der Falke, ich würde ihn unbedingt erkennen, und nie, niemals, nicht einmal an Alltagen aufhören, ihn als so wunderbar zu sehen, wie er in Wirklichkeit ist! Dann will ich Königstochter sein, auch wenn ich, um den Verlorenen wiederzufinden, drei Paar eiserne Schuhe durchlaufen, drei eichene Wanderstäbe verbrauchen und drei harte Opferbrote essen muß vor dem Ziel hinter dem drei mal neunten Zarenreich. Ich will dem endlich Gefundenen trotzdem keine seidenen Riemen als Geschüh an seine Fänge binden. Frei soll sein Auge blicken, leicht sein Flug bleiben, wohin immer es ihn ruft. Ich träume und nehme die Märchen beim Wort, bei dem Wort, das den Falkenstunden Dauer verleiht. Noch scheint der Knäuel der Baba Jaga wegweisend vor mir her durch die böhmischen Wälder zu rollen und ich halte das Ende des Fadens in der Hand. Aber schon lauert die aus Fieberträumen drohende Wirrnis der zerrissenen Fäden, und es wird immer wieder auf langen Strecken so aussehen, als ob es allein für mich keinen Weg gäbe und auch kein Ziel.

Denn auch mit der Dämonie der Wege werde ich schon frühzeitig vertraut. Für einige Winterwochen des Jahres 1943 werden wir in eine freundliche Schule in Partenkirchen geschickt. Es heißt, wir bräuchten Alpenluft und sollten Schifahren lernen. Am ersten Tag verlasse ich das Schulgebäude durch die falsche Türe. So verfehle ich die mich abholende Person, finde mich verloren und habe den Namen unserer Pension vergessen. Also stelle ich mich weinend auf einen großen Schneehaufen und mache in die Hose. Zwei hilfsbereite große Mädchen nehmen sich später meiner an, übersehen das schmachvolle Gelb unter meinen Füßen und holen gerade so viel an Information aus meiner Verwirrtheit heraus, um mich schließlich doch noch heimbringen zu können.

Damals hat ein lebenslanger Zwist mit Türen und Wegen begonnen. Vorplätze verwandeln sich seitdem auf Rückwegen für mich regelmäßig in Hinterhöfe, breite Stiegen in enge Hintertreppen, die Zahl der Stockwerke kommt ins Fließen, Souterrains schieben sich dazwischen. Straßen bilden hinter meinem Rücken spitze oder stumpfe statt rechte Winkel; auf ihre Parallelität ist weder in Städten noch in Wäldern Verlaß, so daß sie, statt ein übersichtliches Netz zu bilden, sich als Spiralen durch gekrümmte Räume winden. Daß Parallelen sich angeblich in der Unendlichkeit treffen, hilft demjenigen ohnedies wenig, der in der Endlichkeit umherirrt. Stadtpläne und Landkarten kann nur benützen, wer schon weiß, wo er steht. Wer nicht einmal diesen Standort kennt, muß lernen zu fragen, muß die Zuversicht aufs Unverhoffte richten, auf die Möglichkeit eines Lichtes. Dann kann ihn jede Wegbiegung überraschend ins Freie führen. Der ersehnte Garten, das gastliche Haus, die eine richtige Türe stehen ihm immer gleich nahe bevor und sind immer ganz und gar unverdient. Der Gott der Wege mag sich seiner erbarmen.

Damit das Gehen in die Irre mir ebenso zur täglichen Erfahrung werden konnte wie die Zuversicht, mußten für mich die vertrauten Kinderwege mit Schwarzdorn, Disteln und

Bärenklau zuwachsen, mußten die beiden kleinen Gärten der Kindheit verlorengehen.

Der östliche von ihnen, »Schloßgarten« genannt, hatte eine Tiefe von ganz anderer Art als der Kanzleigarten. Es gibt eine Photographie, da verliert sich der Blick über den blumengefaßten Springbrunnen hinweg zwischen Perückenstrauch, Rosenbäumchen und Palmenkübel in scheinbar endlosen Buschkulissen. Dieser Garten fängt Sonne ein. Sie muß stark gewesen sein damals. Am Spalier, der die Fassade im Parterre bedeckt und alle Fenster einrahmt, reifen Weintrauben und Pfirsiche. Der Ostflügel des Gebäudes endet im Wintergarten. Dieser hat nach Norden und Süden Glaswände sowie ein eigenes Heizungssystem. Schon Ottokars Vater Karl Anton war ein begeisterter Gärtner. Seine Kamelienbäume haben zu unserer Zeit dicke Stämme und bilden einen Wald in bemoosten Kübeln. Ich krieche hindurch; begegnete mir der Wolf, ich würde mich kaum wundern, daß er, statt im böhmischen Nadelwald zu bleiben, auch in den Kamelienwald läuft. Ins Freie tritt man unter Magnolienblüten. Die Levkojen an der Glaswand hat unsere Mutter eingeführt. Wir gießen sie eifrig mit Wasser aus dem Springbrunnen. Dieser ist rund, hat einen flachen Steinrand und in der Mitte eine kleine Tuffpyramide, aus der eine bescheidene Fontäne sprudelt. In manchen Sommernächten funkelt darin so silbern der Mond, daß ich erwache, als ob eine Glocke angeschlagen hätte. Ich beuge mich staunend über die Balkonbrüstung, lausche in die feuchte Nachthelligkeit hinaus und weiß mich in starker, erwartungsvoller Bereitschaft. Gesänge, Düfte, ein vorbeifliegender Teppich – ich würde mich über nichts wundern. Alles ist möglich. Im Flieder höre ich's flüstern.

Hinter dem Brunnen gibt es eine kleine Allee von Hochstammrosen, auch sie von unserer Mutter gepflanzt, die Onkel Ottokars Garten behutsam weitergestaltet. Viel Zeit bleibt ihr nicht mehr, und so läßt sie sich, ahnungsvoll vielleicht, nur mehr auf Rosen und Levkojen ein. Denn schon zehn Jahre nach ihrem Einzug wird mit dem Spuk der kurzen tausend Jahre die lange Epoche der von Obstbäumen gesäumten böhmischen Staubstraßen, der kleinen gelben Dorfhäuser mit den Fassaden nobler habsburgischer Pavillons, der Vorgärten mit den bunten Glaskugeln auf Stangen und der träumenden Parks zerstoben sein.

Unsere Mutter geriet im Bruch der Epochen für zwei aus jedem Rahmen fallende Wochen, über die sie später nie mehr gesprochen hat, ins überfüllte Pilsener Gefängnis und mußte nach der Befreiung binnen zweier Stunden für immer das Land verlassen.

Nun wurden die Kamelienbäume – in ihre Kübel vergrub jemand hastig etwas Silberzeug – weggeschafft, angeblich nach Prag in den botanischen Garten. Aber Kamelien sind empfindliche Geschöpfe. Sie mögen nur bestimmte Standorte, nur bestimmte Hände, nicht irgendwelche. Zunächst fallen ihnen die Knospen ab. Und wenn sie erst die Blätter abwerfen, steht ihr Tod bevor. Nicht nur ein Winter kam für sie, sondern eine Eiszeit. Kamelien sind solche Pflanzen. Man kann nicht alles mit ihnen machen. Im Prager Frühling waren sie längst gestorben. Er wäre ohnedies zu kurz für sie gewesen.

Der Kanzleigarten und der Schloßgarten hielten damals noch eine Weile durch. Dann vertrockneten die Fliederhekken, erfroren die Spalierbäume. Plötzlich war das Klima so rauh, daß weder Magnolien noch Rosen ihm standhielten. Böhmen ist eben ein besonderes Land: Es kann blühen und viele Urnen voll Honig hervorbringen, oder es kann gänzlich veröden, je nachdem, wie man mit ihm umgeht. Nun erging es ihm wie den Kamelienbäumen: Erst die Knospen, dann die Blätter. Es wurde kahl. Auf einmal sind die Sommer zu heiß, die Winter zu kalt, auch für böhmische Gärten. Zwar scheint es so, als ob die Menschen Gärten bräuchten. Sie stammen ja aus einem Garten. Das können sie offenbar nie vergessen. Aber ein Garten muß zu jemandem gehören, der ihn liebt.

Onkel Ottokar, der die Liebe vom Vater geerbt hatte, hinterließ uns den alten Gärtner Michl. Von ihm lernte unsere Mutter. Das Gärtnern hatte sie schon im Blut von den Fabers her, und sie gab es an uns weiter; auch die Hände, an denen immer ein oder zwei Nägel eingerissen und auch die anderen selten in Ordnung sind. Die Rückenschmerzen hat uns der alte Michl weitergegeben. Seinesgleichen gibt es nicht mehr. Wir halten leidlich seine Stellung und die einiger Frauen, die ihm in arbeitsreichen Frühlings- und Herbstwochen zugeteilt waren. Und statt eines Springbrunnens plätschert uns Wasser aus der Dachrinne in einen winzigen Tümpel.

stellten Hühnerhof. Die Hennen fangen seltsamerweise schon im Januar an zu legen. Aus den Gewächshäusern kommen bald zarte Radieschen und Salatköpfe. Junger Spinat leitet über zu Rhabarber, der die Einmachsaison eröffnet. Nun beginnt Miabias Glanzzeit, die mit den Erdbeeren, den Himbeeren, Stachelbeeren und den hierzulande Ribisln genannten Johannisbeeren, dann den Marillen, Kirschen und Pfirsichen, bis hin zu Äpfeln, Birnen und Walnüssen von einem Höhepunkt zum anderen braust. Ein ganzer Raum im Parterre hinter den Spaliertrauben füllt sich mit den Werken ihrer schöpferischen Phantasie: In Abstufungen von Gelb über Orange bis Dunkelrot schimmert ihre Ernte in Glas auf den Regalen. Auch Gläser mit bleichem Truthahnfleisch gibt es und mit Schweinernem sowie Paradeiser und vielerlei Gemüse. Weintrauben hängen an Wollfäden von einem durchs Zimmer gespannten Strick herab. Der Duft von Äpfeln und Birnen schwebt über allem und dringt auf die Gänge heraus.

Das Beerenpflücken, gar das Abbeerln der Ribisln, das Entknospen der Stachelbeeren, die man mit einem zugespitzten Zündholz anstechen muß, damit der Zucker eindringen kann, freut uns wenig. Zwar ist es lustig, in der Morgendämmerung aufzustehen und mit hinauszugehen, vor dem ersten Flug der Bienen, wenn der Garten kühl und tauig ist. Aber die Masse der in schweren Trauben an den Büschen hängenden Johannisbeeren ist entmutigend, ein Ende der Arbeit gar nicht abzusehen. Ich verlege mich lieber aufs Schneckensammeln und verfüttere die Beute an die Hühner. Doch deren Appetit ist meinem Eifer nicht gewachsen, und jemand rät mir, die Schnecken mit Salzwasser zu töten. Am nächsten Morgen stehe ich vor einem mit widerlichem Schleim gefüllten Kübel und muß in der folgenden Nacht einen alles bisherige Entsetzen überbietenden Alptraum erleben: Riesenschnecken unter gelbgestreiften Häusern, mit zornig aufgerichteten Hörnern und schabenden Kiefern dringen über den Balkon herein und bestürmen mein Bett. Das Schneckensammeln ist mir fortan verleidet.

Als die Ribisln abgeerntet sind, steige ich in den schwerbeladenen Mirabellenbaum. Eines Tages sinke ich dabei mit einem Knarren und Seufzen des sich spaltenden Stammes langsam und sanft auf einem der Hauptäste zu Boden, und es wird mir durch den erbitterten Gärtner Michl für eine Weile der rückwärts hinter dem Hof gelegene, von einer Feldsteinmauer geschützte Obst- und Gemüsegarten verboten. Ich leide schwer unter dieser zeitweiligen Vertreibung aus einem Paradies, das nur in der Himbeergegend unerfreulich sein kann, weil dort das Bienenhaus steht.

Die schweren dunkelroten oder goldgelben Himbeeren zu pflücken, ist mit Gefahr verbunden. Nichts fürchten wir mehr als das hohe verzweifelte Summen einer in unseren Haaren verfangenen Biene, das beinahe immer mit dem scheußlichen Stich endet. Weinen sollen wir dann nicht. Schmerz nicht zu zeigen, ist Ehrensache. Unsere Mutter erzählt zuweilen die alte Geschichte vom spartanischen Knaben, der sich von einem unter seinem Kleid auf der Brust versteckten jungen Fuchs wundnagen ließ und schwieg, um seinen Fund nicht verraten und preisgeben zu müssen. Die riesige Wunde blutete in unserer Phantasie und spornte uns zu begeisterter Tapferkeit an. »Ein tapferes Kind muß Schmerz, Hunger und Durst, Hitze und Kälte ertragen ohne zu klagen«, sagt sie. Wir fragen nicht »warum?«, sondern wollen auch so sein und nicht wehleidig. Es leuchtet uns nur einfach ein: Bei Schmerzen zuckt man nicht mit der Wimper. Wir nehmen dies wörtlich, üben bei den besonders scharfen Brennesseln im Hühnerauslauf und weisen die feuerroten dürren Beine vor. Es gibt die winzige Hälfte eines Schokoladenecks dafür, den süßen Hauch einer Friedensahnung.

Miabia erlebt ihre höchste Steigerung in der Pilzsaison. Sie findet die verborgenen Moosgärten der Herrenpilze, die feuchten Verstecke der Birkenpilze und Rotkappen, die trokkenen, nadelbestreuten Flecken der überaus gelben Eierschwammerl. »Joij, Kinder, schaut ok, was ich gefunden hab«, jubelt sie, und wir rennen herbei. Denn einem großen jungen Steinpilz muß man huldigen, wo er gewachsen ist und sich breit, mit dickem, weißem Stiel und braungewölbtem Hut ins würdige, ungemein einleuchtende Dasein schiebt. Solche Pracht wird nicht kleingeschnitten, sondern ehrenvoll in großen Scheiben paniert und in der Pfanne »herausgebraten«. Das schmeckt besser als jedes Kalbsschnitzel. Eine herrlich gefärbte Rotkappe, die ich ganz allein gefunden habe und noch heute unter ihrer böhmischen Birke vor mir sehe, erfährt dieselbe hohe Auszeichnung.

Das Reich der Pilze ist mir vertraut durch eines von Ida Bohatta-Morpurgos genauen Bilderbüchern. »Der verkannte Bimpfi« ist, seit ich denken kann, mein Herzensbuch, bis ins Alter von 14 Jahren. Bimpfi, den jungen Champignon, liebe ich zärtlich. Ich will er sein, artig, rosa, bescheiden, wie er in holder Verlegenheit vor der Schulklasse der jungen Reizger, Boviste, Täublinge und des jungen Knollenblätterpilzes steht, an der Hand des Lehrers – eines Tintlings natürlich. Nicht daß meine Leidenschaft für Pilze nur von diesem Bilderbuch herrührte. Auch solche Zugehörigkeit gründet tiefer, vor allem in einer gegenseitigen Anziehung, bis hin zu aufflammendem Wiedererkennen, die nur eines ganz geringen Anstoßes bedürfen. Ich hätte in jedem Fall zu den Pilzen gefunden und sie zu mir.

Bimpfi aber ist noch etwas anderes: Er ist Reinheit, er ist Unschuld, und – das vor allem macht ihn so ergreifend – er ist verkannt. Das Böse bedroht, ja besiegt mich zeitweise nahezu. Der finstere Knolli aus der letzten Schulbank ballt die Faust, mischt schwarzes Gift; durch naheliegende Verwechslung gerät Bimpfi in falschen Verdacht und wird im Kerker, in einem hohlen Baum angekettet. Wie er dasitzt, mit gefesselten Händen und Füßen! O Sanftheit! Seine Tränen träufeln mir die Süße reinen Mitleids ins Herz und ich weine mit ihm, weil ich gerne ebenso rein und – natürlich nur ganz vorübergehend – so verkannt sein möchte wie er. Es tobt aber Knolli mit Neid und Zorn in mir: Fußtritte gegen das arglose Schienbein der Schwester hinterlassen dort weiße Flecken, die nach einer Weile ein wenig ins Blaue spielen.

In Bimpfis Fall bringt milder Herbstregen die rosig guten wie die grünlich bösen Lamellen der beiden Pilze zum Vorschein und scheidet die Reiche des Lichtes und der Finsternis. Alles scheint eindeutig, und wir sind, ohne es zu wissen, wieder Manichäer; bis zu dem Tag, als ich vierzehnjährig zum letzten Mal mein blaues Lieblingsbuch zu lesen versuchte, den von meiner letzten schweren Ohrenentzündung schmerzdurchtobten Kopf in einen Kissenberg vergraben. Da verließ mich schlagartig innerhalb einer Stunde die moralische Sicherheit meiner böhmischen Kinderwelt, wo der Böse von Geburt an und in rätselhafter Vorbestimmung von Urzeit her böse war, das schwarze Gift unentrinnbar und ohne Sehnsucht nach Erlösung in den Adern tragend, während der Gute auch in tiefster Erniedrigung ohne Bitterkeit und ohne Versuchung blieb. An die Stelle solcher Eindeutigkeit, der ich kaum mehr begegnen sollte, trat nun der verwirrend rasche Übergang vom Guten zum Bösen, dieser geschwindeste aller sieben Teufel.

Der Faden fiel mir aus der Hand, an dem der Knäuel vor mir her durchs Dickicht gerollt war und mir den Weg gezeigt hatte. Wohin sollte ich gehen? Nie – so schien mir plötzlich – würde mein Leben in so deutlichen Bahnen verlaufen, wie sie die Erzählungen unserer Mutter durchzogen. Nichts würde diese Bedeutung haben. Ich konnte noch nicht wissen, daß genau damit mein eigener Weg begann, dessen Faden ich genauso selten zu sehen bekommen würde wie andere Menschen auch. Warum stieg Abels Opferrauch so fröhlich auf, während Kains Qualm häßlich hinab- und am Boden entlangkroch? So hatten wir's uns aus Schnorr von Carolsfelds Bilderbibel eingeprägt. Gott der Herr ließ es zu. Warum? Und wie, wenn ich Kain wäre? Diese Frage würde von nun an nicht mehr aufhören zu bohren, bis vielleicht ein ferner Tag mir die Gnade gewährte, sie nicht mehr zu stellen. Dann könnte eine Antwort unterwegs sein.

Champignon und Knollenblätterpilz mögen im Wald verwechselt werden, allerdings nur von Leuten, die sich mit Pilzen wenig auskennen. Mit Bimpfi und Knolli aber hatte es viel mehr auf sich. Mit ihnen sind wir wohl in arges Dickicht geraten und haben uns im Wald gefürchtet, wurden aber nicht vor der Zeit jenen Fragen ausgesetzt, die im rechten Augenblick von selbst vor den erschrockenen Wanderer hintreten. Unsere geliebte Miabia hat uns in jener Zeit treu geleitet, auch wenn wir nur über Pilze sprachen.

Später, in Oberbayern, wohin sie uns noch für Jahre gefolgt war, fand sie wiederum besondere Pilzplätze, die bis heute von uns aufgesucht werden und ihren Namen tragen.

Miabias Schwung, ihre Lebensfreude und behutsame Tüchtigkeit haben einen Hintergrund schwerer Kümmernisse. Wenn wir mit ihr im böhmischen Dorf unterwegs sind und an der Bahnschranke einen Zug abwarten – oft sind es in dieser Zeit endlose Güterzüge, die voller Panzer, Kübel- und Lastwagen in den Osten rattern –, dann winkt sie, und ihre ohnedies meist etwas rotgeränderten Augen füllen sich. Wir halten das für eine Erwachsenenmarotte, ahnen nichts von all dem Gram in ihrem mädchenhaften Herzen. Es wurde mehrmals bewegt, beschwingt, getreten und zerbrochen. Sie fand aber keinen Gefährten, der ihrer auch nur annähernd würdig gewesen wäre. So blieb sie allein nach den Jahren mit uns, zunächst noch an der Seite ihrer uralt gewordenen Mutter, dann für sich in der Nähe ihrer geliebten Schwester, weniger Verwandter und Freunde im Westen. In ihren Heimatort Trautenau, ins Riesengebirge, wo sie sich einst im Nebel der Schneekoppe verirrt hatte, ist sie nie mehr gekommen.

Wir schrieben und besuchten einander später, sie kam zu jeder von uns in die neuen Familien, bereitete zu Weihnachten weiterhin ein mit Zitrone gewürztes Walnußkonfekt und liebte in unseren Kindern ihre ungeborenen eigenen Enkel. Zuletzt lag sie, die Migränegeübte, schmerzkrank von einem zu lange verkannten Krebsleiden, gekrümmt und nach Luft ringend unter der liebevollen Obhut ihrer Schwester. Aber noch bei meinem letzten Besuch wenige Wochen vor ihrem Tod leuchteten ihre Augen, lachte ihr gutes, von einem nun weißen Haarballon gerahmtes Gesicht bei unseren gemeinsamen Erinnerungen. »No weißt' noch, der Mohnkuchen in der Woletschkamühle? Joij, und die vielen Kirschen in Oschelin, schwarze, rote, gelbe mit roten Bäckchen. Und die kleinen süßen Weintrauben?«

Sie sagt »siß« im Eifer des Erinnerns für »süß«. Sie vergißt einige Augenblicke alles Leiden. Ihre krausen weißen Haare auf dem glattgestrichenen Kopfpolster werden wieder dunkel, die beiden Schmerzfurchen zwischen den Augenbrauen bleiben fast dieselben. Sie sagt »Kind, wie sitzt du denn wieder da«, sie sagt begütigend »no komm ok«, sie sagt »joij Kinder, schaut die Himbeeren, groß und siß«. Ich gehe wieder an ihrer Hand auf den großen »Mühlacker« zwischen Schloß und Schnabel-Haus, wo man gerade die Weizenernte einbringt.

Jedesmal, wenn vor dem heranrückenden hochbeladenen Wagen ein Garbenhaus umgestoßen wird, flitzen Mäuse erschrocken auseinander. Die beiden Wachtelhunde stürzen sich hinein und manchmal pfeift es unter ihren aufgeregten Pfoten. Auch der Hiasl gibt nicht auf. Eines seiner Ohren ist verwegen umgestülpt. Mäuse erwischt er trotzdem keine. In den Herbstwochen, nachdem Frauen und Kinder zum Ährenlesen über die Felder gegangen sind, wird die Mähnerin, die in ihren weiten bodenlangen Röcken selber einer graubraunen Glucke gleicht, mit dem Hühnerwagen auf den Stoppeln stehen. Dann leben die Hühner nur von den ausgefallenen Getreidekörnern und müssen nicht eigens gefüttert werden. Die Junghennen legen ihre schmalen ersten Eier in die Nester im Wagen. »Weißt du noch?«

Das eine der schweren Arbeitspferde ist ein rötlicher Apfelschimmel mit weißen Ringen im glatten Fell. Wenn es auf der Koppel gleich hinter dem Gemüsegarten steht, ruht seine linke Hinterhand aus, die Haut zuckt unaufhörlich und der Schweif fegt ab und zu träge ein paar Fliegen fort; um seine Augen sitzen sie in schwarzen Klumpen. Ich bestaune das mächtige Tier, spüre Kamille und Breitwegerich unter den bloßen Füßen, die ein wenig wund sind von den Stoppeln.

Der Jirschina geht mit dem Ochsengespann. Dieses steht in der Hierarchie des Ansehens unter den Pferdegespannen. Nie würde ein Pferdeknecht neben Ochsen hergehen. Am Ende des Krieges ist der Jirschina aufgerückt, nun geht er mit Pferden. Daraufhin unterzeichnete er nach unser aller Weltuntergang seine alljährlichen Weihnachtsbriefe an die ehemalige, nun mittellos gewordene Herrschaft mit einem hochachtungsvollen »Herr Jirschina«. Auf uns Kinder wirkt er uralt, obwohl er noch keine fünfzig sein kann; er hat etwas krumme Beine und eine Ruhe, die mir unbegreiflich bleibt. Wie kann man nur so langsam Schritt vor Schritt tun, einen Stock in der Hand, Kopf an Kopf mit zwei lockigen, buntgefleckten Ochsen? Ist das die Geduld, die immer ans Ziel kommt?

Ein ebensolches Ochsengespann rumpelte nach dem Krieg

einmal jede Woche acht Kilometer aus unserem oberbayerischen Kirchdorf nach Weilheim. Hinten schwang an einer kleinen Kette ein beschriftetes Schild hin und her und quietschte leise: »Bischl Bote Eberfing.« Ich habe es auf meinem sehr weiten Schulweg vor mir, passe meine Schritte diesem Schild, diesem Fuhrwerk an. Soll ich beim Bischl aufsitzen? Nein, ich muß ihn überholen, sonst komme ich zu spät in die Schule. Aber ans Ziel ist auch der »Bischl Bote Eberfing« unbedingt immer gekommen, mit seinen Körben, Schachteln, Aufträgen zwischen Dorf und Kreisstadt. Der Jirschina auch. Mit zwei Ochsen.

unser Lamm im Kuhstall besucht, also ist es doch verbannt worden. Aber auch das ist nicht wichtig. Mein Lamm steht immer an diesem Tag neben meinem Stuhl, hat dichte weiße Fließwolle und ein schmales geschicktes Maul; ich muß mich ein wenig vor seinen Zähnen hüten.

An einem solchen Augusttag sammelt sich Zuversicht, ohne daß ein Kind es merkt. Es weiß gar nicht, daß gerade dieser eine Geburtstag in sein Gedächtnis schwebt, so sachte wie Mittagslicht eine Familie umspielt, die im Freien beisammensitzt und ein besonderes Mahl verzehrt, ein flüchtiges, unwiederbringliches Sommersonnenmahl, umringt vom Grauen eines auf sein verlorenes Ende zustürmenden Krieges.

Einst werde ich selber Geflügel rupfen und braten, Tischtücher und Kissen ausbreiten, Teller und schwere Schüsseln tragen. Und es wird wieder Fülle sein. Je mehr wir später von der gleichzeitigen Qual der in jenen Monaten zertretenen Menschen erfahren, desto rätselhafter sind Licht und Schatten des Gedächtnisses, unverschuldet, aber mit den Jahren in wachsendem Maße zur Rechenschaft gezogen. Und sind doch nicht auszulöschen.

Kindergeburtstag

Es gibt im Schloßgarten zwischen den verschiedenen Bereichen Kieswege, deren Bögen innere Weite anzeigen. Diese ist nicht in Quadratmetern meßbar, sondern in Mäandern der Kultur ausgedrückt. Es gibt Bänke zum Verweilen und zweierlei Eßplätze, einen mit Schatten für mittags, einen mit Abendsonne zum Teetrinken. Und hinter den Bänken gibt es Wildnis, unermeßliches Fliederdickicht mit einer Lichtung an einem Ulmenstamm. Hier kann ich allein sein und mich verirren, um tief im Unbewohnten mir eine neue Existenz zu gründen; ich rode Urwald, baue eine Hütte, sammle Früchte für meine Kinder und kehre trotzdem rechtzeitig zu den Wohnungen der Menschen zurück. Schön ist es, von draußen her das Klappern von Tellern zu hören. Sie decken den Tisch, auch für mich. Hunger meldet sich.

Noch tragen, selbst im Krieg, Mädchen in gestärkten Leinenschürzen große Tabletts über knirschenden Kies. Mir scheint, ich habe auch zahllose Geburtstage so am weißgedeckten Tisch gesessen, auf Kissen, die von Großmama Sophie mit bunten Kreuzstichblumen und -hirschen bestickt worden sind: drei Kissen für das Geburtstagskind, später zwei, schließlich würde es nur noch eines sein. Aber dazu ist es nicht mehr gekommen.

Ich esse gebratene Tauben. Am 10. August darf ich selbst das Menü zusammenstellen. Vielleicht hat nur ein- oder zweimal an diesem Tag die Sonne geschienen. Das spielt keine Rolle. Es ist ein Tag der Fülle, eine Zeitquelle. Das zahme Lamm kommt gesprungen und knabbert von meinem Salat. Ich bekomme dies eine Mal als erste serviert. Das Lamm wird nach dem Essen hinter mir die Stiege zum Kinderzimmer hinaufpoltern. Hinunter müssen wir es tragen. Die Erwachsenen haben nichts dagegen. Nicht am 10. August. Später haben wir

Miabia

Damals ist die Arbeit von Hand zu Hand gegangen, hat sich gemächlich verteilt. In unserem engsten Bereich lebt Denise le Beau, eine Studentin aus Paris, gescheit, dunkelhaarig und schön. Sie ist dank einer die Fronten überspringenden Herzensbindung gerne bereit, zwei böhmischen Kindern ihre Sprache weiterzugeben. Sie bringt uns in wenigen Monaten dazu, Französisch zu sprechen, ja sogar es schließlich zu träumen. Unsere Mutter beginnt, mit Denises Hilfe »Le Grand Meaulnes« von Alain-Fournier ins Deutsche zu übertragen, und sie liest uns daraus auf Französisch vor. Über Verständnisschwierigkeiten trägt uns die Magie dieser Dichtung hinweg. Wir schlüpfen mit solcher Begeisterung in die feinen Gestalten dieser beiden Kinder, daß wir vor dem Waschtischspiegel bekümmert unsere eigenen Profile mustern: So zart gebogene edle Nasen möchten wir doch auch haben. Wir zupfen an der Haut unserer verkehrten, ganz schmählich aufgeworfenen Nasenrücken, massieren sie seitlich, drücken das bei mir spitze, bei meiner Schwester runde Ende nach unten. Es kann keinen Zweifel geben: Wir haben Sattelnasen. Ich experimentiere beim Mittagsschlaf vor dem großen blitzenden Metallschirm, der neben meinem Bett stehenden »Höhensonne«, einem Gerät, das moderne Eltern, in unserem Fall Großmama Marie, damals als unentbehrlich ansahen fürs Wohl ihrer Kinder. Ich suche eine Betrachterstellung, die meine Nase nicht in die Breite, sondern in die Länge gezogen erscheinen läßt, um wenigstens im konvexen Spiegel für einige Sekunden wie ein solches Kind aus dem »Grand Meaulnes« auszusehen. Großmama rät uns dringend zu Gesichtsgymnastik.

Denise machte unsere Flucht mit und traf im Bayerischen Wald, wo wir das Ende des Krieges in geschützter Gastfreundschaft bei entfernten Verwandten erlebten, ihren Gefährten wieder, mit dem sie nach Paris zurückkehrte.

Neben Denise, in der Abgrenzung der Bereiche nicht ganz geklärt und daher in gereizten Spannungen gefangen, wirkt als Kopf des Haushaltes »Miabia«, eine damals etwa vierzigjährige Persönlichkeit allerersten Ranges, lebhaft, klug und von unauffälliger Autorität. Krauses dunkles Haar schwebt wie ein Ballon um ihren Kopf, der von heftigen Migränen heimgesucht wird. Dann blicken ihre zu Gerstenkörnern neigenden Augen mit den schweren Lidern unermeßlich müde, und wir fühlen schuldbewußt, wie wenig rücksichtsvoll wir mit ihr umgehen. Sie achtet streng auf unser gutes Benehmen: »Hast du dich bei der Kallupin für das Versorgen des Lammes bedankt? Hast du dem Jirschina frohe Ostern gewünscht? Du hast den Herrn Michl nicht gegrüßt.« Herr Michl, Frau Kallup, Herr Jirschina sollen wir sagen, nicht nur »Grüß Gott«.

Das Grüßen spielt eine übergroße Rolle in unserer Erziehung, so lange, bis Selbstverständlichkeit sich einstellen würde. Die Ermahnungen und noch häufigeren Vorwürfe sind uns lästig. Was sollen der Michl, der Jirschina, die Kallupin von unserem Gruß eigentlich haben? Später bin ich oft selber erschöpft, bin dankbar um einen aufmunternden Blick. Es öffnet sich ein Spalt in der Mauer, die die Menschen voneinander und vom Licht trennt. Hast du die Mähnerin gegrüßt?

Miabia sorgt auch für unser leibliches Wohlergehen, für Sauberkeit und Adrettheit. Abwechselnd mit unserer Mutter steht sie uns bei, wenn wir nachts fiebern und so husten, daß wir kaum noch Luft bekommen. Sie behandelt unsere verlausten Köpfe mit Petroleum.

Miabia hält alle Fäden unseres überschwenglichen Haushaltes in ihren geschickten Händen und lenkt ihn durch die Jahreszeiten. Der Strom der Erträge beginnt schon im tiefen Winter mit den frischen Eiern aus dem der Mähnerin unteres so, als ob die Menschen Gärten bräuchten. Sie stammen ja aus einem Garten. Das können sie offenbar nie vergessen. Aber ein Garten muß zu jemandem gehören, der ihn liebt.

Onkel Ottokar, der die Liebe vom Vater geerbt hatte, hinterließ uns den alten Gärtner Michl. Von ihm lernte unsere Mutter. Das Gärtnern hatte sie schon im Blut von den Fabers her, und sie gab es an uns weiter; auch die Hände, an denen immer ein oder zwei Nägel eingerissen und auch die anderen selten in Ordnung sind. Die Rückenschmerzen hat uns der alte Michl weitergegeben. Seinesgleichen gibt es nicht mehr. Wir halten leidlich seine Stellung und die einiger Frauen, die ihm in arbeitsreichen Frühlings- und Herbstwochen zugeteilt waren. Und statt eines Springbrunnens plätschert uns Wasser aus der Dachrinne in einen winzigen Tümpel.

bleibt ihr nicht mehr, und so läßt sie sich, ahnungsvoll vielleicht, nur mehr auf Rosen und Levkojen ein. Denn schon zehn Jahre nach ihrem Einzug wird mit dem Spuk der kurzen tausend Jahre die lange Epoche der von Obstbäumen gesäumten böhmischen Staubstraßen, der kleinen gelben Dorfhäuser mit den Fassaden nobler habsburgischer Pavillons, der Vorgärten mit den bunten Glaskugeln auf Stangen und der träumenden Parks zerstoben sein.

Unsere Mutter geriet im Bruch der Epochen für zwei aus jedem Rahmen fallende Wochen, über die sie später nie mehr gesprochen hat, ins überfüllte Pilsener Gefängnis und mußte nach der Befreiung binnen zweier Stunden für immer das Land verlassen.

Nun wurden die Kamelienbäume – in ihre Kübel vergrub jemand hastig etwas Silberzeug – weggeschafft, angeblich nach Prag in den botanischen Garten. Aber Kamelien sind empfindliche Geschöpfe. Sie mögen nur bestimmte Standorte, nur bestimmte Hände, nicht irgendwelche. Zunächst fallen ihnen die Knospen ab. Und wenn sie erst die Blätter abwerfen, steht ihr Tod bevor. Nicht nur ein Winter kam für sie, sondern eine Eiszeit. Kamelien sind solche Pflanzen. Man kann nicht alles mit ihnen machen. Im Prager Frühling waren sie längst gestorben. Er wäre ohnedies zu kurz für sie gewesen.

Der Kanzleigarten und der Schloßgarten hielten damals noch eine Weile durch. Dann vertrockneten die Fliederhekken, erfroren die Spalierbäume. Plötzlich war das Klima so rauh, daß weder Magnolien noch Rosen ihm standhielten. Böhmen ist eben ein besonderes Land: Es kann blühen und viele Urnen voll Honig hervorbringen, oder es kann gänzlich veröden, je nachdem, wie man mit ihm umgeht. Nun erging es ihm wie den Kamelienbäumen: Erst die Knospen, dann die Blätter. Es wurde kahl. Auf einmal sind die Sommer zu heiß, die Winter zu kalt, auch für böhmische Gärten. Zwar scheint

Neujahrswein

Am Neujahrstag steht auch der Jirschina in der langen Reihe würdiger Männer, die zum Glückwünschen durchs Speisezimmer langsam in den Salon vorrücken, um ein Glas Wein mit der Mutter, dem Verwalter und dem Oberförster zu leeren. Ihre Stimmen füllen die Räume mit einem tiefen gleichmäßigen Brummen.

Dieser Empfang, die Gespräche über Taufen und Beerdigungen, Ernte und Krieg, verknüpft die dahinrollenden Jahre zu einer Kette, zusammengehalten von der Verbundenheit derer, die miteinander zu tun hatten.

Daß in den Kriegsjahren unser Vater oft fehlt, ist wohl einschneidend. Aber unsere Mutter, von meiner Schwester und mir eingerahmt, repräsentiert auch ohne ihn die Familie als Gutsherrschaft. Großvater Hans Podewils steht ihr in den letzten Kriegsmonaten mit seiner Güte und Ruhe zur Seite. An uns vertritt er Vaterstelle. Auf seinen Knien sitzend beobachte ich, wie er mit den kleinen Patiencekarten die »Harfe«, die »Kleine Nopelon« oder den »Halben Mond« legt und teile seine Freude, wenn das geheimnisvolle Spiel der Bilder und Zahlen aufgeht. »Rosen, Tulpen und Narzissen«, beginnt er einen Vers und blinzelt dabei listig mit dem linken Auge; aber er muß mir auch das Reimwort und seine Derbheit erst noch erklären, ehe ich den Wortwitz genießen kann. »Aber Onkel Hans«, tut die Mutter empört, um der Sitte Genüge zu leisten. Auf langen Spaziergängen erzählt er von Pferden, von Kaisermanövern und vom ungeliebten Kaiser, vor allem aber von der Jagd. Im Wald haben wir leise zu sein, damit das Wild nicht vergrämt wird durch lautes Geschwätz oder gar durch »Hallo«-Schreien, wenn wir uns beim Pilzesuchen aus den Augen verloren haben. »Huhp« darf man allenfalls gedämpft in mittlerer Tonhöhe rufen, wenn es denn gar nicht anders geht. Wir sind höchstens Gäste im Wald, wo nur Jäger und Holzer zu Hause sind und niemand spazierengeht. Junge Paare oder Großmütter mit Kindern benützen die Landstraße oder einen der Fußwege zur Miesa. Wer sich erholen, ein wenig ausruhen will, macht keinen Spaziergang, sondern setzt sich vors Haus oder betrachtet seine Gemüsebeete.

Großpapa Hans also steht ein wenig scheu und so ernsthaft wie möglich am letzten Kriegsjahreswechsel neben unserer Mutter im Salon und empfängt zusammen mit ihr, Verwalter Göbel und Oberförster Ertl die Männer.

Einer der ersten, der vortritt zu einem kurzen Gespräch, ist der »Schaffer«, der selbstverständlich Kallup heißt, ein zutiefst verlässiger, unentbehrlicher Mitarbeiter aus alteingesessener Lohmer Familie. Seit Generationen gehört diese Familie zum Gut, dem sie viele Schaffer gestellt hat, große, kräftige Männer, die gearbeitet haben, »wie wenn's seins wär«. Am Abend übernimmt der Schaffer die mit dem Direktor und dem Adjunkten besprochene Arbeit und muß dann überall zugleich sein, einteilen, Reparaturen regeln, die oft bis zu fünfzehn Mäher richtig aufstellen, sehen, daß alle Ecken ausgemäht werden. Auch dieser Schaffer Kallup teilt noch täglich die Arbeit ein und ist selbst, so weit er dazukommt, ein großer Mäher. Sein weiter Sensenschwung setzt ein Maß für die übrigen Mäher in der schräggestaffelten Reihe. Aber zu unserer Zeit sind die Jahrtausende der ausgesäten und hingemähten Halbkreise eigentlich schon vorüber. Das Getreide wird bereits mit Maschinen in schnurgeraden Zeilen gesät und geschnitten. Der Arm der Männer gibt nicht mehr den Feldern ihr Muster mit dem Bogen seiner Bewegung: Hin und zurück der Flug des Saatgutes, und noch einmal hin und zurück der Schnitt der Sense – Menschenkraft, auf die der Boden mit der schweren Garbe antwortet, aber auch mit dem freiwilligen, dem umsonst gewährten und zugleich auferlegten

Schmuck von Mohn, Kornblume und violettroter Kornrade, dieser seltenen und überaus giftigen Nelke. Noch blühen zu unserer Zeit die böhmischen Getreidefelder mit den alten Akkerblumen, denen die Menschen durch das Roden der Urwälder Lebensflur bereitet hatten. Diese Kulturlandschaft ist schön bis dorthinaus, schöner als die Wildnis, und noch niemand ahnt hier, wie bald sich dieses Verhältnis umkehren soll.

Unsere Kallups haben eine der eben renovierten Wohnungen im Hofgebäude, in die wir manchmal schüchtern vordringen, um eine noch ofenwarme Buchtel in Empfang zu nehmen, wie sie die Schafferin zwischen Haus- und Feldarbeit zu backen versteht; man muß aufpassen, um sich nicht die Zunge zu verbrennen am heißen Powidl, das aus dem Inneren quillt.

Gleich hinter dem Schaffer steht der Fütterer in der Reihe der Glückwünschenden. Er heißt Heidenreich, ist ein schmaler freundlicher Mann, mit dem wir im Frühsommer bei Morgengrauen gelegentlich hinausfahren, den frischen Klee fürs Vieh zu holen; das wird ganzjährig im Stall gehalten. Der Fütterer läßt uns, wenn's keiner sieht, auf der Holzbahn durch die Klappe vom Wagen in den Kleehaufen der Futterkammer hinunterrutschen. Und abends melkt er uns Schaum in unsere kleinen Silberbecher, den wir als »Schlagrahm« andächtig schlürfen. Echten Schlagrahm aus dickem Schmetten haben Kinder in diesen Jahren auch auf dem Land kaum kennenlernen können. Strenge Ablieferungsvorschriften standen dem im Weg.

Hinter dem Fütterer steht der Frank. Er fährt einen modernen Traktor, einen blubbernden Lanz-Bulldog, der kühne blaue Wölkchen aus seinem wackelnden Schornstein speit. Sie verleihen dem Frank nahezu das Ansehen eines Kapitäns auf einem Hochseedampfer, oder doch wenigstens auf einem Moldaukahn, selbst dann noch, als Holzgas aus einem aufgesetzten Ofen den Dieseltreibstoff ersetzen muß. Frank hat die Explosivkraft seiner Maschine auch im Gemüt. An heißen Erntetagen blubbern, zischen und blitzen Ungeduld und Zorn aus ihm heraus und es kann zu schauderhaften, selbst Schaffer Kallups Umsicht überfordernden Krächen zwischen den vielen angestrengt arbeitenden Leuten kommen. Im Krieg fürchtet unsere dem oft allein ausgesetzte Mutter solche holzgasgespeisten Krawalle über alles. An diesem Neujahrsmorgen ist Frank aber friedfertig und ganz rosig, hat keine Schmierflecken im Gesicht und an den Händen.

Nach ihm rückt der alte Gärtner Michl vor, wortkarg wie immer, den schwarzen Hut in der Hand, so daß er ganz fremd ausschaut mit der ungewohnten Glatze; Michl hat früher das alte Mauthäusl hinter der Brücke bewohnt, das ganz in den Schatten am Nordhang vom »Tannenberg« gedrückt stand. Dort wurde noch bis 1918, allerdings mit nachlassendem Eifer, durch die Michl-Kinder Maut kassiert, wenn Fuhrwerke über die alte Holzbrücke rumpelten; in deren Dachbalken kraxelten die Buben aus der Gasse begeistert herum und trieben wer weiß was. Mußten Langholzfuhren hindurch und nach der schmalen, auf möglichst kurzem Weg direkt über den Fluß führenden Brücke in einer engen Kurve die alte steile Straße zur »Bremse« hinauf, blieben die Stämme gelegentlich hängen. So war es eh meist besser, sich die paar Heller Maut zu sparen und weiter flußabwärts die »Breite Furt« zu benützen, wenn nicht gerade Eisgang war, die brave Miesa sich wie ein fremder großmächtiger Strom gebärdete und die halbe Gasse unter Wasser setzte. Klein war das ehemalige Mauthäusl, in dem der stille Gärtner Michl seine fünf Kinder großzog, bis es beim Bau der modernen, schräg den Fluß überquerenden Brücke der neuen bequemeren Straße weichen mußte. Ein Sohn vom alten Michl wurde Lehrer und zwei Söhne wieder Gärtner.

Hinter ihm folgt zum Neujahrsbesuch der hochgewachsene neue Gärtner Weleschek; daß der Josef heißt, weiß man aus dem stets gleichen nachmittäglichen Spruch der Köchin, die eine mütterliche Schwäche für ihn hegt und ihm gerne ein Schmalzbrot als Zwischenmahlzeit zusteckt: »Ein Fett'nbrot für'n Seffen.«

Nächster ist der Schaffer von Leiter, einem auf der anderen Flußseite droben gelegenen Meierhof, dessen Wirtschaftsgebäude die besonderen harmonischen Proportionen aufweisen, wie man sie in Böhmen noch heute in den entlegensten Winkeln finden kann; Tore, Stallfenster, Dachgauben »sitzen« im Gemäuer, von der Hand unbekannter Baumeister so sicher eingefügt, als ob ein Wiener Architekt des 18. Jahrhunderts sie für die Kaiserin entworfen hätte. Janka heißt der Schaffer von Leiter; er ist groß, schlank, breitschultrig und hat eine Tenne unter sich, auf der ich noch Leute mit Dreschflegeln im Kreise stehend Takt für Takt die Ähren ausdreschen sehe. Es ist Stroh, das zum Garbenbinden gebraucht wird. Kein Korn soll verlorengehen. Im Spätherbst dröhnen und seufzen aber auch in Böhmen längst die elektrischen, während des Krieges dampfgetriebenen Dreschmaschinen in den Scheunen, vom gefährlich kreisenden Transmissionsriemen bewegt, und spucken Staub und Spelzen aus. Wir atmen schwer, schneuzen Staub ins Taschentuch.

In der langsam im Salon einmündenden Reihe der Neujahrsgäste stehen auch die Heger, der Schnabl, der Paul und der Johánnides, der Sohn vom »Böhmisch-Wenzl«. In ihren grün eingefaßten Jacken hängt der Duft von Tannennadeln. Sie sind jetzt während der kalten Monate mit der Einteilung der Holzarbeiten beschäftigt. Irgendwo aus der Tiefe der Wälder dringt das ruhige Hacken der Äxte, das gleichmäßige Sägen, das Rauschen und Ächzen stürzender Bäume. Das Langholz wird noch im Wald geschält, das Brennholz dort gespalten. An kleinen Feuern wärmen die Holzer ihren Malzkaffee, ein dunkelbraunes, zichorienbitteres, gerstensüßes Gebräu, das wir alle trinken. »Ein Dipfl Kaffe« ist Behagen schlechthin, bedeutet Ausschnaufen und erquickendes Gespräch. Die meisten Holzer sind im Sommer Maurer. Als Löhnung bekamen sie früher Wurzelstöcke und Astholz, inzwischen werden sie bezahlt.

Im Herbst und Winter zählen die Heger das Wild, damit vor Beginn des Jagdjahres im April der Abschußplan aufgestellt werden kann. Sie sind vor den übrigen Männern ausgezeichnet durch das Tragen von Gewehren. Schlecht veranlagte Böcke schießen sie ab, schwache Kitze, überzählige Schmalrehe und Geltgeißen, also alte unfruchtbare Rehgeißen und anderes krankes Wild; die Heger halten das noch zahlreiche Raubwild – Füchse, Marder, Iltisse – und das Raubzeug – wildernde Katzen und Hunde – im Zaum. Sie schießen das für die Küche benötigte Niederwild, also Hasen und Wildgeflügel, und begleiten die im Krieg selten gewordenen Jagdgäste ins Revier. Sie führen ein schweres Männerleben voller Abwechslung und Wichtigkeit.

Zum Glückwünschen sind auch die Schäfer gekommen. Der Schäfer von Neuhof heißt Worschech und ist richtiger Schafmeister, wird allgemein »Master« genannt. In Neuhof gibt es Schafställe, Pferche und Hunde. Von dort haben wir unser Lamm bekommen. Worschech wirkt seltsam verkleidet am Neujahrstag, ohne Umhang, Mütze und Schippe.

Der Wenzel Wagner, genannt Jungas, betreut nur die kleine Herde des Meierhofes in Leiter. Er hat von der Kinderlähmung her einen verkrüppelten Fuß und geht auf zwei Krükken, läuft aber so flink damit, daß wir ihm bewundernd nachschaun, wenn er sich auf seine eigenartige Weise hüpfend zwischen den Schafen und Lämmern bewegt. Bockbeinig bewegt es sich, so denken wir uns Pan; wir stellen ihn in die

Nähe der Mittagsgeister, die uns ebenso beschäftigen wie die nächtlichen Schauderwesen mit ihrer widerwärtigen Art, einem erst dann so richtig schnell nachzuschweben und zuzugreifen, wenn man zu rennen anfängt, mit vor Grausen durchgedrücktem Kreuz.

Wenzel Jungas lebt im »Gemeindehaus« von Leiter, einer gemeindlichen Sozialwohnung, andernorts »Armenhaus« geheißen. Die beiden Zimmer dieses winzigen Gebäudes bewohnen zwei Familien, in einer schmalen Kammer haust der Jungas. Von Wohnen kann die Rede nicht sein! Die Wände dunkel, der Boden mit Stroh und Unrat bedeckt, der Ofen mit dicken Krusten überzogen! Nachbarkinder haben ihn beim Feuermachen beobachtet, wie er Stroh aus dem Bett zieht, es anzündet und in den Ofen schiebt. Erst hat der Wenzel seinen Unterhalt mit Gänsehüten und Glockenläuten verdient. Später hütet er Schafe und übernimmt Gemeindepflichten, trägt Zettel aus, kassiert Geldbeträge für die Feuerwehr und auch eine Weile für einen neuen Verein, der NSDAP heißt. Es sind die einzigen Jahre seines dürftigen Lebens, in denen er eine winzige Bedeutung gewinnt. Dafür wird man ihn nach dem Zusammenbruch wie ein Paket auf einen Lastwagen werfen, die Krücken hinterher, und fortschaffen aus dem Leben.

Er überlebte die Aussiedlung nicht, ging am berüchtigten »Bory« zugrunde, dem Gefängnis in Pilsen, das, früher mit Lebenslänglichen belegt, im Jahr 1945/46 überfüllt war mit Faschisten und Antifaschisten, mit Bauern, Beamten und Lehrern, mit Emigranten und sogar mit Juden. Sie alle sprachen nämlich Deutsch. Und sie alle, die Opfer, waren schuldig; so hatte es Eduard Beneš schon seit Jahren seinen tschechischen Landsleuten eingehämmert. Sie starben gemeinsam, ohne jeden Unterschied, an Typhus, Hunger und Schlägen. So gut wie keiner überlebte den Hungertyphus vom Oktober 1945, als sie jeden Tag 350 Leichen fortschafften.

Kriegsgefangene

Es müssen viele Neujahrsgäste gewesen sein, nach dem Lärm in meinen Ohren, aus den Weinresten auf dem Flügel zu schließen. Ich gieße mir, wie jedes Kind irgendwann einmal, die Neigen in eines der Gläser zusammen und trinke meinen eigenen Neujahrsschluck. Viele von diesen Männern sind wohl nur noch im Urlaub daheim, müssen gleich nach den Feiertagen wieder an die Front, an jene seltsame zackige Linie, die manche Leute auf den Landkarten jener Zeit mit Stecknadeln und Faden abstecken; allerdings nur in den frühen Kriegsjahren, später macht das keine Freude mehr. Auf diesen Landkarten prägt man uns in der Schule die Verteilung germanischer, romanischer und slawischer Völker ein, und vor allem die weite Ausdehnung des »Großdeutschen Reiches«. Hellrot ist dieses Reich gefärbt, von Königsberg über Danzig, Posen, Prag bis zum Brenner, während Einflußgebiete wie Norwegen, Italien oder Spanien immerhin bereits rosa getönt sind. Wir sind stolz und finden solche Ausdehnung in Ordnung. Auch daß die Slowakei vom Gebirge der Ostbeskiden bis zu den Kleinen Karpaten hin in optimistisch hellem, völlig eigenständigem Blau strahlt, betrachten wir als Naturgesetz. Wir wissen nicht, daß die braunen Optimisten schon halb Europa rot sehen. Sie würden recht bekommen, nur sollte es nicht ihr Rot sein, das sich blutig ausbreiten und spätere Landkarten mit dauerhaftem Purpur einfärben würde.

Das Bild brauner Zuversicht, das uns in der Schule ständig vor Augen gehalten wird, bleibt jedenfalls von dieser Front gestört. Sie hat sich als etwas Fremdes, etwas Grauenhaftes zwischen die Männer, die nach Weihnachten wieder fortmüssen, und ihre Familien sowie den Gutsbetrieb gedrängt. Da rückt etwas näher, da breitet sich etwas aus. Bald wird es uns durcheinanderwirbeln, die einen vernichten, die anderen irgendwohin spülen, sie in der Fremde stranden lassen, wo sie wieder Fuß fassen können. Nachgeborene werden bald nicht mehr wissen, daß Stříbro einst auch Mies, Plzeň auch Pilsen und Cheb immer nur Eger geheißen hat. Sie werden Buchteln, Liwanzen und Hefenknödel höchstens von exotischen Speisekarten in den Kulissen eines böhmischen Restaurants kennen. Das »Noatzerl«, der »Nabez« wird sowieso verschollen sein, dieser ernste, tiefe, böhmische Mittagsschlaf auf einem imaginären Ofen, wo man das Gewicht einer aus zehn Eiern zubereiteten Mehlspeise ausschläft, und aus dem man aufwacht wie von einem anderen Stern kommend, um verwirrt in die bereits schräge Sonne zu blinzeln.

An die Stelle der an die Front befohlenen Männer haben für die Landarbeit Gruppen von Kriegsgefangenen treten müssen. Zunächst sind es Polen, die aber trotz der Posten ziemlich rasch weniger werden, bis die Wachmänner alleine übrig sind; die Grenze nach dem »Protektorat Böhmen und Mähren« und von dort zu ihrer vorerst »Generalgouvernement« genannten Heimat ist doch zu nahe gelegen. Statt ihrer kommen für kurze Zeit Franzosen, die wir auf Französisch zu grüßen haben. Sie winken, sprechen mit uns, aber da ist unsere Sprachfertigkeit noch gering. »O le beau coquelicot«, kann ich beim Anblick des überschwenglich mohngeschmückten Weizenfeldes an der Obstallee zwar ausrufen, in gutem Akzent, wie Denise unserer Mutter stolz versichert. Aber das genügt noch nicht, um mit jungen Franzosen eine Konversation zu führen. Diese weigern sich im übrigen strikt, mit einem Ochsengespann zu gehen. Das verstößt gegen ihre nationale Ehre. Es gibt endlose Debatten zwischen ihnen und unserer Mutter, der einzigen, die sie verstehen kann, und es endet damit, daß der Jirschina vorerst weiterhin die Ochsen behalten muß.

Im Gemüsegarten arbeitet später ein stiller, freundlich

melancholischer Serbe namens Wassil, den wir lieben. Er kann ein wenig Deutsch und steckt uns zuweilen ein Zuckerstück oder eine getrocknete Pflaume aus seiner Gefangenenration zu. Später werden uns russische Kriegsgefangene, auch zwangsverpflichtete Frauen, zugeteilt. Sie alle kommen natürlich nicht zum Neujahrswein ins Schloß. Unsere Mutter geht zu ihnen ins Hofquartier, bringt Geschenke, Lichter, Tannengrün an Weihnachten. Dem erkrankten Vadim hält sie den Kopf, als er sich übergeben muß. Diese Fürsorge trägt ihr – unsere Gutskanzlei hat ja eine undichte Stelle – Rügen durch die Kreisleitung in Mies ein, wegen unnötig aufmerksamer Behandlung der Gefangenen und ihrer zu guten Ernährung. Später aber danken die Russen dies unserer Mutter. Sie machen dem angereisten tschechischen Kommissar gegenüber freundliche Aussagen über sie. Dadurch kann ihre ehemalige Herrin so rasch aus dem Pilsener Gefängnis befreit werden, wie es die amerikanischen Besatzungsoffiziere fordern, die versuchen, sich der bereits beginnenden »wilden Austreibung« in den Weg zu stellen.

Der Russe Iwan ist im Jahre 1943 erst sechzehn Jahre alt und wird Kutscher. Man spannt unsere beiden Kinderponys an und fährt mangels Treibstoff auf diese Weise nach Mies für die wöchentlichen Besorgungen. In Iwan, der derlei ja selbst schon gar nicht mehr erlebt haben kann, erwacht ein alter Kutscherinstinkt. Vor Ortschaften bringt er die Pferde zunächst zum Stehen und pfeift eigentümlich, woraufhin diese wunderbarerweise Wasser lassen, ganze Sturzbäche. Dann stellt Iwan sich kerzengerade auf, treibt die Pferde scharf an und rasselt im Galopp durch erschrockene Dorfstraßen, mit archaischer Begeisterung die Peitsche schwingend. Am liebsten würde er links und rechts auf Fußgänger einhauen. Er ist kaum zurückzuhalten.

Nach Kriegsende wollte keiner der russischen Gefangenen

und Verschleppten ins heimatliche Paradies zurück. Zu gut war offenbar das Leben in der Fremde, im Elend gewesen. Sie saßen betrübt um das Radio und lauschten mit aufflackernder Angst der schon fast vergessenen, der schnauzbärtigen, georgischen Stimme: Bis ans Ende der Welt, bis in den äußersten Westen würden sie verfolgt und dort aufgespürt werden, falls sie nicht unverzüglich und freiwillig heimkehren sollten, so drohte diese Stimme. Manchem schwante wohl Böses von diesem Väterchen. Doch sind sie alle gegangen, der Iwan, der Vadim, die Sacha, die Antonia, sogar die arme, früh gealterte Kratschowa mit ihrer hübschen kleinen Jenia; sie war eine »von Vorher«, ihr verwittertes Gesicht glich zersprungenem Porzellan; nie konnte sie ihre frühe Kindheit vergessen, das alte Landhaus mit der kleinen Freitreppe zwischen zwei weißen Holzsäulen am Eingang, den Blick über Fliederbüsche hinweg auf einen Fluß mit steilem Ostufer, in dessen sandigen Wänden blauschillernde Bienenfresser ihre Brutröhren hatten. Sie wollte Gift nehmen, konnte aber keines auftreiben.

Alle weinten sie, weinten zu Recht. Viele von ihnen sollten ihre Kriegsgegner in den östlichen Straflagern wiedertreffen für Jahre gemeinsamer Not, die nur wenige überlebten. Als Verräter galten sie ja dem allgewaltigen Väterchen, hatten sich einfach gefangennehmen lassen, waren also zumindest jahrelangem Arbeitslager verfallen. Auch dort war es nicht so einfach zu überleben. Ob Iwan jemals wieder ein Pferdegespann mit leichtem Wagen kutschiert hat, durch Dörfer geprescht ist? Und was ist aus den Frauen geworden? Aus der pockennarbigen Sacha mit den Mongolenaugen, die mit bloßem Oberkörper den Hof fegte – unsere Männer brachten es trotz biedersten Sinnes nicht fertig wegzuschauen – und aus ihrer schönen Schwester Antonia mit der Haut einer grusinischen Aprikose? Oder aus Maruschja, die Zimmermädchen war? Als vor irgendeinem von ganz oben verordneten Fest eilends zusätzliche Fahnen genäht werden mußten, setzte unsere nähkundige Miabia neben anderen auch Maruschja zur Mithilfe ein. Herr Feit erfuhr davon und tobte herbei, um solcherart Entweihung heiligsten Deutschtums durch slawische Hände zu unterbinden; Miabia mußte daraufhin die ganze Nacht allein weiter schneiden, heften und nähen, bis die schwierigen Hakenkreuze schwarz im weißen Feld starrten, von Rot umschlossen. Auch all diese russischen Frauen landeten am Ende in Lagern, büßten ihr Gefangenenschicksal während des Krieges, ihren Blick durch die Mauer in die vergleichsweise dürftigen Fleischtöpfe des Feindes. Feigheit vor diesem Feind sollte ihr Verbrechen gewesen sein. Schande des Überlebens wurde ihnen vorgeworfen. Also war ihr Leben verwirkt und zur Zwangsarbeit verfügbar geworden.

Finni und Lao

Der große Neujahrsbesuch gilt der »Herrschaft«, ob das nun Onkel Ottokar, Tante Mimi, unsere Eltern sind, oder nur mehr unsere Mutter allein ist, spielt keine besondere Rolle. Direktor Grimmich – noch ganz am Schluß hat er diesen Titel verliehen bekommen – steht in den letzten Kriegswintern meist mit dabei, eingehüllt in die Würde seiner Dezennien, weit zurück bis ins alte Jahrhundert, und er überträgt auf die Gäste eine tröstende Sicherheit, die eigentlich nicht mehr vorhanden ist. Aber solange er dasteht, könnte es so aussehen, als ob die Zeit stehenbliebe.

Diese Begegnung am ersten Januar im Schloß ist Männersache. Die Frauen treffen wir häufiger im Alltag. Als erste kommt morgens die Kallup Nani, die Schwester vom Schaffer, leise ins Kinderzimmer und macht Feuer im Kachelofen. Sie raschelt eine Weile mit Papier und Spreißeln, und dann leuchtet ihr schönes langes Faltengesicht unter den glatt nach hinten in einen Knoten gekämmten schneeweißen Haaren, sie blickt ernst und aufmerksam in die Flammen und wartet, ob die Hitze aus der »Mieser Zeitung«, aus der noch bis 1943 erscheinenden »Frankfurter Zeitung« und aus den Spänen ausreicht, die ersten Fichtenscheiter zu erfassen. Nani haben wir noch fünfzehn Jahre nach dem Krieg auf einem niederbayrischen Gutsbetrieb arbeitend vorgefunden, so alt kann sie also in Böhmen trotz der weißen Haare gar nicht gewesen sein. Die Mähnerin, seit Urzeiten Witwe, seit Urzeiten im Geflügelhof, arbeitet auch der Küche zu. Einmal sitzt sie vor mir in der Kammer, wo das Brennholz gestapelt liegt, und haut auf dem Hackstock einer Henne den Kopf ab. Die Henne rennt danach noch ein Stück weit davon. Was tut der Kopf in diesen Sekunden? Welcher von den beiden Teilen ist nun die Henne? Ich starre. Die Mähnerin hat indessen gleichmütig begonnen, silbergraue Federn zu rupfen. Fräulein Soffi, die Köchin, ist schon unterwegs von ihren Gemächern im zweiten Stock zur Küche hinunter.

Fräulein Soffi ist nicht mehr jung. Sorgsam verschließt sie ein kleines, feingezeichnetes Gesicht und hat wissen lassen, daß sie zur Schonung ihrer ungeborenen Kinder auf eine Ehe verzichtet habe; ihr gangstörendes, schon lange vor dem Alter arthritisch schmerzendes Hüftleiden wolle sie für sich behalten und nicht auch noch weitervererben. Sie führt in der Küche ein strenges nüchternes Regiment. Selbst unserer Mutter gelingt es nicht, Heiterkeit in Fräulein Soffis Reich zu bringen. An Weihnachten schmückt unsere Mutter ihr den Fenstertisch mit einem geputzten Bäumchen und zündet Kerzen an. Fräulein Soffi schiebt derlei Firlefanz mit einem ungeduldigen Knurren beiseite. Sie nimmt das Leben so hart, wie es für sie ist, will keine Beschönigung darin dulden. Sie kocht vorzüglich, hält den Bereich ihrer Zuständigkeit in tadelloser Ordnung und läßt sich nicht in ihre persönlichen Angelegenheiten schauen. Den Futternapf für unseren Dackel stellt sie bereit, damit wir diesen selber füttern können – in ihrer Küche. Die beiden Wachtelhunde hingegen schlabbern draußen am Gang, neben einem laut brummenden, vor dem Krieg äußerst modernen Kühlschrank ihre Schüsseln leer; ihre langen lockigen Ohren sind hinterher voller klebriger Suppe.

Im vorderen der hellen Südzimmer, zwischen Wintergarten und Küche, sitzt die Finni. Hier näht sie, und nebenan bügelt sie. Wir besuchen sie oft, dürfen die noch grasfeuchte, frisch gebleichte Wäsche geradeziehen und falten. Es ist viel Reinleinenes darunter, schöne Weißnäherei vom Ferdinand Wild in Weißensulz, mit Toledostickerei aus Tante Mimis Beständen und denen ihrer Mutter. Es gibt Stöße davon, im zweiten Stock droben in eigenen Schränken gestapelt, ein mit rosa Bändern fürsorglich zusammengehaltener Trousseau.

Wie verschieden die böhmische Sonne duften kann: auf Kinderknien, auf dem Fell des Katers »Lao«, auf reifen Weizenfeldern oder hier auf frischen Polsterbezügen und Leintüchern. Es ist immer dieselbe steile Augustsonne. Sie kann stürzen, brennen, flimmern, rieseln oder sie kann in winzige Regenbogen zerstieben, wenn man sie zwischen die blinzelnden Wimpern nimmt. Unter Finnis Leitung laden wir die Sonne zum Bleichen ein, gehen mit unseren Gießkännchen vorsichtig zwischen den ausgebreiteten Leintüchern und Deckenkappen auf dem Bleichrasen hin und her und begießen sie sorgsam. Wasser trommelt kräftig auf Leinen, wenn es schon trocken ist. Reift Holunder in der Hecke des Wäschegartens, muß auf das Bleichen verzichtet werden. Die Amseln und Stare würden vom Festschmaus auffliegen und laut zeternd Kleckse auf unsere Wäsche werfen.

Finni ist eine Katzenmutter. Sie richtet das Futter her, bringt es auf einem Tablett und vergießt bittere Tränen, wenn die jeweils jüngsten Kätzchen im engen Transportkäfig wieder einmal nach ihren oft weit entfernt gelegenen Bestimmungsorten versandt werden. Wir beherbergen ein edles Paar Siamkatzen, blauäugig, sandfarben im Fell mit dunkelbraunen Gesichtern. »Mule« ist die Stammutter berühmter Kinder. Eines wohnte lange bei Ernst Jünger, hieß »Prinzessin Li Ping« und überlebte die böhmische Kindheit um viele Jahre. Wie Mule es fertigbringt, nicht von irgendeinem Hofkater, sondern nur vom blaugrauen Strauchritter »Lao« ihre reinrassigen Jungen zu bekommen, wundert manchen. Sie achtet auf den Stammbaum und läßt sich – jedenfalls in der entscheidenden, von Urschreien erfüllten Nacht – nicht auf gefleckte Freier ein. Ganz anders Lao. Er verschwindet immer wieder ausgiebig und kehrt mit kleineren Wunden zurück, doch niemals mit gespaltenem Ohr oder zerfetzter Nase; derlei holen sich seine Gegner. Er selbst ist unbesiegbar, trifft nur auf unterlegene Herausforderer. Nach solchen Turnieren erklimmt er den wilden Wein der Südfassade, durchschreitet mit steil aufgerichtetem Schwanz mein Fenster und nimmt völlig erschöpft mitten auf mir Platz. Ich liebe diesen zufrieden schnurrenden Alp, er vertreibt die schlimmen Träume. Will er fort, öffnet er mit herrischem Sprung jede Türe.

Einmal ist Friedrich Georg Jünger Gast in unserer böhmischen Welt. Da bewohnt er das weit rückwärtsgelegene »Kurfürstenzimmer«, das ohnedies nur unter Aufbietung allen männlichen Mutes einigermaßen wohlbehalten durch die dunkle Ahnengalerie und unter den Nachtaugen der von bleichem Mondlicht beschienenen Porträts zu erreichen ist. Eines Nachts reißt ihn ein Knall aus dem Schlaf. Noch ganz benommen, sieht er voller Entsetzen die Türe lautlos aufgehen, spürt einen kalten Hauch, ohne daß jemand hereinkäme, und es sträuben sich ihm langsam die Haare. Lao entscheidet selbstherrlich, wo er ausruhen will von den Taten der Männlichkeit. Auch zum Dichter in eines der entlegenen Gastzimmer mag es ihn einmal hinziehen. Daß zu seinen Abenteuern auch die heimliche Jagd auf Dorfhühner gehört, ist ein Greuel, an den unsere Mutter nur ungern denkt, den Finni sogar strikt ableugnet. Kein »Miau« dringt aus seiner Kehle, sondern ein tiefes, knappes »Lao«. Finni wird mit diesem Herrscherruf beschenkt, wenn sie ihm das Essen reichen darf.

Die Finni oder Hohler-Bepp heißt eigentlich Hohler Josefine und lebt mit ihrer alten Mutter einige Häuser weiter unten. Sie kommt täglich herauf und empfängt im Nähzimmer Katzen und Kinder. Auch als wir schon fort waren, fütterte sie noch ein Jahr lang weiterhin Katzen und den immer dicker werdenden Wachtelhund »Bürschi«. Da lösten einander im Schloß bereits tschechische Verwalter ab; einer von ihnen ließ sich in der Kutsche herumfahren und trug dazu die weißen Zwirnhandschuhe der Heger, die diese anzogen, wenn sie mit den Dienern zusammen beim Jagddiner servieren halfen. Eines Tages verschwand Bürschi spurlos, man munkelte, in einem Kochtopf. Kurz darauf wurde Finni mit ihrer Mutter und allen anderen Deutschen – so weit diese noch am Leben waren – ausgesiedelt.

Die Rupp Miez ist eine Weile Zimmermädchen, ehe sie als Verkäuferin nach Mies geht. Sie kannte noch die Zeit und hat mir Jahrzehnte später davon erzählt, als sie zur Hausarbeit blaugestreifte Kleider, zum Bettenmachen einen weißen Mantel, zum Servieren ein schwarzes Kleid mit zierlicher weißer Spitzenschürze getragen hatte. Vier solche Jahre haben sich in ihrem Gedächtnis weiterentfaltet, mit Goldstaub bedeckt und mit herrlichen Girlanden umrankt. Mit der Entfernung breitete sich das Rankenwerk immer wunderbarer aus und löste das Bild aus der Wirklichkeit.

Die Rupp Miez stammt aus einem der Häuser auf halber Höhe des Schloßberges, die früher fast alle irgendein Geschäft unter ihrem Dach beherbergt haben. Je weiter zurück in die Vergangenheit man unser Dorf befragt, desto zahlreicher werden die Spuren verschollenen Gewerbes. Zugleich aber scheint das Leben in immer anspruchsloseren Bahnen zu verlaufen. Diese verzweigen sich nach rückwärts zu einer erstaunlichen Gattungsvielfalt der Betriebsamkeit, zumal in den Städten. Mehl oder Grieß kaufte man dort in der Melberei, Brot beim Bäcker, nicht aber Kuchen; Karotten, Paradeiser, Porree oder Karfiol hatte der Grünkrämer, Reis, Tee und Bohnenkaffee der Kolonialwarenhändler; es konnten sich Seifensiedereien halten, Kurzwarenhändler, Strumpfläden, Posamentenverkäufer, sogenannte »Bandl-Juden«, vermutlich sie alle mit bescheidensten Gewinnen. Etwas davon hat es auch in unserem Dorf gegeben. Glaser, Strumpfwirker, Schneider, Schnittwaren-, Leder-, Lebensmittel- oder Sarghändler lebten noch kürzlich nebeneinander an der Dorfstraße entlang. Wir kennen diesseits des Flusses nur noch den Schnittwarenladen vom Wurm, den Bäcker Glosauer, den »Fleischhauer und Selcher Anton Groh« und den Lebensmittelladen vom Pohan. Daß beim Rupp einst ein wenig Kolonial- und Süßwaren verkauft worden waren, haben wir nicht mehr zu sehen bekommen. Der Vater der Miez war vor allem Schneider.

Urnen voll Honig

Mit Ausbruch des Krieges hat unsere Mutter ihre Schüchternheit überwinden und lernen müssen, mit all den Männern und Frauen des Gutsbetriebes umzugehen, Streitigkeiten zu schlichten, Entscheidungen zu treffen, auf Ämter zu laufen, um den von der Diktatur verwalteten Kriegsmangel für Haushalt, Gut und Meierhöfe zu lindern, oder einen der unentbehrlichen Männer nicht an die Front zu verlieren. Zwar haben ihr Oberförster Ertl und Verwalter Göbel zur Seite gestanden, aber verantwortlich ist sie nun selber gewesen.

Der »Herr Verwalter« ist ein bedächtiger Mann, der im Ersten Weltkrieg verschüttet gewesen sein soll. Wir hören gelegentlich davon sprechen. Ich kenne den Schüttboden, wo in riesigen, bei der geringsten Bewegung rieselnden Haufen das Getreide aufgeschüttet lagert. So ähnlich stelle ich mir's beim Herrn Verwalter auch vor: Er in einer Mulde liegend, die den Kriegsnamen »Trichter« trägt, und nun rieselt es aus Getreidesäcken auf ihn herab.

Er bewohnt das ehemalige »Grimmichhaus«, das sich nun sachte zum »Göbel-Haus« wandelt. Zusammen mit der Rückseite der Kirche begrenzt es vom Westen her den Hof, hat Spaliergitter, ein fürsorgliches Walmdach und rückwärtige Fenster auf den Hühnerhof. Die Frau Verwalter hat in einem besonders männerlosen Kriegswinter ihre Stimme dem Nikolaus geliehen, der uns mit Sack und Rute und einem umfassenden Wissen unserer Missetaten einen heiligen Respekt einflößt. Wir nehmen es als eine unerhörte Steigerung der vielfältigen Vorweihnachtswunder, daß der »Heilige Nükolaus« sich solcherart in die Niedrigkeit der Menschenwelt herabläßt. Glaubenszweifel liegen uns völlig fern, zumal unsere Mutter uns versichert, Männer bekämen im Alter meist höhere Stimmen. Ich könnte beschwören, daß ich den mit einem

Hirsch bespannten Schlitten aus der Fliederhecke habe hervorstürmen sehen. Aus diesem Erlebnis, auf das sich unsere Bilderbücher beziehen – nicht etwa umgekehrt –, besitze ich überhaupt die Kenntnis davon, wie ein Hirsch aussieht. Denn es gab in unseren Wäldern weit und breit kein Rotwild.

Das beste an den Göbels ist für uns der Fritzl, ein um entscheidende Jahre älterer Bub, der irgendeine ferne, höhere Schule besucht. Er ist ein heißbegehrter Spielkamerad, der vergnügt allerlei auf dem Klavier spielen kann und vor allem die Kunst beherrscht, winzige Schokoladestückchen in den Mund zu schieben, sie völlig zu zerkauen und hinunterzuschlucken, um sie danach hervorzuwürgen und ganz unversehrt und trocken wieder in die Hand zu spucken. Wir staunen, wir können gar nicht genug kriegen von diesem Wunder. »Nochamal, Fritzl, nochamal, bitte.« Ob man derlei auf der Bürgerschule in Mies lernt? Das muß eine herrliche Schule sein. Unserer Mutter macht seine Munterkeit ebenfalls Freude, und sie hört ihn gerne auf dem Flügel Chopin spielen, auch wenn es nur immer wieder das Regentropfen-Prélude ist.

Zu den vielfältigen Pflichten dieser Zeit wäre sie noch kurz zuvor gar nicht fähig gewesen. Sie hatte kränkelnd die vier Jahre zwischen Tante Mimis Tod und dem Ausbruch des Krieges im wohlgeordneten böhmischen Dorf verlebt, in ihrem von alteingesessenenen und gut aufeinander eingespielten Leuten versorgten Haus, das sie mit ihrem starken Sinn für Schönheit und Harmonie behutsam neu eingerichtet hatte. Sie brauchte nur auf die vielen Speicher zu gehen. Unter Staubschichten standen dort wie sitzengebliebene Tanten die furnierten Kommoden mit schöngebauchten Schubladen, die geschnitzten Sessel und eleganten kleinen Tischchen mit tänzerisch geschwungenen Beinen. An ihrer Stelle wanderten Plüschsessel und dunkle, in vage altdeutschem Stil geformte und mit allerlei Schnörkeln verzierte Riesenmöbel auf diese

Summen und Rascheln der Sommerhitze zwischen den Kiefernstämmen am Sabachowafelsen, auf das sanfte Rauschen im Getreide, auf Stichworte, die sie aufnehmen will. Immer wieder glaubt sie sich der Entschlüsselung ganz nahe. Dann aber zerspringt die vernommene Melodie wieder. Der Weg ist mit Asche und Scherben bestreut.

Verse gehen an die Feldpostadresse im Osten, wo die Front vom Don zur Wolga vorrrückt, Verse kehren von dort zurück. In der »Frankfurter Zeitung« erscheint manches davon. Auch das noch lange Zeit ziemlich eigenständige Feuilleton von »Das Reich« druckt ihre und unseres Vaters Gedichte ab. Die Naturlyrik der zwanziger und dreißiger Jahre ist weiterhin prägend, Loerke, Lehmann, der junge Günter Eich und Peter Huchel publizieren hier und anderswo.

Die unserer Mutter zufallende Verantwortung für Guts- und Forstbetrieb, für Menschen und Tiere, verstärkt ihre Lebensbereitschaft. Ihre Zeit teilt sie nun streng ein. Frühmorgens breitet sie ihre Papiere auf dem Bett aus und schreibt. Wenn Haushalt und Hof erwachen, hat sie ihr eigentliches Tagewerk schon hinter sich, kümmert sich um das Nötige und führt, soweit das geht, ihr Leben mit Büchern, mit Natur und Jagd, läßt ihr Essen für sich allein auftragen. Unter der Anleitung von Herrn Hammer erfährt sie von den Geheimnissen des Bienenstaates und der Imkerei. Sie vertraut sich der ruhigen Umsicht dieses Lehrers an, lernt staunend einen der ältesten Wirtschaftszweige dieses Landes kennen, die Zeidlerei.

Diese hatte einst in den böhmischen Wäldern damit begonnen, daß hohle Baumstämme, ober- und unterhalb des Bienensitzes abgesägt, als »Klotzbeuten« in Hütten kamen. Erst die Erfindung der Rahmen stiftete Frieden zwischen Imker und Immen. Nun kann auch Herr Hammer den sommerlichen Überfluß an Honig gewinnen, ohne sie zu töten, ja fast ohne sie zu stören in ihrem wunderbar geordneten Wimmeln.

Gerade ist Karl von Frisch dabei, den Tanz der Bienen zu erforschen, durch den diese einander in der Dämmerung des Stockes mitteilen, wo unter der Sonne, in welcher Nähe oder Ferne Baum oder Wiese mit Nektar und Pollen für die Sammlerinnen in Blüte stehen. Erste Nachrichten von den Versuchen des Bienen-Frisch zur Entzifferung dieser sprachlosen Verständigung dringen zu uns nach Böhmen.

Das neue Bienenhaus im Gemüsegarten wird für unsere Mutter zum geliebten Mittelpunkt ihres praktischen Lebens. An bestimmten Sommer- und Herbsttagen kommt Herr Hammer, beide hüllen sich in weite Kleidung, tragen Handschuhe, breite Hüte und Gesichtsschleier. Wir beobachten aus sicherer Entfernung, wie sie sich beim Bienenhaus zu schaffen machen, sich behutsam bewegen, so als ob sie in eine andere Zeit eingetreten wären. Etwas später steht ein seltsames, blitzendes Gerät im Hof, Herr Hammer dreht eine Kurbel und es fließt heller, goldgelber oder, je nach Jahreszeit, brauner Honig aus einer Trommel in Kübel. Wir haben Löffel in den Händen, dürfen probieren und schmecken nun die Vergeistigung der Obst- und Lindenblüte, der Blumen- und Kleewiesen, der Mohnfelder und tauenden Tannen Böhmens, diesen Inbegriff von Erdensüße und überirdischer Verheißung, deutlich und zugleich flüchtig bis dorthinaus. Einige Wachsschuppen bleiben mir am Schluß im Mund zurück, die ich nachdenklich weiterkaue.

Nach einigen Wochen der Klärung und Reife stehen schwere Honigkrüge beim Eingemachten. Ihr Inhalt, der einst nach Urnen, dem alten römischen Raummaß von 13 Litern abgemessen worden war, bleibt wohl köstlich; nicht daß der aufbewahrte Honig wie Asche gewesen wäre. Aber jene Vision unvergänglichen Glücks hat sich wieder verflüchtigt, hat sich nicht mit in die Krüge füllen lassen. Nun ist es eben einfach guter Honig.

Der Labeser Grund

Unsere Mutter muß jetzt wohl oder übel die kleinlichen Belange des Haushaltes bis zu einem gewissen Grad durch ihre Hände gehen lassen, wenigstens zeitweise. Doch kann sie vorerst noch das meiste delegieren. Ein- bis zweimal im Jahr kommt zusätzlich die treue, seit Jahrzehnten vertraute »Lore« aus dem Elternhaus zum Aufräumen der Schränke. Es ist immer schon höchste Zeit dafür. Die Schubladen und zarten furnierten Barocktüren gehen nicht mehr richtig zu, und falls sie zu sind, gehen sie bestimmt nicht mehr auf. Ungezähmte Materie klemmt oder quillt träge aus ihnen hervor. Unsere Mutter leidet, wenn Großmama Podewils, die ans praktische Leben gepflockte »Tant' Marie« hineinschaut, was sie leider nicht immer zu unterlassen fertigbringt.

Zugleich aber verwandelt sich alles, worauf ihr Auge fällt, in Schönheit. Sie ordnet Möbel, Bilder, alte Bücher und Blumen zu so vollkommener Stimmigkeit, daß das gelbe Schloß für seine letzten eigenen Jahre noch einmal aufleuchtet wie vielleicht nicht mehr seit seiner Entstehung 200 Jahre zuvor. Auch in ihren späteren Jahren konnte sie keine einzige Nacht in einem Hotelzimmer zubringen, ohne wenigstens Tischdekke, Kerze und Postkarten, die in ihrem Koffer nie fehlten, zu einem Ensemble zu fügen und sich eine persönliche Umgebung zu schaffen.

Schon in Böhmen beginnt sie zu erkennen, daß sie nur atmen, nur glücklich sein kann, wenn sie mit Manuskript und Büchern oder mit der Natur jagend, beobachtend, sammelnd allein ist. An den Werktagen essen daher meine Schwester und ich in einem behaglichen Raum an der Grenze von Anbau und altem Gebäude zu Mittag mit Miabia und der Pariser Denise. Als diese uns endlich so weit hat, daß wir anfangen französisch zu sprechen, gibt es einen Sprachenkonflikt bei Tisch. Miabia ist mit Recht gekränkt. Nun soll Denise während des Essens Deutsch sprechen, was uns wiederum unnatürlich vorkommt. Ich weiß nicht, wie es weitergegangen wäre. Die Entscheidung hat uns der zu Ende gehende Krieg abgenommen.

Nur an Sonntagen wird gemeinsam im großen Speisezimmer gegessen. Danach geht unsere Mutter mit uns auf weite Spaziergänge, erzählt Geschichten, weckt alte Naturgeister. Im sommerlichen Mühlacker wohnt die Roggenmuhme, von der nie ganz klar ist, ob sie zu den guten oder den weniger guten Zwischenwesen gehört. Wenn wir den Sabachowa rechter Hand dem Miesaknie überlassen, auch Nittl-Villa und Houfala rechts liegenbleiben, gehen wir den Schönthalbach entlang. Er schlängelt sich. Unter seinen Holzbrücken stehen Forellen, kleine Blasen schwimmen heran und schaukeln unter den Balken hindurch, um zuverlässig auf der anderen Seite wieder hervorzukommen. Auch Stöckchen tun das. Wir finden Schlüsselblumen und Anemonen. Gehen wir sehr weit, gelangen wir zwischen Schwarzdorn durch den Hohlweg hindurch zum »Kalten Loch«. Dort haust der Winter; von dort aus beherrscht er monatelang die ganze Gegend, hält sie in eisigem Griff. Wir weinen vor Schmerz, wenn unsere erstarrten Füße aus den dünnen geschnürten Lederstiefeln herausgeschält werden. Ab März aber beginnt die Macht des Winters zu wanken. Sein Reich bröckelt, tropft von Spalierzweigen, rutscht von Dächern und Bäumen, schmilzt von den Feldern weg, um schließlich nur noch ein letztes Rückzugsgebiet ums Kalte Loch herum zu bilden. Sollen wir den Flüchtenden, den Verlierer bedauern? O nein! Sobald der vom Thron Gestürzte nur mehr dort hinten auf einigen schmutzigen Flecken körnigen Schnees sein Dasein fristet, trampelt unsere Mutter mit uns darauf herum. Wir sind völlig überzeugt, damit den bösen Winter zu zertreten, der ohne unser Zutun womöglich wieder hervorbrechen, Schlüsselblumen und Anemonen töten und den Meisen und Rotkehlchen die Lieder verderben könnte.

Hinter dem Kalten Loch liegt der »Pittlauer Wald« mit Wolf und Bär und Luchs. Das ist bereits zu weit für Kinderfüße. Und dann? Was kommt dann?

Ich werde es nie erfahren. Ich bin nicht großgeworden dort, ich bin so viele Wege nicht gegangen. Auf dem Wolfsberg weit im Nordwesten, nein, ganz nah im Nordwesten, ragt eine Ruine. Ich habe sie nicht zu sehen bekommen. Meine Schwester auch nur einmal auf einem Schulausflug. Lebte dort vielleicht der Wolf?

Ich weiß noch den »Labeser Grund«. Der Name rauscht in meinen Ohren. War ich je selbst im Labeser Grund?

Labes, das ist eines der Dörfer, die in dem lateinischen Stiftsbrief genannt sind, in dem der Přemyslidenherzog Wladislaw I. im Jahr des Herrn 1115 das nahe gelegene Kloster Kladrau reich für alle Zeiten ausgestattet hat. Die erste Gründung dieses Klosters geht aufs Jahr 1108, auf Wladislaws grausamen Vetter und Vorgänger Swatopluk zurück. Dieser hatte sich bei einem nächtlichen Novemberritt auf der Heerfahrt gegen Koloman von Ungarn einen Baumast tief ins Auge gespießt, den seine Leute nur zusammen mit dem Auge herausziehen konnten. Das machte den rauhen Swatopluk zu frommerem Tun geneigt. Es war wohl auch hohe Zeit für ihn, denn zur Herbst-Tag-und-Nacht-Gleiche des folgenden Jahres wurde er von einem Konkurrenten ermordet und soll in Kladrau begraben liegen. Sein sanfterer Vetter Wladislaw also beschenkte sieben Jahre später das neue Kloster an der Auhlowa südlich von Mies aufs großzügigste.

»Im Namen der Heiligen und unteilbaren Dreifaltigkeit: Bekannt sei allen Söhnen der heiligen Mutter Kirche, daß Ich, Wladislaw, Herzog von Böhmen – im Glauben, daß es nichts gebe, was nicht Gottes ist, und auch jenem glaubend, der sagt, gebt Almosen und alle Welt ist Euer, und jenem glaubend, der sagt, die Erlösung der Seele ist sein Reichtum –, das Kloster zu Ehren der heiligen Gottesgebärerin Maria für die Errettung meiner Seele errichtet habe.«

Labes gehört zu zwölf Dörfern, »die daselbst schon von alters her bestanden haben in dem Wald, der sich zwischen den beiden Gewässern Miesa und Auhlowa bis nach Deutschland erstreckt«. Wladislaws Stiftsbrief enthält eine lange Liste von Dörfern, Häusern, Wiesen, Baumgärten, und immer wieder die Pflicht verschiedener namentlich Genannter, unter anderem viele »Urnen voll Honig« zu liefern. In Kladrau und auch sonst in Böhmen muß der Honig in Strömen geflossen sein. Der Stiftsbrief nennt auch eine Reihe von Personen mit Namen. Da ist der Bauer Radosta mit seinen Söhnen, gut für »7 Urnen Honig«, und der Sdata, der 50 Klumpen Eisen schuldet. Da sind die Falkner Zeztrogor und Gluza, der Badestubenheizer Chastre, der Kleiderwäscher Ras, der Baumbeschneider Lovata. Sie alle gelangen nun in die Pflicht, Abhängigkeit und Obhut des neuen Klosters.

Labes, das ist also schon damals ein altes Dorf, das sicher in die Zeit zurückreicht, als kurz vor der Jahrtausendwende der heilige Bischof Wolfgang hier vorüberkam. Auf dem Weg von Regensburg zur ersten Inthronisation eines Bischofs in Prag ließ er unterwegs im dichten Böhmerwald Spuren zahlreicher Legenden zurück. Auch große, in Felsen und Steine gedrückte Fußstapfen weist ihm der Volksmund zu. Er soll an der Auhlowa gerastet und einen Ast an der Stelle in den Waldboden gerammt haben, wo bis heute die hochragende Kladrauer Kirche auf dem steilen Uferfelsen steht, nur wenige Kilometer östlich von unserem Dorf.

Der Streit zwischen den Slawenaposteln Methodius und Kyrillos, die vor allem in Mähren wirkten und dort slawische Liturgiesprache samt dem neuen Alphabet des Kyrillos einführten, und den in Böhmen wirkenden bayrischen Missionaren mit ihrer lateinischen Liturgie wurde noch im 9. Jahrhundert für das ganze Land zugunsten des Lateinischen entschieden. Eine lange, so schwierige wie abwechselnd blühende oder blutige Geschichte kam in Gang. Zweisprachigkeit unterhalb des Lateinischen war Böhmens Schicksal von Anfang an. Es mischten sich Deutsche mit jenen Slawen, die auch noch nicht so lange zuvor, meist unter avarischer Herrschaft, den Germanen in diese Gebiete gefolgt waren. Sie lebten als Böhmen zusammen, beteten, kämpften gemeinsam und gegeneinander. Mit den Deutschen kamen Kirchen, Klöster, Feudalherren, kamen auch Lehensrecht und Stadtfreiheit, die vielerlei slawische und ältere deutsche Untertänigkeiten aufwog. Die besonderen Privilegien, von den Přzemyslidenherzögen und -königen den neuen Städten und den meist deutschen Kolonisten in den riesigen Wäldern immer wieder gewährt, waren verlockend und halfen, das Land zu erschließen. Räderpflug und Dreifelderwirtschaft wurden vom Westen her eingeführt. Wie blühte Böhmen immer wieder auf, wie reich war es an Silber, Honig und Bier!

Oft wird Labes, das alte Dorf in unserer Nähe, urkundlich erwähnt im ewigen Hin und Her zwischen dem Kloster Kladrau und seinen Gläubigern.

Das Doppelte Kreuz

An der Straße nach Tschernoschin steht ein seltsames Kreuz, ganz anders als andere Kreuze sieht es aus, hat zwei Querbalken. »Beim doppelten Kreuz« heißt die umliegende Gemarkung. Die Alten sagen, es sei ein Pestkreuz aus der Zeit des Dreißigjährigen Krieges, als sechzig Einwohner unseres Dorfes im Jahre 1634 auf einmal starben und nicht im Friedhof begraben werden konnten, sondern draußen im Feld unter die Erde kamen. Für Krieg, Hunger, Pest soll der zweite Querbalken auf dem Stamm lasten.

Das sei ein Hussitenkreuz, behauptet hingegen meine weise Schwester. Ich sage beeindruckt das neue Wort nach. Zwei Querbalken – kann denn die der eine aufstrebende Stamm auch tragen? Ein Querbalken ist halb abgebrochen. Die Erde, die hier friedlich gepflügt wird, müßte dunkel sein von all dem vergossenen Blut.

Als Kaiser Karl IV. auf der Höhe seiner Macht in Prag 1348 die erste Universität des Reiches gründete, blühte das Land gerade wieder. Aber die guten Tage waren wohl wie üblich wieder einmal nicht so gut zu ertragen gewesen. Die oberen Stände wurden allzu reich, der Klerus entartete, vernachlässigte die Seelsorge, die Sitten verwilderten. Das übliche leider. Zugleich traten gewaltige Bußprediger auf; die Kastler Klosterreform nahm ihren Ausgang von Kloster Kladrau, die hussitische Reform der Kirche und Gesellschaft kam aus der Prager Universität. Wie so oft sind Bewegung und Gegenbewegung aus derselben Gegend gekommen. Wie so oft lag diese Gegend in Böhmen.

1409 taucht im Kladrauer Klosterarchiv die erste tschechische, nicht mehr lateinische Urkunde auf, ein Vertrag zwischen Abt Werner von Kladrau und dem Edlen Georg von Wasskau aus Elhotten bei Mies: Die Übertragung von drei

Grundstücken »nach Deutschem Recht« gegen Dienste zu Pferd; es geht also bereits um besondere Verteidigung. Im selben Jahr räumen die zur bayrischen, sächsischen und zur polnischen Nation gehörenden Professoren und Studenten die Prager Universität und gründen die Universität von Leipzig; es gab offenbar bereits böses Blut dort zwischen den verschiedenen »Nationen«, in die die vielsprachige Studentenschaft gegliedert war, wobei die einheimischen deutschen Studenten selbstverständlich zur »böhmischen Nation« gehörten; noch richtet sich der Haß also nur gegen auswärtige Deutsche. Doch nun waren die Anhänger von Jan Hus schon in Waffen. Die Funken des Konstanzer Scheiterhaufens vom Jahr 1415 sprangen rasch über und entzündeten alsbald das ganze Land; die Hussitenkriege brachen aus, Religionskriege, und zugleich Stammes- und Sprachenkriege; ihre Grausamkeit kannte keine Grenzen. Als ein hussitisches Volksheer unter Zischka sich 1421 Kladrau näherte, flüchtete der Abt mit einigen Brüdern nach St. Emeram in Regensburg. Die Gebliebenen wurden bei der Einnahme mit Spießen, eisernen Flegeln und Morgensternen erschlagen, am 23. Jänner. Dann belagerte das kaiserliche Kreuzheer Kladrau und Mies. Schon auf die Nachricht vom Herannahen des hussitischen Entsatzheeres ergriffen aber die Kaiserlichen wieder die Flucht, verheerten ihrerseits das Land, raubten die Dörfer aus.

»Wenn ich das gegenwärtige mannigfache Unglück und Verderben des einst so glücklichen und berühmten Königreiches Böhmen betrachte, das allmählich heraufzog, das Land weit und breit verzehrte und durch die Zwietracht inneren Kampfes vernichtete – dann schwinden mir, erschöpft vor Schmerz, die Sinne und der Verstand« – so beginnt Laurencius von Březovà 1422 seine Chronik der Hussitenzeit.

Es ging um edle Ziele in der hussitischen Reform: um Bibel und Messe in der Volkssprache und um den Laienkelch, denn zu weit hatte sich die lateinische Kirche von der Volksseelsorge entfernt. Es ging auch um gemeinsames Eigentum, denn zu mächtig und zu reich geworden waren Kirche und Adel. Und es ging um tschechischen Stolz gegen deutschen Übermut und Stadtreichtum. Mit Krieg und Eroberung suchten die Hussiten bald bis tief nach Österreich, Bayern, Franken oder Thüringen hinein diese Ziele zu verfolgen, diese Vorstellung eines Gottesstaates vom sogenannten Berg Tabor, der für die radikalen, urchristlich-theokratisch organisierten »Taboriten« am Flüßchen Luznice in Südböhmen lag. Was derlei mit der Folterung niederbayrischer und schlesischer Bauern, der Vergewaltigung ungarischer und polnischer Mädchen zu tun haben sollte, fragte bald keiner mehr. Längst hatte die Bewegung sich von ihren Ursprüngen losgerissen und war zum Volkskrieg geworden. 500 Jahre später sollten die Infernos, in denen die blutiggeschlagenen, mit eitrigen Striemen bedeckten, von Hungerödemen aufgeschwollenen Deutschen zum Sterben gesammelt wurden, »Koncentracní tabor« heißen. Doch da war der ursprüngliche Berg der Verklärung vergessen, jener Tabor im Gelobten Land, auf dem einst ein Gesicht geleuchtet hatte wie die Sonne.

Zischka, Prokop der Kahle und Prokop der Kleine waren hussitische Führer gewaltiger, unschlagbarer Volksheere. Vor ihnen flohen die vorrückenden Kaiserlichen, die verschiedenen Kreuzheere immer wieder und verwüsteten auf Vormarsch oder Flucht, was die Hussitenheere noch übriggelassen hatten.

Nachdem das hussitische Feuer ausgebrannt und in sich zusammengesunken war, folgte jagiellionisches Königtum. Tschechische Schulen, tschechische Ratsstuben und Register breiteten sich aus. Nach der Schlacht am Weißen Berg, dem Untergang der protestantisch böhmischen Stände, wurden die Urkunden in habsburgischen Kanzleien immer mehr auf deutsch geschrieben. In die verödeten Dörfer wanderten viele Deutsche ein.

Das Dorf Labes wird am 30. August 1630 wieder einmal durch gerichtliche Entscheidung dem Kloster Kladrau zurückgegeben, zusammen mit vier Bauern in Lohm, einem Nachbardorf, das wie Labes auch schon in Herzog Wladislaws altem Stiftsbrief eigens genannt war. Diese vier Bauernhöfe kaufte 1651 Albert Přichowsky, damaliger Herr unseres Dorfes, um 1800 Gulden dem Kloster ab. Und nun blieben sie im Besitz dieser Familie und ihrer Nachfolger bis zu unserer Zeit. Erst durch die Bodenreform von 1926 kamen die Lohmer Höfe zum Kummer von Tante Mimi an einen tschechischen Legionär. Eine tschechische Schule – es gab acht Tschechen unter den 447 Lohmer Dorfbewohnern – wurde gegründet und zehn Jahre später wieder aufgehoben. Nach weiteren sieben Jahren mußten schließlich die Deutschen des Ortes, also das ganze Dorf nach Westen gehen.

»Wisset, daß die Deutschen freie Leute sind. Den Deutschen kommt zu, nach Deutschem Recht und Gericht zu leben, wie sie es gehabt haben seit der Zeit meines Großvaters, des Königs Wratislaw«, bestätigt eine Urkunde Herzog Sobieslaws II. im Jahre 1178. Das Recht beider Stämme wurde in den folgenden Jahrhunderten immer wieder wechselseitig mißachtet, ebenso aber auch neu bestätigt und weiterentwikkelt. Erst nachdem im ersten selbständigen Staat dieser Gegend die Tschechen zwei Jahrzehnte lang gleiches Recht den Deutschen verweigert hatten – oh, wären sie doch klüger gewesen! –, konnte das Dritte Reich, in dem das Recht bereits gebrochen und verdorben war, für sechs Jahre sich Böhmens bemächtigen. Während der danach folgenden Schreckensherrschaft der Tschechen über die Deutschen im Sommer 1945 würde es schließlich heißen: »Němec nema pravo«, der Deutsche hat kein Recht. So schrie der tschechische Mob es in

Mies und anderswo den deutschen Mitbürgern, die weiße Armbinden tragen mußten, unaufhörlich ins Gesicht. Man stieß sie von den Gehsteigen, von den Brücken, aus dem Leben hinaus.

Diese Deutschen hatten ursprünglich einmal Recht mitgebracht, gutes, bewährtes, den alten germanischen und slawischen Stammesbräuchen überlegenes Stadt- und Landrecht. Diejenigen, die nach dem letzten Krieg schließlich im Elendszug die Wälder nach Westen durchquerten, froh, wenigstens noch am Leben zu sein, das waren seit Jahrhunderten Böhmen deutscher Zunge gewesen, »die durch Bebauen der Erde ihren Unterhalt erwarben«, wie es in einer Chronik steht. Unfrei und erbuntertänig lebten sie lange Jahrhunderte, genau wie ihre Nachbarn tschechischer Zunge; dann lebten sie beide freier unter wechselnder Obrigkeit. Die Trennung in verschiedene Nationen war eine spätere Erfindung.

Der Labeser Grund wird nun bald verschollen sein. Das Dorf Labes heißt schon längst »Lobzy«. Ortsfremde sind in die leergewordenen Häuser eingezogen und hier wie anderswo heimisch geworden.

Friedrich Georg

Als Namen wie »Labeser Grund«, »Lohm« oder »Pittlauer Wald« in unseren Ohren summen, wissen wir wenig von vorher und nichts von nachher. Wir leben in der Ewigkeit des Kinderherzens. Wir entstammen einem bösen Frieden und einem noch böseren Krieg. Davor liegt für uns die Sagenzeit. Wir trippeln am forellenreichen Schönthalbach entlang, blikken schaudernd zum steilklippigen Sabachowafelsen und überlegen, ob Hänsel und Gretel im Pittlauer Wald oder hinter dem Labeser Grund zu Hause sind und dort beinahe verhungert wären. Weiter als bis zum »Kalten Loch« kommen wir nicht.

Nach solchen Sonntagsausflügen lädt unsere Mutter uns in ihren kleinen Salon ein, der einen breiten Blumenkasten hat und dahinter eine Glastüre auf die Ostterrasse hinaus. Sie bereitet mit uns »Friedensspeisen«. Dazu müssen Butter, Nuß und Zucker in der sonntäglich verlassenen Küche regelrecht entwendet werden. Wir unterliegen, wie alle »Selbstversorger« genannten Landwirte, strengen Ablieferungsregeln, leben während des Krieges keineswegs in Saus und Braus. Doch hat das System Lücken. So erscheint uns jenes in Puppengeschirren zusammengeknetete Sonntagsgemisch über alle Maßen köstlich, und das Kinderwort »Butternußzucker« zergeht mir noch heute wie Ambrosia zwischen Zunge und Gaumen. Danach lesen wir »Winnie-the-Pooh«, das Wilhelm-Busch-Album, später »Le Grand Maulne«. Ab und zu darf eine von uns als Gast im Zimmer des abwesenden Vaters übernachten und wird mit kleinen Holzfigürchen verwöhnt, mit winzigen Bilderbüchern und mit dem schon fast völlig vergeistigten Duft aus einem längst leergeschnüffelten Friedensparfümfläschchen. So ist unsere Beziehung zur Mutter in unseren Augen eine vom Alltag entlastete Kette festlicher Ereignisse.

Die Mutter hat gerade ihr erstes Buch, »Die geflügelte Orchidee«, im B. Fischer Verlag veröffentlicht, eine Erzählung, die die Katastrophe ihres Lebensanfangs mit einer spätromantischen Handlung verwebt und in düsteres, naturmagisches Licht taucht. Die Figur des »Mantius«, eines Naturkundigen, Eingeweihten und Führers, ist von den vorerst nur aus ihren Schriften erschlossenen Gestalten der Brüder Jünger beeinflußt.

Im Herbst 1943 folgt Friedrich Georg, der langjährige Brieffreund, einer Einladung nach Böhmen. Unsere Mutter will ihm Landleben mit Jagen, Fischen und Musik bieten, will ihre inständige Naturliebe, ihren Wissensdurst mit ihm teilen. Sie weiß sich allen Erscheinungen der Welt ebenso leidenschaftlich zugewandt wie er.

Der Gast bringt liebevoll verpackte Geschenke aus der Überlinger »Bunten Stube« seiner Frau Zitta mit, eigentlich nur dürftige Kriegsware, aber in unseren Kinderaugen über alles Maß kostbar und schön. Viele Jahre habe ich ein winziges blaues Täschchen gehütet, flach, rund, mit aufgenähten Spiralen aus roter Borte, die in zwei Henkel ausliefen. Im Lauf der Jahrzehnte kamen immer schönere Dinge aus diesem Lädchen, und wir erlebten bis über Friedrich Georgs Tod hinaus am 1. und 2. September, wenn zu seinem Geburtstag die Freunde zusammenströmten, die großzügige Gastlichkeit des alten, hinter der überwucherten Mauer verborgenen Hauses an der Überlinger »Seepromenade«. Jenes Täschchen blieb trotzdem unübertroffen.

Zu Kriegsbeginn hatten die Eltern begeistert Ernst Jüngers *Auf den Marmorklippen* gelesen. Sie hatten sich in das mediterrane Leben zwischen den Weingärten der »großen Marina« hineingedacht. Und sie hatten die aus den Wäldern und Sümpfen vordringenden Horden des Oberförsters wie alle damaligen Leser vereinfachend als Bild von Faschismus und

Stalinismus entschlüsselt. Das in der Bedrohung anachronistische und daher besonders intensive Glück der Brüder der Erzählung, arkadisch unter einer helleren Sonne, bei Wein, gerösteten Kastanien und jungen Nüssen, mit Herbarium, Büchern und heiteren Nachtgesprächen in der »Rauten-Klause«, wo Zikaden und Lanzen-Ottern wohnten, nahm unsere Mutter allzu wörtlich. So erwartet sie nun im Herbst 1943 einen »Purpurreiter« aus dem Land der Marmorklippen.

Immerhin, am Bodensee reift doch angeblich ein goldfarbener Wein, und es gibt da das Weinberghaus. »Ein Jäger war ich und ein Fischer« steht in einem von Friedrich Georgs Gedichten. Sie will dem mit ganzer Kraft entgegenkommen. Wir werden streng ermahnt, uns tadellos zu benehmen. Als der Gast in der Tür steht, hochgewachsen, die von einer Kriegsverletzung von 1918 her ohnedies etwas schiefe Schulter verlegen nach oben gezogen, die scheuen Hände groß vorne verschränkt, die breite hohe Stirn – eine mächtige Stirn sozusagen – besorgt gefurcht und von einer abgerutschten Haarsträhne wie durchgestrichen, den Mund zu einem schüchternen Lächeln sehr weitgezogen, da ist er alles andere als ein Purpurreiter.

Sie führt den Gast in ihrer Verlegenheit zum Kinderzimmer. Ich sitze da zufällig vertieft in mein erstes selbergelesenes Buch, eine Jugendfassung der Märchen aus Tausendundeiner Nacht auf faserigem Kriegspapier. Ich bin bereits dem Riesen mit dem gräßlichen einzigen Stirnauge, der Schlange sowie dem furchtbaren Vogel Rock entronnen und zu Sindbad dem Seefahrer, dem Geschichtenerzähler geworden. Nun bin ich gerade der Fischer, dem der Geist aus der Flasche entschlüpft, um sogleich aus einem kleinen Qualm zu einer riesigen dräuenden Wolke schwarz aufzuquellen. Ich will sofort wissen: Kann man den Flaschengeist wieder einsperren, zähmen oder gar erlösen? Ich habe Mühe, mich in Grüßgott-Haltung zurückzubringen. Der Dichter, Liebhaber der Scheherezade, ist entzückt und die Mutter voller Stolz. Als das Kind beim anschließenden festlichen Abendessen erklärt, es müsse aufs Klo eine Wurst machen, glaubt sie, in den Boden versinken zu müssen. »Je veux cueillir des fraises,« müsse man in solcher Lage melden, belehrt sie uns zu spät.

Aber solche Befangenheiten sind ganz und gar unnötig. Friedrich Georg ist überwältigt. Es ist dies der Anfang einer starken, die ganze Familie einschließenden Lebensfreundschaft. Alljährlich kam seit Kriegsende der Überlinger Freund zu uns in die enge oberbayrische Flüchtlingswohnung, in Briefen der »Liebe Fritz« des Vaters, der »Freund Friedrich Georg« der Mutter, demgegenüber sie bis zu seinem Tod das vertraute »Sie« beibehielt. Zum Reiten und Kutschieren in Oberbayern wurde er nur je einmal aufgefordert. Es endete unerfreulich. Aber sie gingen häufig fischen in den Bächen, die von den südwärts gelegenen Mooren abfließen, oder sie zogen den Blinker im Kahn an der Schleppangel hinter sich her über einen der Moorseen.

Bei Spaziergängen, im Gehen und Schauen, kam die Rede auf mannigfache Dinge. Durch seinen Bruder Ernst und den alten Freund Pfarrer Horion, der uns ebenfalls besuchte, kannte Friedrich Georg sich im Reich der Käfer aus. Er nannte die Namen von Steinen, Blumen und Vögeln, erzählte von raffinierten Parasitenkreisläufen bei Insekten, von schlimmen, mehrstufigen Schlupfwespenhierarchien. Er wußte Bescheid über die Geschichte der Erde, den Lauf der Sterne, das scheinbar spielend in sich selbst vertiefte Reich der Zahlen und dachte nach über den Fortgang der Weltgeschichte. Aufmerksamkeit für alle Phänomene bestimmte seinen Geist, der schon damals klarsichtig den großen, längst in Gang gekommenen Weltverschleiß analysiert hat. Sein philosophischer Essay »Die Perfektion der Technik«, 35 Jahre vor der ökologischen Krise schon im Jahre 1939 geschrieben, 1946 veröffentlicht, endet mit der Forderung: »Wir müssen wieder lernen, die Erde wie eine Mutter zu behandeln,« und das ist kein Zitat vom Häuptling Seattle.

Friedrich Georgs Erzählungen wurden, soweit er sie nicht schon aus dem Manuskript vorlas, sofort nach Erscheinen von uns eingehend besprochen. Seine Briefe sollten mit der Zeit dicke Mappen anfüllen. Wir erlebten in den späteren Jahren der intensiven Freundschaft mit Martin Heidegger, als unsere Eltern Vorträge und Tagungen anregten, wie Friedrich Georg zu den Vorbesprechungen kam; meist schwieg er angestrengt und mit gefurchter Stirne, um gelegentlich mit seiner unerwartet hohen Stimme dem Gespräch eine neue Wendung zu geben.

Den Grundstein zu dieser Verbundenheit legt unsere Mutter in Böhmen, wo das Leben noch geborgen scheint und in altbewährten Bahnen dahinfließt. In jenen Herbstwochen des beginnenden fünften Kriegsjahres soll Friedrich Georg am Sabachowafelsen über der Miesa einen Fuchs schießen. Er wird nicht fertig mit seiner Schrotflinte, kommt keineswegs zu Schuß, und unsere Mutter erlegt daraufhin den Fuchs ihres Lebens. Sie trifft ihn unwahrscheinlicherweise mit der Kugel auf 150 Schritt, vor der Nase des jagdlich und auch sonst ein wenig unpraktischen Gastes.

Eine andere Freundschaft aus dem böhmischen Jahrzehnt lebt fast nur in Briefen. Es sind eigenartige, bis an den Rand mit Schrift bedeckte Blätter. Ab und zu liegen Zeichnungen bei. Ein Neujahrsgruß zeigt das Bild eines Mädchens, das seinem auf dem Nachttisch abgesetzten Kopf aus einer Flasche mit Papierfahne einen Löffel voll Medizin eingibt. Der fürsorgliche Körper und der wenig erstaunte Kopf gehen sachlich miteinander um. Absender ist Alfred Kubin, von dem uns die Mutter eigenartige Geschichten erzählt. So habe er beim

Spaziergang in der Nähe von Zwickledt einmal aus einem großen Ameisenhaufen einen tickenden Wecker ausgegraben und ein andermal unter Herbstlaub eine wie ein winziges »gefatschtes« Baby gekleidete und gewickelte tote junge Katze gefunden. Wir staunen, ich stelle mir Laub und Kätzchen, Ameisenhaufen und Wecker so deutlich vor, daß meine Phantasie sie in unheimliche Federzeichnungen verwandelt, nach denen ich später in den Kubin-Ausstellungen insgeheim Ausschau halte. Unsere Mutter brachte es irgendwie fertig, diese überfüllten Briefe mitsamt den Zeichnungen durch unseren Schiffbruch hindurch zu retten.

Schiffbruch

Als meine Schwester und ich wenige Tage vor der deutschen Kapitulation übers böhmische Gebirge hinüber in den Bayerischen Wald geschickt wurden, reisten wir zwar langwierig, aber immerhin doch ordnungsgemäß mit der Deutschen Reichsbahn. Aber unsere Mutter glaubte da offenbar noch immer nicht an Endgültigkeiten. Denn anstelle alter Bilder, wichtiger Papiere oder silberner Bestecke ließ sie unsere Reisekörbe mit Mehl, Erbsen und Graupen füllen und sorgte dafür, daß wir unsere Puppen, das Spiel mit den bunten Glaskugeln und alle Büchlein der Ida Bohatta Morpurgo retteten, damit wir die Geschichten von Doktor Allesgut, von Heinzel und vom verkannten Bimpfi nicht entbehren mußten. Sie selbst hielt die Stellung mit allem, was ihr lieb und teuer war. »Onkel Hans«, unser geliebter Großpapa, stand ihr ruhig und liebevoll bei.

Die ersten Friedenswochen gaben ihrer Zuversicht zunächst recht. Die im Westflügel des Schlosses einquartierten deutschen Soldaten verschwanden unauffällig, ohne daß ihr Zugführer auf den närrischen Gedanken gekommen wäre, unser Dorf gegen die herbeigesehnten amerikanischen Eroberer zu verteidigen. Miabia konnte ungefährdet weiße Leintücher an Stangen über der Toreinfahrt befestigen. Das Aufziehen von Fahnen hatte sie ja gründlich lernen müssen.

Aber bald kamen aus dem Osten des Landes fremde Tschechen in wachsender Zahl und breiteten ein eiliges Verwaltungsnetz über unser Dorf, auch über Gut und Meierhöfe, während die Arbeiten der laufenden Saison weiterhin von unseren Leuten verrichtet wurden. Miabia kochte Rhabarber ein, legte Eier in »Wasserglas« und sah einer Überfluß versprechenden Kirschenernte entgegen.

Doch häuften sich Reibereien und bedrohliche Willkürakte

gegen die Deutschen. An einem Junimorgen wurde unsere Mutter kurzerhand abgeholt und nach Pilsen ins Gefängnis gebracht. Verhöre, Ohnmachten, kalte Wassergüsse – nur in der allerersten Zeit danach sprach sie ganz kurz davon, später nie mehr. Eine Leidensgenossin zeigte ihr, wie sich mit einem Haar Strümpfe stopfen lassen, wenn es gelungen war, eine Nähnadel durchzuschmuggeln. Statt tagsüber schwere Zwangsarbeit zu verrichten, erhielt sie, die sich vor Schwäche kaum auf den Beinen zu halten vermochte, die Erlaubnis, eine Schwerkranke zu pflegen. Dieser erzählte sie ihren neue Roman, den sie später – falls es ein Später geben würde – schreiben wollte.

Sie hatte indes Glück. Der verantwortliche amerikanische Offizier in unserem Dorf wollte die Übergriffe gegen die Deutschen gerne verhindern. Es gelang ihm, unsere Mutter ausfindig zu machen, und er holte sie heraus. Sie mußte aber nun innerhalb von zwei Stunden ihr Heim verlassen. Miabia hatte inzwischen vorgesorgt, hatte insgeheim wertvolle Schriften des Archivs, aus den Rahmen genommene Bilder, etwas Silber, ein paar Bücher und Korrespondenzen unauffällig zusammengepackt. Der bei uns gestrandete schwedische Maler Bodo von Campenhausen erklärte alles zu seinem Eigentum und rettete es auf diese Weise für uns, die wir nichts hätten mitnehmen dürfen. Ein amerikanischer Lastwagen nahm sie auf, und unsere Mutter konnte in ihre oberbayrische Heimat flüchten.

Sie holte uns aus dem Bayerischen Wald herüber, und nach einiger Zeit bezogen wir jene Gärtnerswohnung, wo vierzig Jahre zuvor der Reitmeyer Emmi ihre Puppen Dodis Puppen zur Sonntagsschokolade empfangen hatten. 1946 traf unser Vater aus England dort ein. Er trug einen Schnurbart und rauchte von da ab Pfeife.

Meiner Schwester und mir erschien die bescheidene Zuflucht wunderbar. Unser Kinderzimmer diente zugleich als Speise-, Wohn- und Musikzimmer. Wir rückten so nahe zusammen, daß unsere Mutter, um Luft zum Atmen zu haben, sich ihr ehemaliges Spielhaus am Parkrand herrichtete, mit wechselnden, stets untüchtigen Öfchen versah und hinter Blumen versteckte. Es gab in dieser Blockhütte zwei Kammern. Die eine war holzgetäfelt, hatte Wandschränke mit Butzenscheibentüren; sie blickte auf den See, und der See blickte herauf. Ich umschlich nach der Schule oft sehnsüchtig dieses Gehäuse der Eintracht, wollte teilhaben an seinem zerbrechlichen Frieden. Meistens wurde ich für eine Weile eingelassen, mit getrockneten Aprikosen bewirtet und mit Gästen bekannt gemacht. Die Holztäfelung hatte Geheimtüren in vergangene Zeiten. Hier gingen Maria von Burgund aus und ein, Marianne von Willemer, Diotima und Caroline Schlegel; Friedrich von Hohenstaufen brachte das Buch über die Falknerei mit und Kaiser Maximilian die Ambrasser Liederhandschrift; Hölderlin warf einen rätselhaften Schatten, den ich liebte, ohne ihn zu begreifen. Auf dem winzigen Walmdach der Blockhütte saß einen Sommer lang der Waldkauz. Dort atmete unsere Mutter freier und hielt sich den von einer Kleinkrise in die nächste schlingernden, dem Mangel abgerungenen Haushalt wenigstens stundenweise vom Leib.

Sie brachte es auch in der Reitmeyerwohnung wieder fertig, Inseln der Schönheit auftauchen zu lassen, die wenigen, aus unserem gescheiterten böhmischen Schiff geretteten Bruchstücke so anzuordnen, daß wiederum Harmonie entstand. Diese strahlte auf unser ganzes kärgliches Leben aus. Beschädigtes Porzellan, wenige alte Bücher, Bilder und eine vielfächrige Barockkommode fügten sich neu zusammen. In unserer Erinnerung sind diese Herrlichkeiten arglos mit Bildern der Dürftigkeit und Plage verwoben: Da stand eine Zinkwanne im dunklen Waschkeller, die zwanzig Jahre lang jeden Samstagabend mit heißem Wasser aus dem Waschkessel vollgeschöpft werden mußte, nachdem Stunden zuvor Brennmaterial hinuntergetragen und ein gutes Feuer unterhalten worden war. Das Bad war dann köstlich.

Ich verstand mich darauf, mit dem langen Küchenmesser ein gegen mein Brustbein gestütztes astloses Fichtenscheit in Spreißl zu spalten. Den linken Arm bis zum Kinn herauf nach bewährter Art mit Brennholz vollgeschichtet, bediente ich verschiedene Kachelöfen, wußte weiches und hartes Holz sowie Torf richtig einzusetzen. Kohle war kostbar. Ich wickelte ein Brikett in Papier und weckte am nächsten Morgen vor der Schule das neue Feuer aus dessen Glutvorrat.

Lustig war es, aus einer verbeulten blaugeränderten Emailschale mit Kartoffelschalen oder körnigem Topfen die herbeistürzenden Hühner zu füttern. In Maikäferjahren sammelten und verfütterten wir so viele Käfer, daß die Eier ein seltsames Aroma annahmen und wir erfuhren, wie Maikäfer schmekken. In einzelnen Hühnern regte sich mitunter die wilde Natur und sie begannen tagsüber heimlichtuerisch zu verschwinden. Dann kroch ich in der Scheune herum, suchte in vergessenen Heuhaufen und dunklen Balkenwinkeln, bis mir die verlegten Eier aus einer dämmrigen Mulde entgegenschimmerten. Manchmal faßte die Schürze den ganzen Reichtum nicht auf einmal, denn die Hennen hatten wohl mit einem richtigen Gelege begonnen, aber das abschließende Brüten vergessen. Wir waren stolz auf unseren prächtigen weißen Hahn, auf seinen leuchtenden Kamm, die starken gelben Sporen, und wir liebten die Hennen, kannten ihre Physiognomien, den aufmerksamen schrägen Blick, den fragenden Ton aus ihren Kehlen. Es gab mehrere Hühnervölker auf dem weiten Gutshof, aber auf unseren Ruf kamen nur die eigenen. Daß sie nach ihrer Glanzzeit als Suppenhühner endeten, entsprach der nüchternen Ordnung unseres Zusammenlebens.

Im vielseitigen Wohnzimmer der Reitmeyers fand sich für einige Jahre Großmama Sophies Blüthner-Flügel mit zwei Bildern von Emil Nolde und einem von Alfred Kubin zusammen, das einen nicht geheuren Reiter darstellte, der auf ein nicht geheures Haus zureitet. Noldes von einem dunkelblauen Himmel überwölbte Föhnlandschaft mit Wetterbaum bestimmte für immer meinen Blick in blaue Weite. Nicht daß ich mich je davorgestellt und Noldes Bilder eigens angeschaut hätte. Sie waren einfach da, zwei weitere Fenster in unserem Zimmer.

Die Zeichnungen Alfred Kubins, die sich mit den Jahren angesammelt hatten, ließ unser Vater eines Tages im Zug zwischen Weilheim und München liegen und vergaß anschließend, aufs Fundbüro zu gehen. Das gehört zu den Verlusten, die unsere Mutter nie ganz verschmerzte. Der Verlust der Hüte mit den silbernen »Glankerln«, der Lodenmäntel, Ferngläser und der Krawattennadel in Form eines Schnepfenkopfes, besetzt mit winzigen Brillanten und einem Rubinauge, waren hingegen beinahe willkommene Anlässe für immer neue Weihnachts- und Geburtstagsgeschenke. Wir waren nie in der Verlegenheit anderer Familien, was wir unserem Vater überreichen sollten. Besonders die jeweils fällige Schnepfe brachte immer wieder zahlreiche Verwandte in schenkfreudige Zusammenarbeit, als die runden Geburtstage anfingen. Der Vater freute sich stets wie das erste Mal. Der Verlust der Kubinbilder hatte hingegen anderes Format. Zur Trauer wegen der Unwiederbringlichkeit dieser kleinen Sammlung kam noch hinzu, daß in den mühseligen Notjahren das eine oder andere der Blätter etwas Geld eingebracht hätte. Statt dessen mußten wir eines besonders knappen Tages die beiden Nolde-Bilder verkaufen, die in den dreißiger Jahren zu einem Spottpreis zu haben gewesen waren.

Chinesischer Tee

Unsere Eltern führten, seit der Vater ab 1949 in der Bayerischen Akademie der Schönen Künste in München arbeitete, eine Wochenendehe. Das arglose Durcheinander, das er mit der zuverlässigen Regelmäßigkeit von Ebbe und Flut zwischen Samstag mittag und Montag früh um sich erzeugte, legte sich als Spülsaum seiner Künstlerexistenz auf diejenige unserer Mutter, was sie häufig in trübselige Erregung versetzte. Aber vor allem musizierten sie zusammen, schrieben, stürzten sich mit Leidenschaft in die geistigen Auseinandersetzungen der Nachkriegsjahre. Jederzeit konnten sie Flügel ausbreiten.

Die Woche über ging unsere Mutter schon am frühen Morgen in ihre Blockhütte, um zu lesen, zu arbeiten, also ihr eigenes Leben zu leben. Am Wochenende blieb sie im Haus und schuf, was sich uns wieder wie eine Kette glänzender Ereignisse ins Gedächtnis geprägt hat. Auf Photographien blickt sie ernst, nachdenklich, wie auf trauriger Suche nach ihrem verlorenen eigenen Text. Uns gab sie immer von neuem unsere Stichworte, auf die wir lebenslang antworten. Unser Vater verlangte danach mit der ganzen Sehnsucht seines ungestillten, unstillbaren Wesens. Er schrieb ihr, rief sie pausenlos an, ging und kam.

Meist traf ich ihn am Sonntagmorgen, gespannt und leicht ungeduldig an der Pfeife kauend neben dem einem Papierschlachtfeld gleichenden Bett unserer Mutter sitzen, in ohnedies stets gefährdeter Morgenlaune, die sie mit chinesischem Tee zu beschwichtigen suchte. Zugleich attackierte sie mit zielendem Zeigefinger imaginäre Gegner, die es von der seltenen, aber um so wunderbareren Unverborgenheit des Seins zu überzeugen galt. Er mußte sich den von Platon vorbereiteten, von Nietzsche diagnostizierten, von Martin Heidegger endlich schwierig, aber für sie erschütternd klar ausgedeuteten und in ihren Augen nahezu überwundenen Sturz des abendländischen Geistes in die Seinsvergessenheit anhören. Er zog mit gespannten Lippen und unheildrohendem Zischen die Luft seitlich von der Pfeife ein, war bis zum Äußersten irritiert und ging bald trotz chinesischen Tees verärgert, mit ruckender linker Schulter in sein Zimmer zurück. Nicht immer schloß sich die Türe leise. Oft kam er später, die Seinsvergessenheit vergessend, mit einem Gedicht wieder zum Vorschein, um sich ihren Rat zu metrischen Fragen, zu Problemen von Zeilenbruch oder Metaphorik einzuholen. Fragte man ihn nach einem solchen langen Vormittag, was er gemacht habe, sagte er verlegen ausweichend, »Ach, eigentlich nix. Ich murks' nur an eim Gedicht.« Sie machte sich dann mit Tempotaschentüchern daran, die Kaffeepfützen auf seinem furnierten Schreibtisch und in der altmodischen Küche der Reitmeyers zu entfernen, während er murrte über solche Verschwendung kostbaren Zellstoffs.

Aus dieser Küche kamen anspruchsvolle Mahlzeiten für uns und die vielen Gäste, in den späteren Jahren von der Hand einer jungen Bauerntocher aus dem Kirchdorf zubereitet. Frieda war unserer Mutter wesensverwandt und hat es bis zu ihrem frühen Unfalltod offenbar auch gewußt; sie liebte die Natur mit derselben Inständigkeit, suchte Pilze an denselben Geheimplätzen und Beeren auf denselben Schlägen; sie führte jahrelang das im Ungefähren schweifende Leben eines Baumgeistes in unserer Nähe, folgte ihrem eigenen Stern, der sich nie sehr weit von dem unserer Mutter entfernte. Es wurde gefeiert und bewirtet, als ob Nani, Mähnerin, Fräulein Soffi, Finni und Miabia uns noch beistünden, samt allen Erträgen böhmischer Felder und Gärten. Für die Schönheit eines mit Blumen, Kerzen und alten Servietten gedeckten Tisches schien kein Aufwand zu groß. Das machte Mühe, wir stöhnten oft. Doch dann war es, als ob durchsichtige Wesen, Goldstaub im Haar und auf den Flügeln, mit zu Tische säßen, die enge Wirklichkeit öffneten und ihre Bürde aufhoben. Waren Gäste da, die singen konnten, wurde musiziert bis in die späte Nacht.

Die kleine chinesische Teekanne hatte schließlich nur noch zwei Stümpfe als Henkel, und ihr Schnabel war angeschlagen. Sie tröpfelte anstatt zu gießen. Aber sie war fortwährend im Einsatz. Der Tee floß in Strömen, auch über Tische, Kommoden und in Betten. Elektrische Wassertöpfe glühten durch auf poliertes Holz, Tauchsieder barsten im Trockenen. Wir sind trotzdem nicht abgebrannt, auch nicht, als der Adventskranz auf dem Flügel Feuer fing, und nicht, als das Licht einer Christbaumkerze weihnachtseifrig auf den Vorhang übersprang. Unser Vater goß daraufhin den mit Wasser aufgefüllten Inhalt das Mülleimers versuchsweise den Vorhang entlang nach oben, ehe unsere Mutter rein aus Versehen das einzig Richtige tat: den Vorhang herunterreißen und durch das Fenster in den Schnee hinauswerfen. Um den entstandenen Schaden zu beheben, mußten Glaser, Schreiner, Maler und Tapezierer bemüht werden.

Dem Alltag meist allein konfrontiert, kämpfte unsere Mutter gegen Trägheit und Boshaftigkeit von Materie und Energie. Sie war ständig auf der Suche nach Dingen, die von Gnomen unverschämterweise entwendet wurden. Es konnte vorkommen, daß ihr ein Gegenstand aus der Hand fiel und keineswegs unten ankam, sondern auf immer verschwand in den Abgründen, die das Nichts dafür aufriß. Antimaterie umlauerte sie tückisch, Korpuskel und Welle hielten sich nicht an ihre Gesetze, die ohnedies nur mehr als schwache statistische Hoffnung faßbar waren. Sie rächten sich ganz offensichtlich. Denn unsere Mutter war leidenschaftlich der gestalteten, wachsenden, sich steigernden Welt der Erscheinungen, der

Natur und Kunst zugewandt. Das angebliche Doppelwesen von Materie und Energie an der Wurzel alles Seienden, wo aus dieser Sicht nur Leere gähnte, allenfalls dürftige Wahrscheinlichkeit dahinsiechte – dieses doppelte Gespenst verachtete, ja verabscheute sie. Doppelwesen wovon? In den Abgrund dieser Frage stürzten Bücher, Rechnungen, Bankbelege, Briefe, Notizbücher, vor allem aber die zur Suche erforderlichen Brillen, von denen sie bei ihrem Tod neun hinterließ. Zur Schar imaginärer Helfer, die sie gebraucht hätte und mit den Jahren immer schmerzlicher vermißte, hätte daher in erster Linie ein stilles Wesen gehören müssen, das bloß zum Suchen auftrat, um anschließend taktvoll zu verschwinden. Meist hatte sie nur eine Hand zum Aufräumen frei, da sie in der anderen eine Blumenschere, ein Buch, einen Stift hielt; sie stolperte über die Fallstricke der Wesenlosigkeiten; mit der einen Hand wehrte sie den Hornissenschwarm der Faktizitäten ab, mit der anderen trachtete sie zu schreiben. In Kampfpausen konnte sie sich darüber ausschütten vor Lachen.

Pfauenauge

Nur mühsam kamen unsere Eltern über die hürdenreichen Lebensrunden. Sie waren beide verzweifelt unpraktisch. Beim Vater wäre das Zusammenspiel von Hammer und Nagel schon daran gescheitert, daß keine seiner beiden linken Hände sich für das Ergreifen des Hammers hätte entscheiden können. »Ich beneide euch, daß ihr mit euren Händen was anfangen könnt«, sagte er zu uns.

Er, der zu scheu, zu verletzlich, oft auch zu verdüstert war, um ein im üblichen Sinne starker Vater zu sein, wurde am Klavier zum Magier. Abends vor dem Einschlafen gab er uns Wunschkonzerte. Brahms' Balladen gingen dann über in den »Rosenkavalier« mit Ochs von Lerchenaus »Sie wart' auf Antwort«, in den Walzer und dann, ganz am Schluß – da, jetzt kommt der kleine Mohr und hebt das Taschentuch auf, das Sophie fallengelassen hat. Wir sahen's deutlicher vor uns als später im Münchner Prinzregententheater. Siegfried-Motiv, Schumanns Klavierkonzert, Schubert-Lieder – alles kam wie von selber unter seinen langen, suchenden Fingern hervor, die nicht geschickt waren und doch kaum danebengriffen. Sie schienen die Tasten von alleine zu finden, wurden zu einem Teil des Klaviers, dem er mit uns zusammen zu lauschen schien. Manchmal tauchte in seinen Improvisationen ein schneller Czardas auf. Das war ein Signal. Wir wußten, jetzt könnten wir auch die geliebten alten Märsche zu hören bekommen: Hohenfriedberger, Finnischer Reitermarsch, Radetzky- oder Bayrischer Defiliermarsch. Nun war unser Vater in seiner eigenen Kindheit, im kaiserlichen Berlin, wo er, mit seiner Mutter in der Kutsche unmittelbar vor dem Regiments-Kapellmeister herfahrend, rückwärts hinausgelehnt diesem seine Wünsche zugerufen und sie meistens erfüllt bekommen hatte; oder in München, wo er neben der

Militärkapelle mitgelaufen war, den kleinen Bruder auf den Schultern. Da war es nun nicht mehr weit bis ins Bayrische hinüber, in die Musik seiner Gaitauer Schulferien. »S'gibt nur a Loisachtal alloa, a Zuspitz' und an Waxenstoa« sang er tiefmelancholisch mit komischer hoher Knödelstimme, oder »Wenn da Auerhahn balzt, und das Rotkröpfal schnalzt«. Wir wurden gerührt, weinten fast; aber da hüpfte sogleich ein Jodler vom Klavier her über unsere Köpfe hinweg in die Nacht hinaus. An guten Abenden kam auch der »Umgang« zustande, die lange Strophenfolge über die noch längere Münchner Fronleichnamsprozession des Jahrhundertanfangs, mit boshaften Anspielungen auf Vereine, Klerus, Obrigkeit und Königshaus. Da gingen »Madln mit dünne Wadln«, Veteranen, Jungfrauen, Prinzregent und Kronprinz Ruprecht (»Mitgehn muassa wenn-er-a-net-mecht«) vorüber, und jede Strophe endete mit einem erfreulichen »saudumm«. Wir kannten den »Umgang« bald besser als unser Vater und sagten ihm ein. Am Ende spielte er »Wenn die Kinder schlafen ein, wachen auf die Sterne«. Das habe ihm immer als letztes am Abend seine Großmutter gespielt, der er die Gabe der Musik verdankte.

Die Musik besaß ihn, verwandelte ihn. So war er, körperlich nicht eigentlich geschickt, doch ein unüberbietbarer Walzertänzer. Er drehte sich mit uns zwischen den Stühlen des engen Zimmers, linksherum, leicht und wiegend. Keiner hat ihn auf den späteren Bällen übertroffen.

Ähnlich war seine Beziehung zur Natur. Auch die Natur besaß ihn. Doch kannte er sie nicht so mühelos wie die Musik. Er plagte sich lebenslang, ihre Vielfalt zu benennen, was nicht leicht war für ihn, der über kein zuverlässiges Gedächtnis verfügte. An Vögel und Schmetterlinge erinnerte er sich noch aus der Kindheit. Daran konnte er anknüpfen. Sein Eifer beim Erlernen der Vogelstimmen kannte keine Grenzen. Viel von seiner Liebe schenkte er den Amseln, die er in der Freiheit ihres Gesanges als Künstlerkollegen betrachtete.

»Wärest du seltener, Amsel, ›Goldmund‹ würden
wir dich nennen, ›Schwarzkavalier‹, am Ende
›Nachtigall‹. Bevor in der Fichten schwarzen
Umriß flüchtend die späte Nacht sich lichtet,
rufst du die Welt wach ...«

In der Woche vor seinem Tod sah ich bei unserem letzten gemeinsamen Spaziergang mitten auf dem Weg zum ersten Mal in meinem Leben den Schillerfalter. Nur nach meiner Beschreibung erkannte der in den letzten Monaten fast erblindete Vater diesen seltenen Schmetterling; dessen für sein Auge schon verloschener blauer Glanz leuchtete ihm augenblicklich ein. Dieses unverhoffte Erlebnis war Gruß und Abschied, ich wußte es sofort.

Zwei Tage später, auf der langen Bahnfahrt zu einer sinnlosen, vom nahenden Tod schon überholten Diagnose, wollte er unbedingt in den Speisewagen gehen. Als ich ihn vor mir sah, schwach, schwankend, aber sich zielstrebig durch den Waggon von Bank zu Bank tasten, erkannte ich mit den Augen der anderen Reisenden den sterbenden Greis. Zugleich erkannte ich mit den Augen der Tochter den ungealterten, den schwebenden Stolperer wieder. Er hat sicher auch dabei leise vor sich hingesungen. Diese absurde, seine versagende Leber noch einmal herausfordernde Spaghettiportion der Bundesbahn war, obzwar seine letzte Speise, doch weit wirklicher als das erkennbare Ende. Auch der *Diplomatische Bericht des Otto Christoph von Podewils* aus dem Wien der Maria Theresia an Friedrich den Großen, den ich uns unterwegs vorlas, setzte Mühsal und Schmerzen der Stunden in Eisenbahn, Hotel und Klinik außer Kraft. Er war mit voller Aufmerksamkeit bei den genau gezeichneten Charakteren der verzweigten Kaiserfamilie und ihres Hofes.

Sein Lauschen galt gerade am Ende, in Krankheit und Augenschwäche, der Sprache der Dinge, ihrer Evidenz, ihrer Komik und ihrer inneren Musik, die er immer wieder auszudrücken wußte. Sich selbst hatte er schon aus der Hand gegeben. Seine unbefangene Weigerung, den weißen Blindenstock zu nehmen, war überzeugend. Er ging nicht wie Blinde gehen. Fühlte er sich unsicher, begann er leise Melodien vor sich hin zu summen.

Unser Vater hatte mit den Augen unserer Mutter in die Welt geschaut, hatte immer alles mit ihr bereden wollen. Nach den Namen der Pflanzen erkundigte er sich stets von neuem, vergaß sie sofort, um sie bald mit gleicher Dankbarkeit und Freude wieder zu erfahren. Die Zeichnung des Pfauenauges, das er besonders liebte, ließ er sich kurz vor dem Tode noch einmal genau bestätigen. Er schrieb sein letztes Gedicht.

Augen blicklos, die doch schauen
aus den Ringen, gelb und blauen,
aufgeschlagen wie im Rad des Pfauen,
doch auf rötlich dunklem Samt.

Farbig scheinet auf der Falter,
aus der Mitte seines Hier,
Lichtsignale, bunte, malt er
in dem Wiesengrün umher.

Jäh doch schließen sich die Schwingen,
die des Tages Glanz umfingen,
zu dem einen schwarzen Blatt,
das sich aufgerichtet hat,
leblos, ein Stück Nacht im Licht,
so als gäbe es ihn nicht.

Und das Lied auch ausgesungen,
ins Gewesene ist's verklungen,
in dem zugeschlagenen Buche,
bis sich einem auf der Suche
nach entschwund'ner Farbenglut
faltergleich das Blatt auftut.

Denk es, wie grün

Unsere Mutter hatte an seiner Seite die geistige Landschaft ihrer Epoche betreten, hatte durch ihn einen Kreis gleichgesinnter Freunde gefunden, hatte ihren auf die Romantik und Richard Wagner beschränkten musikalischen Horizont in alle Richtungen erweitert; sie lernte Monteverdi und Bach, Max Reger und Pfitzner, Hindemith und Richard Strauss kennen.

»O Grab! O Brautbett! Unterirdische
Behausung, immerwach! Da werd' ich reisen ..."

Das sang sie oft, bis unser Vater die Noten nicht mehr entziffern konnte. Es war Carl Orffs »Antigonae«, nach Hölderlins Sophokles-Übersetzung, die so sang. Orff wurde einer der nächsten Freunde bis zum Tode.

Der Krebs griff gleichzeitig nach ihnen beiden. Es war gut, daß unsere Mutter um ein Jahr länger lebte. Unser Vater wäre ohne sie doppelt erblindet. Als er tot war, klagte sie. Ihr fehle das Gegengewicht, sagte sie. Niemand brächte sie mehr richtig zum Lachen, sagte sie.

Als sie am Ende ihrer zweijährigen Krankheit noch einmal ins Krankenhaus mußte und vor Schwäche nicht mehr selbst ihre Sachen packen konnte, versuchte ich ungeschickt, eine Stimmmigkeit ihrer dortigen kahlen Umgebung mit Hilfe der gewohnten Kerzen, Blumenvasen, Tischdecken und Postkartenbilder für sie vorzutäuschen. Daß sie selbst nichts mehr zur Verschönerung dieser letzten vier Wände beitrug, zeigte deutlicher als ihr noch keineswegs hoffnungsloser Zustand den Abschied an.

Es ging nun nicht mehr um Verweilen, um noch so kümmerliches Behagen. Sie hörte auf zu klagen, richtete ihre großen grauen Augen vollends ins Fremde, verschloß fest die Lippen, schwieg, atmete. Sie war gesammelt, völlig unerreichbar. Ich saß die verbleibenden zwei Tage abwechselnd mit meiner Schwester bei ihr, erst noch vorlesend, dann in zunehmend sprachloser Ferne. Ich wartete, wußte nur, ich darf nun nicht stören, wagte keine Frage mehr. Was sollte sie auch antworten? Ich mußte an ihrer Seite das Warten auf den Tod lernen, dieses scheinbare Nichtstun nach den Wochen intensiver Krankheit, diese schwere Arbeit mit dem Gewicht eines ganzen Lebens auf den erschrockenen Schultern. Die Angst wich unversehens. Da sammelte sich etwas, wollte schüchtern wachsen. Ich sah den Engel nicht, konnte ihn aber spüren. Erst erschreckte seine Strenge, seine Unerbittlichkeit, die weder Aufschub noch Ablenkung duldete, aber auch keine Eile zuließ. Dann leuchtete alles ein. Die Sterbende – deren geschwollene, von Ekzemen gequälte Beine plötzlich abgeheilt waren – mußte offenbar selbst auf ihn zugehen. Darauf wartete er. Auf diesen einen, kleinen Schritt. Sollte da, ganz am Ende, eine unerhört einfache Freiheit sein? Damit hatte gerade sie, die stets in gespannter Bereitschaft und leidenschaftlich tätiger Hingabe Lebende, offenbar am allerwenigsten gerechnet.

Was würde ich um ein Lächeln oder nur einen Abschiedsblick von ihr gegeben haben. Fast bis heute. Erst jetzt, nachträglich begreife ich, wie schwer gerade ihr der eine, letzte – dieser erste Schritt geworden sein muß. Sie konnte ihn erst tun, als sie keinen Blick mehr zurückwarf. Vielleicht konnte erst dann alles, was sie nicht verlieren mochte, vor sie zu liegen kommen, und alle Erinnerungen, die dessen würdig waren, als ewige Zukunft auf sie zuströmen: die Eltern, der Mann im Boot ohne Ruder, Freunde, Familie, der Philosoph, die Dichter, Musik und Sprache:

Speicher. Unsere Mutter machte aus dem alten, düster vollgestopften Gebäude, das in der langen Ära von Tante Mimi sich immer mehr mit dem Kram des vorigen Jahrhunderts gefüllt hatte, ein helles Juwel. Sie verlieh jedem Zimmer einen eigenen Reiz, der seinem überlieferten Namen wieder entsprach: Grüner Salon, Empirezimmer, Kurfürstenzimmer.

Die Ankunft der Babys änderte ihr Leben nicht so drastisch, füllte es nicht so bis zum Rande, wie das bei uns Späteren der Fall sein würde. Es gab allenfalls Personalsorgen. So wechselten zunächst bedauerlich häufig die Kinderschwestern, ohne die damals kaum jemand aus den mittleren und oberen Schichten seine Kinder aufzog. Einige »Tetas« und »Wetas« streiften unsere frühen Jahre, Schattenwesen mit weißen Häubchen und silberner Brosche am Hals, die pausenlos mit uns spazierengegangen zu sein scheinen. Der Blick aus dem Kindersportwagen streift durch Kronen von Alleebäumen an der Straße nach Tschernoschin. Unreife Äpfel hängen droben im Laub. Die Hände einer solchen »Teta« liegen auf dem Griff des Wagens. Meine Schwester muß nebenhergehen, weil sie schon so groß ist. Sie zetert und ich räkle mich in meiner privilegierten Bequemlichkeit. Doch erst mit Miabias segensreichem Wirken kommt endlich Stetigkeit in unser Leben.

Aber unsere Mutter, die sich von meiner Geburt nicht richtig erholen kann, wird trotz all dieser Entlastung immer kränker, entwickelt, was sie »ihre Zustände« nannte, Herzangst, Asthma, Schwäche. Sie muß schließlich Treppen hinaufgetragen werden, führt ein Sofaleben, liegt im Sommer auf Liegestühlen. Es war dies zugleich auch wieder das zurückgezogene Leben ihrer Mädchenjahre. Sie streckt nur ganz behutsam und immer einen Schritt hinter dem Gatten ihre geistigen Fühler aus. Sie liest mit Bewunderung André Gide, schreibt ganze Passagen aus seinem »La porte étroite«, später aus dem

»Journal« in winzige unpraktische Tagebücher, kleine Lederbändchen mit Goldmuster, nur für harmloses Damengekritzel vorgesehen. Hier notiert sie erste eigene Gedanken zur Literatur, zum damals für sie schwer zugänglichen christlichen Glauben, und vor allem notiert sie Naturbeobachtungen. Unbewußt hat sie begonnen, ihre Sprache zu schulen. Von unserem Vater ermuntert, schreibt sie einen scheuen Huldigungsbrief an Ernst Jünger und wartet mit rührender Aufregung täglich auf eine Antwort des Vielbewunderten.

Sie hört allmählich auf zu malen. Es ist zu anstrengend geworden für ihre geschwächten Kräfte. Sie entdeckt dafür die ihr bislang noch verschlossene Welt der Dichtung, widmet sich lyrischen Übungen und schreibt die Manuskripte unseres Vaters ab. Sie holt an Wissen und Bildung nach, was in ihrer Umgebung die allgemein übliche Privat- und Lyzeumsausbildung ihr schuldig geblieben war. Wie fast alle Mädchen jener gar nicht so fernen Zeit war sie vom 17. Lebensjahr an ohne weitere Schule, ohne Pläne, ohne bestimmte Beschäftigung einfach daheimgeblieben. Das galt als so überwältigend selbstverständlich, daß nur geradezu verwegene Mädchen sich dem widersetzten. Sie wäre die letzte gewesen, hier aus der Reihe zu tanzen.

Jetzt, als junge Mutter im böhmischen Schloß, entdeckt sie die lockenden, geheimnisvollen Reiche der Natur. Sie beugt sich über Blumen und Tiere, beschäftigt sich mit Botanik und Zoologie. Die flirrende Schönheit und hartgliedrige Roboterhaftigkeit der Insekten tritt in ihren Blick. Unter der spiegelnden Oberfläche des Springbrunnens führen große Gelbrandkäfer ein mörderisches Wasserleben, manche werden im Lauf des Sommers gar von ihren heranwachsenden eigenen Larven zerstückelt und ausgesaugt. Voller Bestürzung nimmt sie solche und andere gleichmütig verübte Greuel der gütigen Allmutter Natur wahr. Das offenbare Geheimnis von Biene,

Libelle, Eintagsfliege bleibt unenträtselbar, die dem Tode anheimgebene Schönheit winkt aus dem Abgrund. Unsere Mutter erfährt beunruhigt von den Absurditäten der modernen Physik und beginnt etwas hilflos, sich dem Materialismus der Wissenschaftsreligion zu widersetzen, deren neue kosmische und biologische Hypothesen sie verstören. Noch fehlt ihr jedes philosophische Rüstzeug.

Die Zeichnungen und Aquarelle ihrer ersten böhmischen Jahre haben in Packpapier den Untergang unserer Welt überlebt. Es gibt ein Bild der gedrungenen Gestalt unserer neben ihrem Hühnerwagen auf dem Feld sitzenden Mähnerin. Warum sitzt sie da? Hühner müssen nicht gehütet werden. Tagsüber kann niemand sie am Scharren und Suchen und nikkenden Laufen hindern; bereitwillig legen sie ihre Eier in vorgesehene Nester; nachts gehen sie von selber in ihr Quartier. Würde womöglich der Fuchs so dreist sein, am hellichten Tag dieses wackere Häuflein zu überfallen, daß die Federn stieben? Die Mähnerin sitzt. Ihre Ruhe ist ins Bild eingegangen.

Es gibt sehr porträtähnliche Zeichnungen von Angestellten, von alten Frauen, von meiner Schwester als Baby und von unserem Vater. Aber unsere Mutter bekommt Herzstolpern an der Staffelei, ringt nach Luft. Mit der besorgten Ungeduld des Gatten nimmt ihre Schwäche zu. Diese scheint wie eine verschlüsselte Antwort ihrer Seele auf Lebensansprüche, die sie nicht zu erfüllen vermag. Es drückt sie die Schwere jener Entscheidung, die sie ohne zu zögern, aber auch ohne deren Gewicht vorauszuahnen, getroffen hatte, damals, abends auf dem Hochsitz im Voralpenland, noch jung, unerfahren und doch traumwandlerisch ihres Weges sicher. Sie muß das Gewicht mühsam zu tragen lernen. Am Anfang des Weges steht Atemlosigkeit. Davon ist ihr lebenslang ein bestimmter Seufzer geblieben, ein verhohlen durch geblähte Nasenflügel geholter Atemzug, ein schweres langes Ausatmen bei schuldbewußt zur Seite gewandtem Blick. Wir lachten sie später manchmal aus, wenn diese schicksalsschwere Miene sie überkam beim Anblick eines verstopften Waschbeckens oder eines Briefes vom Finanzamt, wußten aber im Grunde, daß auch, ja gerade hier der dunkle Hintergrund vortrat.

Mit dem Ausbruch des Krieges, dem Beginn selbständigen, verantwortungsreicheren Lebens, hat sich ihr Zustand gebessert. Jetzt entdeckt sie das von Tante Mimi gerühmte Franzensbad. Dort beginnt die auf ihre Seele drückende Last zu weichen. Wir dürfen mit der geliebten Kinderschwester, der jungen Marie-Elisabeth Deym zu Besuch kommen. Diese führt uns vom behäbig fürsorglichen Badehotel über saubere Kieswege zu dem unter einer kleinen Kuppel aus Glas und Bronze mit poliertem Marmor gefaßten Brunnen, und wir schlürfen erstaunt das rätselhafte Wasser, versuchen seine Kraft als Wohlgeschmack oder doch wenigstens als Bitternis zwischen Zunge und Gaumen zu bekommen. Aber so einfach ist das nicht mit dem Geheimnis von Franzensbad, dessen Quelle nur Anstoß ist für eine auf Entlastung und vielgestaltiger Fürsorge beruhende Wiederherstellung gestörter Gleichgewichte. Unsere Mutter erstarkt jedenfalls in dieser Zeit langsam.

Jetzt kann sie entdecken, wie sehr sie das schöne Haus liebt und die Gärten. Die weite wellige Landschaft, in die Bach- und Flußtäler tief eingeschnitten sind, nimmt sie in ihre Obhut. An den trockenen Hängen duftet gelber Ginster, blühen ungemein dunkelrote Karthäusernelken. Breite Feldgehölze aus Schlehengestrüpp heißen hierzulande Remisen. Die Ketten der Rebhühner sind zahlreich und von richtiger Länge. In der Wildheit der Uferfelsen, dem sonnenfleckigen Braun des durch Baumschatten strömenden Flusses, dem Bronzeton reifen Weizens vor Waldrändern – überall scheint ein verborgener Text darauf zu warten, daß gerade sie ihn ausspricht. Sie lauscht auf das Flüstern der Weiden an der Miesa, auf das

Wind,
Welle auf Welle
im Saatengrün.
Wohin
die dunkle, die helle,
woher mit dem Wind?

Wogen, die lachen
im Ährenfeld,
Wogen wie Zorn.
Bald fällt
der Sense das Korn
in den Rachen.

Denk es, wie grün
unser Windspiel war,
wie leis! Um die Erde
rings laß es ziehn:
daß ein neues werde,
grün übers Jahr.

Auch bayrische und böhmische Wälder konnten wieder aufsteigen, Voralpenseen, über deren dämmrigen Grund mannsgroße Welse ihre bartelumstandene Mäuler schieben, murmelnder Schönthalbach und braune Miesa, der Uhu am Sabachowafelsen und der Eingang zum Silber im Berginnern.

Silber

»Stříbro« heißt unsere Kreisstadt seit ihrer Gründung im 12. Jahrhundert auf Tschechisch: »Silber«. Und »Mies« heißt sie auf Deutsch nach einem damals dort schon bestehenden älteren Dorf. Längst versperren Brombeerranken und Besenginster den verbotenen Zugang zum alten Bergwerksstollen unterm Sabachowafelsen. In vielen Gegenden Böhmens, besonders am Nordufer des Miesaflusses, lag Silber im Gestein verborgen.

Silber, Bleierz, am Ende immerhin noch Schwefelkies machten das Land immer wieder reich. Auch all die Urnen voll Honig, die vielen Schock Eier, die Metzen Weizen und das berühmte Bier, das in jedem Kloster, in jeder Herrschaft, in jeder freien Stadt anders hell und anders würzig schäumte. Wie blühte das Land jedesmal auf, wenn wieder Ruhe eingekehrt war.

Warum entzweiten sich inmitten solchen Überflusses die Menschen, deren Felder denselben Weizen, deren Bäume dieselben Kirschen tragen, aus deren Obstgärten, Raps- und Kleefeldern böhmische Bienen denselben Honig sammeln, wenn sie die gelben, roten oder weißen Blüten besuchen? Deren beide Sprachen zu Dichtung, Gesetzeswerk und Bibelübersetzung in gleicher Weise wunderbar geeignet sind? Deren Glaube, solange sie ihn noch haben, das Abendmahl in beiderlei Gestalt erlauben würde, auch den Kelch also, den Hus, Zischka und Prokop forderten?

Der Streit ist nicht begraben worden, kein Rütlischwur, keine Kantonsrechte haben ihn in die Bahnen gedeihlichen Bundesfriedens, vielgestaltiger Anerkennung und Freiheit lenken können, sondern Krieg, Grausamkeit, Rache hin und Rache her haben immer mehr vom Blut derer gekostet, die den Streit selber meist gar nicht führten. Vergeltung wurde immer wieder geübt, bis die vorletzte, die letzte und schließlich die allerletzte Chance verspielt war.

Der karolingische Chronist Rudolfus berichtet in den Fuldaer Annalen vom Reichstag, den König Ludwig der Deutsche im Jahre 845 in Regensburg abhielt: »In der Oktav vom Dreikönigstag haben 14 böhmische Fürsten mit ihren Mannen – ›Christianam religionem desiderantes‹ – in Regensburg die von ihnen gewünschte Taufe empfangen.« Es liegt nahe anzunehmen, daß sie zuvor schon durch fränkische Missionare vom Christentum gehört hatten, das sie nun begehrten. Warum sonst wären sie gerade hierhergekommen? Von da an strömten deutsche Mönche, Kaufleute, Siedler in die böhmischen Wälder, rodeten, bauten, brachten Handwerk und Gewerbe, Stadtfreiheiten und Bürgerrechte.

Genau 1100 Jahre später endet die Zeit, da beide, Deutsche und Tschechen als »Böhmen« verschiedener Zunge, dieses Land Heimat genannt, es kultiviert und reichgemacht haben, einander bekämpft und sich auch immer wieder versöhnt haben.

Von Osten her nähert sich mit Geschützlärm ein anderes Brudervolk, dessen Panzer dieses erste Mal stürmisch begrüßt werden von Tschechen, die noch nicht ahnen, wie die ersehnte Befreiung von den Deutschen am Ende für sie selber aussehen wird, wie sie dreiundzwanzig Jahre später vergeblich versuchen werden, jene brüderlichen Panzer von ihrer Goldenen Stadt fernzuhalten. Diesen Kelch werden sie dann bis zur Neige austrinken müssen.

Endgültige Lösungen, wie das eine war, pflegen einen hohen Preis zu fordern: Das vorläufige Ende der Geschichte wird über Böhmen hereinbrechen, und es wird keineswegs ein Goldenes Zeitalter sein. Der Überfluß des alten Landes wird versiegen. Die Jungen werden ihn für ein Märchen halten aus einer Zeit, da das Wünschen noch geholfen hat.

Kurz ehe es soweit ist, überschwemmen unser Dorf zahlreiche Flüchtlinge. Sie füllen den Westflügel des Hauses, bekommen ihr mühsam mit letzten Wintervorräten zubereitetes Essen im Treppenhaus aus großen Kesseln geschöpft. Sogar noch in den allerletzten Kriegswochen gelingt vor allem dank Miabias Umsicht die Versorgung dieser vielen.

Mit den Flüchtlingskindern, die in unsere Schule gehen, teilen wir auch neue Krankheiten. Mundwinkel reißen auf und verschorfen störend. Eitrige Beulen schmerzen auf dem ganzen Körper. Ich werde in violettem Wasser gebadet, mit brennendem Alkohol betupft, schwefelgelb klebrig bestrichen und dann verbunden. Noch heute spüre ich den Gestank der Schwefelsalbe. Erst Monate nach Kriegsende wird alles abgeheilt sein.

Auch eine Augenkankheit befällt uns alle. Morgens können wir nicht einmal mehr blinzeln. Erst muß die kranke Nacht mit Kamillenwasser aufgeweicht und von den Wimpern weggewaschen werden. Tagsüber sind die Augen rot, jucken, brennen. Was soll der Augenarzt in Marienbad schon groß machen, zu dem wir versuchsweise geführt werden? Er hätte ein Rezept auf Frieden ausstellen müssen, auf Ernährung, Kleidung, gedeihliche Ordnung. Er verordnet eine Schutzbrille. Unterwegs zur Apotheke besuchen wir eine Konditorei, die es fertiggebracht hat, noch immer geöffnet zu haben, und wir bekommen gegen Zuckermarken ein rosaweißes luftiges Gebilde vorgesetzt, dessen Geschmack zwar fade ist, das aber doch wunderbar schaumig und vor allem rosa im Mund zerläuft und uns mit dem Rätselwort »Torte« bekannt macht. Wir sind tief beeindruckt. In der Apotheke händigt man uns zwei in weichen Draht gefaßte rosa Brillen aus, zur Schonung der roten Augen. Wir tragen sie ungern. Mit acht und neun Jahren braucht man noch keine rosa Brille, nicht einmal um einen Weltuntergang zu erleben. Die Augen müssen irgendwie von selber wieder klar geworden sein, und mit Hilfe von Kamillenwasser. Die gelben, weiß eingefaßten Blüten wachsen überall, jeder sammelt Böhmische Kamille. Sie duftet, und sie heilt fast alles.

Sturz durch die Zeit

Und nun, am 12. April 1945, elf Tage nach Ostern, am selben Tag, als Eduard Beneš im tschechischen Rundfunk sein dreimaliges Wehe über die deutschen Böhmen ausruft, verlassen wir die böhmische Kindheit für immer. Niemand sagt es eigens. Aber ich weiß Bescheid. Ich nehme mich selbst bei der Hand.

Achtjährig, im verwaschenen, ausgewachsenen Kleid mit hochgerutschter Taille, stehe ich vor der gelben Fassade im Garten und schaue in den Pfirsichspalier. Er hat starke Knospen. Gleich werden die folgenreichen Blüten rosa aufbrechen, wie jedes Jahr, mit anderem Prunk als die Kirschen, Äpfel und Birnen in Oschelin. Meisen turnen im knorpeligen Geäst, gelbe mit breitem schwarzem Bruststreifen, und kleine mit blauer Kappe. Die einen sagen »Zizibeh«, die anderen weniger Deutliches. Horch, schau gut hin, das ist das letzte Mal. Sie stehen Hand in Hand, das Kind und der Engel seiner in diesen Augenblick geronnenen Kindheit. Gleich bist auch du ein Flüchtlingskind, flüstert er. Aber es macht nichts, flüstert er, geh nur. Ich begreife alles nur unklar. Aber ich weiß: Dies wirst du dir merken, die heutigen Meisen in diesem Pfirsichspalier sind endgültig. Nun geh schon fort. Es heißt, nie habe im Spalier solche Frucht gehangen wie im folgenden Sommer. Unvergängliche böhmische Pfirsiche.

Es müssen wohl meine Schwester und Denise schon vorausgegangen sein. Ich bin »zart« und darf den Ponywagen besteigen, der uns mit großen Koffern und Strohkörben voller Puppen, Spiele, Bücher und Lebensmittel möglichst unauffällig zur Bahn bringt, zum letzten Zug der Reichsbahn, der in Richtung Eger fährt. Flucht ist auch jetzt, als der Zusammenbruch schon in vollem Gang ist, noch immer streng verboten. Die lange Reise hinüber in den nahe gelegenen Bayerischen

Wald und alles Spätere sind nur Vergangenheit. Dies nicht: Nicht die großen Meisen mit der gelben, in der Mitte schwarzen Brust, oder die kleinen mit der blauen Kappe. Und nicht die Spatzen, die bald ohne Pferdeäpfel, aber nicht ohne böhmischen Sommerstaub auskommen müssen.

Sie plustern sich am Fuß der Ziegelmauer auf, baden in kleinen Mulden, in denen die Erinnerung an bunte Glaskugeln mit heißem Staub zusammenfließt, und sagen immerfort »tschilp«. Es sind immer dieselben Spatzen. Sie leben ohne Zeit. Sie schütten sich mit dem linken Flügel diese graupudrige Trockenheit ins linke Gefieder, mit dem rechten Flügel ins rechte. Dann schütteln sie sich und hüpfen auch wieder und sagen noch einmal kräftig und ausdrücklich: »Tschilptschilp.«

Der strohfarbene Kinderkopf, der oben, über die Mauer gebeugt, dem Schusserspiel der letzten regierenden Dorfbuben zugeschaut hat, verschwimmt mit den Sonnenflecken auf morschem Gebälk einer ehemaligen Laube zwischen Flieder. Laube und ehemaliger Flieder versickern im Licht, das an einer Thuja entlangrieselt. Es stört diese Lichtbäche nicht, daß die Thuja keinem Ensemble mehr angehört, sondern einzeln und unmotiviert aus struppig Vergilbtem aufragt, vor dem Westflügel im ehemaligen Kanzleigarten, der einst Schatten einfing und zum Führen ernsthafter Herrengespräche geeignet war.

Vor dem Ostflügel schäumt noch immer rötlich der Perükkenstrauch und hat neben sich eine kreisrunde Mulde voller Sand, ohne Tuffpyramide in der Mitte. Die innere Weite des Schloßgartens im Rahmen der abstandwahrenden Fliedermauer ist mit den ausgelöschten Kieswegen, dem spurlosen Verschwinden von Magnolien und Rosen, von Teetischen und von Kindernestern im Gebüsch in sich zusammengestürzt. Sie war wie ein Tanz im Rhythmus unserer bedeutenden böhmischen Jahreszeiten. Sie war eine genau gespielte Partita. Nachdem ihre letzten Takte verklungen sind, rücken Eschenschößlinge und Hollertriebe dem bedrückten Gebäude auf den Leib. Es überlegt sich diese ungewohnte Enge noch für eine Weile. Es wird kleiner. Es gibt nach. Die Zimmer über dem Wintergarten haben schon mit der Bewegung begonnen. Es rutscht die Ostterrasse schräg in die Wäschebleiche hinunter. Sollte da wirklich unter dem Gestrüpp ein dichter Rasen ausgebreitet liegen? Grün bis dorthinaus, so daß die Sonne mit seiner Hilfe weißes Leinen, nachdem Wassertropfen aus Gießkännchen draufgetrommelt sind, zum Schimmern und Duften bringen kann? Vielleicht nicht. Vielleicht aber doch. Holunder wartet da. Der kleine Salon, der über einen breiten Blumenkasten hinweg auf die Terrasse hinausgeblickt hat und mit ihr zusammen dem Schurren des Rechens vom Gärtner Michl auf dem Kies gelauscht hat, fängt auch schon an zu rutschen. Steine sind unter solchen Bedingungen nur noch dazu da, von oben nach unten zu kollern, bis keine Niveauunterschiede mehr übrig sind. Also ist auch der kleine Salon in Richtung Wäschebleiche unterwegs, zusammen mit »Winnie-the-Pooh« und dem »Grand Meaulne«, mit Butternußzucker und dem Schatten eines dicken lockigen Wachtelhundes, dem Suppe an den langen Ohren klebt. Auch drei Geburtstagskerzen auf der letzten Friedenstorte, zusammen mit einem kleinen Rechen, einer Schaufel und einer Gartenhacke aus rotlackiertem Blech sind unterwegs. Alles findet wieder zusammen, um Garten und Wäschebleiche zu verschütten.

Auch von außen kann man es bereits erkennen. Bald wird es deutlicher werden, wie immer, wenn im richtigen Augenblick einige wichtige Kleinigkeiten nicht getan worden sind. Erst wären nur zwei oder fünf Dachziegel auszuwechseln gewesen. Als nächstes hätte man schon Dachsparren neu legen müssen, gleich danach ganze Balken einziehen. Und so immer weiter. Alles beschleunigt sich. Das Loch in der Decke ist nur noch ein sehr flüchtiges Motiv, gilt auch gleich für den Fußboden mit, auf den niemand eine große Zinkwanne gestellt hat, um den Regen aufzufangen. Schließlich kann es keiner mehr aufhalten. Erst bei den nackten Mauern wird das Haus unserer Kindheit eine neue Festigkeit haben, wird es einen neuen Namen bekommen, den man auch für Kirchen und Hütten benutzt: Es wird »Ruine« heißen, und das innere Auge nimmt Efeu auf altem Stein wahr, Nistplatz für Eulen, Dohlen und Waldtauben. Wie drüben am Wolfsberg. Aber so weit ist es noch nicht. Noch nicht ganz.

Vom rückwärtigen Hoftor aus ist noch die Umfassungsmauer zu erkennen, die den Gemüsegarten geschützt hat. Das Tor mit den beiden schmalen Fenstern über der erschrocken aufgerissenen bröckelnden Durchfahrt sieht aus wie ein trauerndes, vom vielen Weinen fleckig gewordenes Gesicht. Mannshoch gedeiht hier Bärenklau. Überall breitet er seine riesigen weißen Blütenschirme aus. Auch Brennesseln gedeihen gut. Hier, dieser besonders kräftige grüne Bereich: Da stand das Glashaus, lagen Frühbeete. Generationen von Gärtnern haben lockere, krümelige Erde hinterlassen. Das spürt auch die nachrückende Wildnis noch für eine Weile, ehe sie alles ausgleicht. Dieses Brennesselriff, das sind die »Ananaserdbeeren«, süß wie nirgends sonst mehr, Erdbeeren schlechthin, auf die böhmischer Schmetten geschöpft wird, im Frieden natürlich, nicht im Krieg. Der rückwärtige Bärenklau wächst auf ehemaligen Ribislsträuchern, Stachelbeeren, Schwarzen Johannisbeeren, Himbeeren. Auf dem Bienenhaus auch. Es gedeihen hier Holler und Eschen. Ahorn mischt sich ein. Mit der Zeit käme der Wald zurück. Wie am Wolfsberg. Er hat es aber noch nicht eilig damit.

Das von irgendeiner Feuchtigkeit weiter Wege im hellbraunen Rahmen faltig gewordene Biedermeierbild, auf dem noch die schindelgedeckte Brücke über unseren Fluß führt, ist mit ausgesiedelt worden. Sein Maler zeichnete sich selbst in den Vordergrund, im Gehrock und mit weicher Mütze am Wegrand sitzend, ein fast leeres weißes Blatt auf den Knien. Er läßt eine gelbe Kutsche, in der Damen im Schutenhut und Herren im Zylinder sitzen, vierspännig aus dem Brückenhaus hervorfahren und einen livrierten Diener auf dem Handpferd reiten. Er läßt die Miesa übers Wehr schäumen, aber einen Teil ihres Wassers vorher zur Mühle schicken, deren Rad angehalten ist, für diesen Augenblick. Er läßt faserige Wolken übers Schloß ziehen. Er hält auch die Wolken für einen Augenblick an.

Für das Dorf auf dem Bild steht Karl Anton Juncker-Bigatto noch ebenso bevor wie Tante Mimi und Onkel Ottokar. Auch wir stehen noch bevor.

Auch wir sind vorüber.

Das Bild irgendeines Biedermeiermalers wird schon bald niemandem mehr etwas zu sagen haben, und man wird es von der Wand nehmen, oder in irgendeinem Nebenzimmer hängenlassen, als eine idyllische bunte Landschaft mit Fluß, Brücke und fremdem Dorf unter faserigen ziehenden Wolken.

Auf dem kleinen weißen Blatt, das der am Wegrand sitzende Maler eben im Begriff ist, mit Fluß, Brücke und Dorf bunt zu füllen, steht winzig die unwahrscheinliche Zahl 1929 eingezeichnet. Kurz nach diesem Jahr ist die bequeme Steinbrücke schräg über die Miesa gebaut worden, an der Stelle der alten gedeckten Holzbrücke, in der robotende Bauern nächtigten, später Liebespaare Zuflucht suchten, nachts, wenn die Fische in der Miesa tanzten. Und in dem Augenblick, da ich die Zahl mit der Lupe erkenne, sehe ich: Hier sind ja Häuser den Schloßberg hinauf gemalt, die erst kurz vor unserer Ankunft gebaut worden waren. Auch die Terrassengärtchen waren erst entstanden, nachdem die Leute ihre Zylinder auf den Speicher geworfen und aufgehört hatten, im Viererzug durch Dörfer zu fahren. Auf einem anderen noch erhaltenen Bild, wirklich aus dem frühen 19. Jahrhundert, steht das Schloß noch einfach, hinter Bäumen, auf einem Hügel neben der Kirche, und das Dorf hat nur wenige kleine Häuser mit großen Gärten.

Der Maler hat sich den Gehrock also nur aufgemalt, um den Menschen die gelben Kutschen, Zylinder und livrierten Diener zurückgeben zu können, weil ihn die Wehmut überschwemmte, als er die alte Brücke vor seinem inneren Auge bereits ins Wasser stürzen sah. Aus Kummer wollte er die Zeit anhalten, zurückdrehen, den Augenblick zur Dauer überreden.

So verlassen wir alle unsere Kindheit auf der jeweils neuesten alten Brücke, ehe auch diese in den braunen Fluß stürzt zu den vielen anderen alten Brücken. Und wir wenden den Blick um. Die Jahreszahlen stimmen nicht zu Hüten und Kleidern und Häusern. Am ehesten stimmen noch die Wolken über einem Land, das es nicht mehr gibt, vielleicht nie gegeben hat. Es sei denn, einer behauptet das Land, und ein anderer glaubt es ihm. Dann können die beiden gemeinsam den Wolken nachschaun, den Mauerseglern lauschen, die den Julihimmel aufreißen mit ihren wilden Schreien, und sie können den Geruch der Sonne auf reifem Weizen einatmen. Denn es könnte sein, daß es dieses Land immer geben wird. Das Land der Kindheit, das Land der Liebe.

Die Stellen ehemaliger menschlicher Behausung erkennt man noch lange Zeit an einigen Hollerbüschen, manchmal im Feld, manchmal im Wald.

Inhalt